Dʀ F. FERRAZ DE MA

CRIME ᴇᴛ CRIMINEL

ESSAI SYNTHÉTIQUE

D'OBSERVATIONS ANATOMIQUES, PHYSIOLOGIQUES, PATHOLOGIQUES
ET PSYCHIQUES
SUR DES DÉLINQUANTS VIVANTS ET MORTS
SELON LA MÉTHODE ET LES PROCÉDÉS ANTHROPOLOGIQUES
LES PLUS RIGOUREUX

CONTENANT 48 STÉRÉOGRAPHIES DE GRANDEUR NATURELLE
UN SCHÉMA, PLUSIEURS TABLEAUX, ETC.

*Présenté au Congrès international d'anthropologie criminelle
à Bruxelles, le 6 août 1892*

TRADUCTION DU PORTUGAIS PAR LE Dʀ HENRI DE COURTOIS

DÉPOT

Cʜᴇᴢ BELHATTE & THOMAS — Vᵉ A. THOMAS & CH. THOMAS ѕᴜᴄᴄᴇѕѕᴇᴜʀѕ
LIBRAIRES
PLACE DE LA SORBONNE, 6 — A PARIS

LISBONNE — Iᴍᴘʀɪᴍᴇʀɪᴇ Nᴀᴛɪᴏɴᴀʟᴇ — 1892

Tous droits réservés

CRIME ET CRIMINEL

CRIME et CRIMINEL

ESSAI SYNTHETIQUE

D'OBSERVATIONS ANATOMIQUES, PHYSIOLOGIQUES, PATHOLOGIQUES
ET PSYCHIQUES
SUR DES DELINQUANTS VIVANTS ET MORTS
SELON LA METHODE ET LES PROCEDES ANTHROPOLOGIQUES
LES PLUS RIGOUREUX

CONTENANT 48 STEREOGRAPHIES DE GRANDEUR NATURELLE
UM SCHEMA, PLUSIEURS TABLEAUX, Etc.

Présenté au Congrès international d'anthropologie criminelle,
à Bruxelles, le 6 août 1892

PAR LE

Docteur FRANCISCO FERRAZ DE MACEDO

(de Lisbonne)

DEPOT
Chez BELHATE & THOMAS—V.ve A. THOMAS & CH. THOMAS successeurs
LIBRAIRES
Place de la Sorbonne, 6—A PARIS

LISBONNE—Imprimerie Nationale—1892

SIGNE DE GRATITUDE

A son excellent et véritable ami

JOÃO TEIXEIRA DE BARROS

L'Auteur

AVANT-PROPOS

De retour d'un voyage d'études en Suisse, je passais par Paris peu de jours avant l'ouverture du second Congrès international d'anthropologie criminelle —biologie et sociologie— qui eut lieu du 10 au 17 août 1889 et comprit douze séances.

Bien que j'ignorasse l'existence de ce congrès et que, par conséquent, je ne fusse nullement préparé, j'acceptai l'invitation qui me fut faite d'y assister.

En ce moment là, j'étais en train de publier un opuscule sous le titre de: — *De l'encéphale humain avec et sans commissure grise —* Essai synthétique d'observations anatomo-psychiques, *post mortem* et leurs relations avec la criminalité—, que j'ai présenté à ce congrès international.

Tout en regrettant de ne pouvoir prendre une part active dans la discussion de questions que je n'avais pas étudiées, et que je ne connaissais qu'au moment de leur présentation, je ne voulus point cependant laisser échapper l'occasion d'exposer ma manière de penser sur ce sujet.

Dans ce but, je lus ce qui suit, dans l'avant dernière séance:

CRIME ET CRIMINEL

Chaque société humaine, civilisée ou non, s'est imposé des règles formulées en un certain nombre d'articles par lesquels elle se gouverne. Tous les membres de cette société ont sanctionné et accepté, soit directement, soit par mandataires, pour eux et pour leurs descendants, les obligations imposées par ces conventions. Une grave infraction à ces règles constitue un *crime*, et le coupable est appelé criminel.

Les sociétés civilisées ont imposé à leurs membres la défense de tuer, de voler, d'attenter aux mœurs ou à la morale, etc. Celui qui viole cette défense commet un crime, et est traité d'assassin, de voleur, d'infâme, etc., et puni conformément aux peines édictées par la loi.

D'autres sociétés, que les civilisées appellent sauvages, ont posé comme règles à leurs membres le meurtre des vieux parents, que l'on mange ensuite en famille, le vol du prochain par la force ou par la ruse, l'esclavage, le viol, etc. Dans ces sociétés, le parricide, l'assassinat, le vol, l'esclavage, le viol, constituent des vertus pour l'homme; le contraire est une anomalie. Il se trouve encore de ces sociétés humaines en Afrique, en Océanie et dans les deux Amériques.

Partant, le *type crime* est variable selon les sociétés, et le *type criminel* est aussi variable que le crime. De ces prolégomènes découle l'observation suivante: autant il y a de centres de sociétés, autant il y a de types différents de crimes et de criminels. Ce qui est crime dans une société est vertu dans une autre; le criminel de l'une est l'homme vertueux de l'autre. La religion et la politique en ont fourni bien des exemples.

Pourrons-nous donc déterminer un type unique pour le criminel?... Certainement non, pas plus que nous ne pourrons trouver un type unique pour le crime; parce que la conception de l'un et de l'autre est sociologique, les sociétés pouvant à leur guise varier les dénominations de ces types.

Ce n'est pas assurément dans ces conditions que la criminologie moderne doit aller chercher des exemples; mais bien à d'autres sources.

Pour moi, les criminels dérivent de quatre origines fondamentales:

1° La folie;

2° La tératologie;

3° La pathologie acquise ou adventice;

4° La pathologie native par anomalies anatomiques, organiques ou histo-chimiques imperceptibles.

La classification des criminels dans les trois premiers cas est facile. Ainsi, le criminel fou se révèle par la perversion des idées; le tératologique par la concordance de ses actes avec sa conformation organique; le pathologique adventice par l'aberration de ses actes différents de ceux qu'il pratiquait en bonne santé. La quatrième catégorie est celle qui présente le plus de difficulté pour la classification, lorsque l'anamnèse ne vient pas en aide au criminaliste. Ce sont ceux de cette catégorie qui nous donnent l'acception exacte du *vrai criminel,* c'est-à-dire la révolte contre les lois de son pays, et le refus d'observer les règles imposées à ses co-associés.

Le criminel présente-il toujours, avant et après la mort, des caractères ostéologiques sensibles et fixes?... Aucun.

Le volume de la mandibule et le prognathisme, qui semblaient fournir un léger indice, n'ont pas d'importance, selon moi, comme on le voit dans ce tableau incomplet ci-joint.

TABLEAU COMPARATIF de moyennes métriques, en millimètres et jusqu'à la 2ᵐᵉ decimale, de 965 mandibules de toutes les époques, de quelques races, ainsi que du degré de prognathisme (selon la méthode du Docteur L. Manouvrier), avec les assassins, voleurs, escrocs

EPOQUES RACES, ETC.	PROVENANCES	Nᵒˢ DES MANDIBULES	LARGEUR			HAUTEUR		CORDES		BRANCHES		COUR. BIGONIAQUE	ANGLES			PROGNATHISME EN MILLIMÈTRES			INDICE CÉPHALIQUE
			Bicondylienne	Bigoniaque	Bimentonnière	Symphysienne	Molaire	Gonio symphysienne	Condylo-coronoïdienne	Longueur	Largeur		Mandibulaire	Symphysien	INDICE	Sous nasal	Nasal	Sus nasal	
Contemporains	Portugal	820	113.05	93.62	41.13	29.03	26.45	83.81	30.10	58.49	31.11	183.72	124.45	69.71	53.19	11.10	16.86	26.64	75.-
—	Galice	10														10.40	15.-	27.70	77.32
Botocudos	Amérique	20	118.80	100.20	44.05	30.11	27.95	88.20	31.90	58.45	34.40	190.60	117.15	70.40	58.45	11.80	14.84	24.36	74.83
Patagons		3	125.-	99.-	46.-	32.33	33.-	86.-	33.67	61.67	32.67	187.-	121.67	71.67	52.97	—	—	—	85.30
Arabes	Portugal	4	117.67	94.67	44.67	32.-	31.20	89.75	29.50	59.25	29.-	192.25	126.25	56.-	48.95	—	—	—	71.01
Romains	—	5	119.-	100.33	46.-	28.-	27.20	83.-	25.-	56.80	30.40	183.-	121.20	72.50	53.52	9.-	11.-	19.-	77.71
Age du fer	Suisse	3	108.67	97.33	43.67	30.50	29.-	85.33	33.67	58.33	30.67	182.-	128.67	63.33	52.57	10.50	14.-	22.50	79.55
Transition	Portugal	2														10.50	12.-	19.50	
Sambaquis	Amérique	8														11.37	17.25	32.75	
Cavernes	—	12														12.58	17.33	27.92	
Néolithique	Portugal	15			41.43	31.69	29.13												76.88
Prénéolitique	—	12	117.56	96.45	44.70	32.36	29.58	85.27	31.75	60.67	30.44	185.91	130.-	76.25	50.18	13.-	15.-	23.50	77.35
Guaternaire inférieur	Italie	3	113.-	91.50	41.33	27.-	29.50	82.67	28.-	53.50	26.50	179.33	130.50	67.33	49.53	11.-	14.50	21.-	
Pliocene	—	2	107.50	92.50	45.50	31.-	26.50	83.-	28.50	58.50	27.50	182.-	129.-	60.-	47.01	—	—	—	73.17
Assassins	Italie (Collection du professeur	12	119.75	98.72	43.75	31.-	27.33	83.42	30.75	59.75	29.83	184.33	124.42	70.90	40.63	9.37	13.25	24.75	79.49
Voleurs	— du professeur Césare Lombroso	25	112.84	101.80	44.66	30.59	27.48	86.20	32.44	60.84	31.56	189.24	119.40	67.83	51.87	—	—	—	84.45
Escrocs	— Césare Lombroso	9	117.89	101.33	45.-	30.87	29.-	86.56	32.33	61.33	31.11	192.11	119.56	64.11	52.36	—	—	—	81.07

NOTES.— Le prognathisme est pris sur des stéréographies. — Les chiffres qui manquent sont dans mes archives à Lisbonne. — Tous les assassins sont du sexe masculin.

Ce tableau inédit, sur 965 observations, extraites de quelques-unes de mes notes apportées de Lisbonne, met en évidence les deux faits suivants :

1° Hors les variations ethniques, la moyenne du volume de la mandibule humaine est à peu près la même à toutes les époques, et dans les agglomérations sociales soit des temps géologiques, soit des sauvages, soit des civilisés, soit des criminels;

2° Que l'hypothèse du criminel par transmission ancestrale, empruntée à Lamarck, est fausse; parce que le type, le volume, la forme géométrique des mandibules et le prognathisme sont semblables chez tous les êtres humains, depuis les temps géologiques jusqu'aux contemporains.

L'atavisme et l'hérédité chez le criminel sont pour moi des problèmes ou plutôt des suggestions que rien n'a sanctionnés jusqu'ici; au contraire, mes observations anatomiques et psychiques *post mortem* sur 300 individus, m'ont convaincu que les anomalies encéphaliques ne se transmettent ni régulièrement ni périodiquement. Comme exemple, je citerai l'absence de commissure grise, rencontré chez la mère, et qui ne se manifestait pas psychiquement chez les enfants, non plus que chez les ascendants.

La société et le milieu ne sauraient être la genèse de vrais criminels; mais c'est là seulement qu'ils se révèlent. Une comparaison fera mieux comprendre ce que je veux dire.

Figurez-vous l'être humain comme une plaque photographique, dont la sensibilité sera représentée par les sens, ayant pour centre l'encéphale; la chambre sera la terre; la mésologie sera la lumière; les phénomènes très variés seront les images. Par conséquent, comme les plaques photographiques, l'homme ne sera pas susceptible de recevoir l'action de la lumière et des images sur les points où il ne sera pas sensible; d'où il résulte que les images seront aberrées, incorrectes, inexactes ou incomplètes là où manqueront les éléments sensibles ou même antiphotogéniques, si vous me permettez le mot. Mais, si la chimie, et seulement elle, peut développer et fixer l'image sur la plaque photographique, il n'arrive pas la même chose chez l'homme, dont l'encéphale est bien plus compliqué et délicat; et alors pour développer les images de cet organe nous n'avons que le moyen de recourir à des comparaisons de ses propres actions et de celles des autres.

Tant que les éléments de l'encéphale humain, ses relations et actions mutuelles ne seront pas convenablement connues, nous ne pourrons trouver la genèse du crime ni définir le criminel.

De là vient que la mésologie et la sociologie n'ont aucune influence sur la genèse du crime, mais uniquement l'encéphale de l'homme lorsqu'il a l'aptitude anatomique et histo-chimique à la pratique de cette anomalie actionnelle.

Pour conclure: — Ni l'absence de civilisation, ni les caractères ostéologiques, ni l'atavisme, ni l'héridité, ni l'organisation sociale, ni le milieu, ne créent ni ne démontrent le vrai criminel; il résulte de sa structure intime, cachée jusqu'à présent à nos moyens d'investigations.

DISCUSSION

M. Benedikt: Je dois opposer à M. de Macedo que nous ne pouvons pas considérer un squelette large chez des individus dolichocéphales, et d'autre côté un squelette facial long chez des individus brachycéphales comme des anomalies, s'il s'agit des individus d'une population mélangée des dolicho et des brachycéphales.

Zuckerkandl de Vienne a observé que, si des parents l'un est dolichocéphale et l'autre brachycéphale, chez les enfants le squelette du crâne peut être brachycéphale et le squelette facial étroit ou *vice versa*.

Les asymétries du squelette facial se jugent très difficilement justement. Ici, la méthode actuelle craniométrique est complètement insuffisante, et c'est seulement à l'aide du *calléchomètre* optique que nous pouvons mesurer les degrés de la déformation et trouver les limites où l'anomalie est distincte et sûre.

M. Ferri croit que certaines mandibules présentées par M. de Macedo dans son tableau semblent être « *contraproducentes* » de ce qu'il dit du diamètre bi-condylien.

M. de Macedo répond que l'ouverture des branches des mandibules et leurs diamètres bi-condyliens n'ont aucun rapport avec leurs grandeur, poids et épaisseur. La largeur de la branche et la hauteur molaire sont les seuls signes acceptables pour déterminer la grandeur différentielle entre mandibules. Le diamètre bi-condylien ne sert que pour déterminer la largeur de la base du crâne, en général plus grande dans les brachycéphales et plus petite dans les dolichocéphales, comme on peut le vérifier sur le tableau en comparant les diamètres bi-condyliens avec les indices céphalogues respectifs de chacun, et qui se trouvent à côté.

La discussion sur le travail de M. Macedo est close.

La séance est levée à 11 h. $^3/_4$. = L'un des secrétaires, *A. Bournet.*

Lorsque plus tard, je reçus à Lisbonne le *Compte rendu,* je vis, page 408, que le congrès m'avait fait l'honneur de me nommer, comme représentant de Portugal, *membre d'une commission internationale permanente, pour veiller à l'organisation d'un nouveau congrès.*

Comme dans mon petit pays, je ne pouvais faire grande chose pour aider à la commission, spécialement dans le cas où je me trouvais *d'initiative individuelle,* je crus bien faire en élucidant et en développant certaines idées exposées par moi dans l'écrit que j'avais lu au congrès, et en en offrant les résultats au congrès qui se réunira à Bruxelles en août 1892.

Dans ce but, je cherchai à m'entourer des éléments d'étude les plus puissants qui me permissent de mener à bonne fin mon entreprise. En effet, mon excellent ami, le docteur A. A. de Carvalho Monteiro voulut bien me présenter au docteur João Taborda de Magalhães, qui à son tour me présenta au digne directeur du pénitencier central de Lisbonne et pair du royaume, M. Jeronymo da Cunha Pimentel qui, avec une délicatesse et une affabilité extrêmes, mit immédiatement à ma disposition tout ce dont je pouvais avoir besoin pour mes études anthropométriques et autres, m'offrant le nombre et la qualité de délinquants qui me seraient nécessaires, et m'aidant lui-même de ses précieuses et délicates observations pour que mon travail fût exempt de toute erreur.

Je fus également honoré du digne concours du sous-directeur du pénitencier, le docteur Antonio de Azevedo Castello Branco, actuellement président de la chambre des députés.

A ces puissants auxiliaires de mon travail, vint se joindre un autre, d'une valeur spécifique importante et qui me combla de la plus généreuse bienveillance; je veux parler du médecin du pénitencier, l'illustre docteur João Torquato dos Reis Campos à qui la criminologie devra de grands éclaircissements lorsque ce travailleur scrupuleux aura publié le résultat de ses observations sur la matière.

Je citerai encore le docteur A. Lucio da Silva, également médecin du pénitencier, et les principaux employés de cet établissement qui m'ont rendu presque facile la tâche ardue que j'avais entreprise.

A tous, je me permets d'offrir ici l'assurance de mon estime et de ma profonde gratitude.

Je croirais manquer à tous mes devoir si je n'adressais ici mes sentiments de profonde reconnaissance au digne directeur de l'Ecole de médecine et de chirurgie de Lisbonne, le docteur José Antonio Arantes Pedroso, qui m'a si noblement concédé l'autorisation de continuer mes études au musée et au cabinet anatomique de la même école, études que j'avais commencées auparavant (1883) avec l'aide de l'illustre conseiller Joaquim Theotonio da Silva.

Ce qu'on va lire est donc le résultat de travaux faits avec la plus scrupuleuse bonne foi et comprouvés par des études qui occupent mon temps et mon attention, depuis près de douze ans, sans interruption.

Si je n'ai pu réussir à établir *une seul idée neuve,* j'espère que le lecteur voudra bien me tenir compte de la bonne intention.

PRÉFACE

Il est naturel de présumer que depuis que l'humanité existe, elle a dû être l'objet d'une attention toute spéciale, mais de là à une étude déterminée et méthodique, des milliers d'années ont dû se passer.

Chercher à découvrir dans les âges passés le moment où a commencé l'étude propre de l'humanité, est une tâche, à mes yeux, sinon impossible du moins téméraire; mais il me semble possible et même facile de chercher à découvrir, dans les âges historiques et définis de l'humanité, certaines tentatives grossières de l'étude de l'homme.

Or, il est évident que l'étude de l'homme ne devait pas commencer par l'esthétique, c'est-à-dire par l'appréciation des formes corporelles dans leurs combinaisons et leurs proportions, car c'eut été l'étude des combinaisons avant celle des élements à combiner, ce qui aurait été absurde comme conception et bien plus encore comme résultat. Ce qui se conçoit, c'est que l'étude de l'homme en soi ait commencé par les parties organiques, statiques ou dynamiques d'un plus facile accès. Ainsi l'*habitus* externe par fractions, devaient servir à formuler les premiers rudiments anatomiques; les altérations des divers appareils, à l'extérieur, auraient donné les prolégomènes de la chirurgie; les maladies de l'appareil gastro-intestinal auraient fourni les premiers éléments de la médecine; l'observation sur la valeur sédative ou irritante de plusieurs substances aurait servi à les distinguer, en permettant l'ingestion de celle-ci au lieu de celle-là, suivant les circonstances, et ainsi se trouvait ébauchée l'origine de la thérapeutique, etc. Il y a plus, les observations anatomiques, médicales, chirurgicales, etc. devaient accompagner les observations psychiques et physiologiques, sans le moindre plan de détermination spéciale à l'une ou à l'autre, comme on pratique aujourd'hui.

De là, il ressort, d'une manière plus générale, que les connaissances humaines, presque toutes, ont eu pour principe une forme conjointe, confuse, sans méthode ni idée fixe de grouper un certain nombre de faits déterminés pour découvrir des lois et créer des sciences.

Comme je l'ai déjà dit, ces ébauches primitives remontent à un temps immémorial; seuls, les chercheurs patients qui, *a fortiori,* ont trouvé çà et là des traces effacées de quelques éléments étudiés, ont pu baser, sur des fondements si fragiles, le commencement de leurs études sur telle ou telle branche des connaissances humaines.

Nous avons vu que l'étude de l'humanité, ou plus improprement l'étude de l'homme, remonte aux temps antiques, mais sans détermination précise d'époque, pouvant réunir un ensemble de faits concurrents pour un objet unique formant un corps.

Tout récemment, c'est-à-dire, à dater du siècle passé, la nécessité a obligé de former des groupes de faits convergents vers les mêmes fins, dans le but de faciliter la recherche et l'application d'une grande abondance d'observations presque luxueusement accumulée dans différents divisions politiques.—A chaque groupe, mû par ses lois propres, on donne un nom appelé science, qui prend la détermination de l'espèce du groupe.

De cette manière, à l'ensemble des faits issus de l'étude naturelle et directe de l'humanité, et de celle-ci en société, on a donné le nom de *anthropologie* qui, à son tour, se subdivise en grandes divisions d'étude, comme: *ethnographie générale,* ou étude des types humains et leur distribution sur le globe; *anthropologie anatomique,* ou étude de la constitution physique des humains; *anthropologie physiologique,* ou étude de la vie, de la nutrition, de la reproduction, de l'énergie, de l'acclimatation, etc.; *physiologie comparée,* linguistique et sociologie ou composition intime du langage humain et étude de l'économie intime de l'homme en société; *archéologie préhistorique,* ou étude de l'homme *dans les temps,* comme les divisions précédentes l'étudient *dans l'espace;* et enfin *anthropologie générale,* ou synthèse de toutes les études précédentes.

Dernièrement, au Congrès d'anthropologie criminelle de Paris, en 1889, le docteur L. Manouvrier a présenté une nouvelle classification anthropologique basée: 1°, sur l'ordre des phénomènes observés (anthropologie anatomique, physiologique, psychologique, sociologique e pathologique); 2°, sur le genre d'hommes étudiés (races et peuples —ethnologie—, races anciennes —préhistoire—, sexes, âges, catégories diverses d'individus, criminels, etc.); 3°, sur les applications possibles de l'anthropologie (à la médecine, à l'hygiène, à la morale, à l'éducation, au droit juridique et criminel, à la politique).

Chacune de ces divisions ou subdivisions a des séries de procédés spéciaux, artistiques presque, pour en rendre l'éclaircissement plus facile; et le fait est que lorsque ces procédés secondaires ou accessoires sont mis de côté ou employés sans habileté, sans uniformité applicative et sans probité, au lieu d'enrichir la division ou la subdivision à laquelle ils appartiennent, ils stérilisent les semences déjà recueillies et en suspendent la marche germinative presque aussitôt. Si cet écrit pouvait comporter des exemples de ce fait, que nous appelons de premier ordre, je les donnerais et en grand nombre, mais telle n'est point mon intention.

Mon intention en écrivant cet opuscule, est de circonscrire, autant que possible, mes observations à une étude anthropologique, basée: 1°, sur l'ordre de phénomènes *d'anamnésie, habitus externe, anatomie, physiologie, psychologie, pathologie* et *sociologie;* 2°, d'individus de *race péninsulaire portugaise contemporaine d'âge et de catégories divers et conditions de criminels;* 3°, *avec application à la morale, à l'éducation et au droit juridique et criminel.*

Il est un fait aujourd'hui que les titres des livres ont peu ou point de relation avec les sujets qu'ils traitent et n'éveillent d'ailleurs aucune idée nouvelle, que ces livres ne sont pas toujours originaux, mais impudemment copiés ou volés à d'autres dont on ne cite même pas le nom.

Toutefois, dans cet opuscule, ce qu'on lira est original et a pris son origine dans un travail sans prétention, d'initiative et d'exécution individuelles, commencé il y a seize ans, ayant pour base l'observation, l'expérience et la probité expositive.

Si les doctrines que j'avance répugnent à une première lecture, cela ne m'étonnera pas, parce qu'elles sont neuves et originales; il n'en serait peut-être pas de même si elles étaient vielles, caduques ou volées.

Je prierai seulement mes lecteurs d'essayer une seconde lecture avec un peu plus d'attention, et je suis persuadé que leur *esprit* recevra une impression plus franche, des perceptions plus claires et des sensations plus agréables d'où naîtra, je pense, un jugement plus juste sur les doctrines que j'ai exposées.

PARTIE I

DU CRIME OU DELIT

CHAPITRE UNIQUE

CRIME — Ses divisions et definition

D'une manière générale, nous considérons comme crimes ou délits les actes de nos semblables qui affectent, directement ou indirectement, notre organisme ou la marche normale et régulière de nos fonctions naturelles et conventionnelles par accord, ou même celles de droit commun.

Ces actes criminels ou délictueux ne peuvent donc provenir que d'une source unique —*humaine*— et ne peuvent aussi affecter qu'une source unique également —*humaine*—. En dehors de cet *agent* et de ce *patient,* il ne saurait y avoir crime ou délit, bien que les actes de l'agent soient des plus extraordinaires, pourvu qu'ils se produisent hors du rayon d'action de l'organisme humain ou de ses fonctions naturelles et conventionnelles.

Donc, les crimes ou délits sont parfaitement restreints à l'humanité, ayant en elle leur origine et leur terme.

Il est facile de comprendre que la variété des crimes ou délits peut atteindre au point maximum que l'imagination puisse concevoir, si nous réfléchissons un instant à la grande variété actionnelle, à la sur-face occupée par l'humanité et à la latitude concédée à ses conven-tions. Bien que l'objet soit si vague, il est nécessaire, et nous pensons qu'il est possible d'en circonscrire le rayon d'action et d'en tracer la trajectoire avec ses points extrêmes autant que peuvent le permettre les limites bornées de cet opuscule.

Dans ce but, nous commencerons par faire remarquer que les cri-mes ou les délits peuvent donner origine à deux ordres de phénomènes distincts par leurs conséquences, savoir:

1° Ou les attaques consommées causent des *dommages naturels organiques* irréparables;

2° Ou elles causent des *dommages dans les accords sociaux,* qui peuvent être réparés en entier ou par équivalence.

Ces deux grands ordres des crimes ou délits tirent de leur propre qualité la dénomination qui leur convient, c'est-à-dire celle de *crimes ou délits naturels,* et celle de *crimes ou délits sociologiques,* les premiers parce qu'ils attaquent l'organisme, les derniers parce qu'ils attaquent les conventions connues sous le nom de *lois sociales.*

Ceci dit, nous pensons qu'il serait bon de concentrer en quelques propositions la grande série des actes criminels, en les faisant précéder des éclaircissements nécessaires.

Sera-ce possible?.. C'est ce que nous allons voir.

Dans la *premier ordre de crimes ou délits,* nous voyons tout d'abord l'attaque directe produisant *la destruction de l'organisme humain,* éliminant un produit naturel qui ne peut être reconstitué; ensuite, vient l'attaque qui produit *la perte d'un ou de plusieurs de ses appareils;* enfin l'attaque qui laisse *une marque permanente dans la fonction organique,* où même *une marque cicatricielle sur quelques-uns des points organiques.*

Il est clair que le degré maximum de ces attaques dépend de ses conséquences fatales pendant l'existence, et dans cet ordre sont compris le viol et même le dépucellement. Et cet ordre de crimes ou délits est si important que tous les peuples sans exception, même ceux que nous appelons barbares, punissent avec la même ardeur et la même violence, et s'accordent, intuitivement et pratiquement, à tuer au préalable, si c'est possible, au moment de l'agression, celui que veut ôter la vie à un innocent, que l'agresseur soit ou non dans son état normal, qu'il soit ou non responsable.

Nous pouvons donc à ces attaques ou agressions donner le nom de *crimes capitaux* ou *vitaux,* en descendant du maximum au minimum d'intensité et de conséquences chez tous les peuples.

Dans cet ordre on peut encore classer les attaques indirectes qui produisent des résultats identiques de destruction, comme: l'empoisonnement des sources, les engins destructeurs occultes, les embûches qui causent la mort, etc., parce qu'elles produisent des conséquences fatales comme les premières.

Les agents et les patients de cet ordre de crimes et de délits sont fournis par toutes les classes sociales; mais les agents sont en majorité dans les classes inférieures et ne travaillent souvent que comme simples instruments d'autres personnes.

Dans *le second ordre de crimes ou délits,* sont compris ceux qui comme les premiers, ont un caractère générique, et ceux qui ont un caractère restreint, mais tous en rébellion ouverte avec les lois, les codes, les règlements, les usages, les mœurs et les coutumes des diverses divisions politiques qui constituent l'humanité depuis les conventions internationales jusqu'à l'individu.

Si nous concevons une certaine catégorie de conventions stipulées et admises entre un grand nombre de peuples, comme, par exemple, *la convention postale, la convention télégraphique, la convention locomotrice,* etc., nous voyons que ces conventions, une fois admises, se dédoublent en lois qui ont le même *esprit* parmi tous les peuples qui les ont adoptées. Par conséquent, leur infraction ou leur violation constitue un délit de même classification et de même gravité chez tous ces peuples, bien que le délinquant ait attaqué chez le peuple A ce qui appartient au peuple B et *vice-versa.* Dans ces circonstances, le vol du courrier, la transmission par le télégraphe d'une fausse nouvelle de quelque importance, l'arrestation d'un convoi international, etc., sont des délits d'un caractère presque générique, mais dont les bases principales reposent sur des conventions essentiellement humaines, amovibles, éventuelles qui sont comme une création de la société. Eu égard, donc, aux fins qui donnent origine aux attaques, nous pouvons les nommer: *délits sociologiques.*

Il est clair que le délit perdra cette classification, dès que, de quelque manière que ce soit, il prendra le caractère des délits du premier ordre. Les agents de cette classe de délits appartiennent quelquefois à la haute société, mais le plus grand nombre sort des couches inférieures.

Il existe un grand nombre de délits qui sont considérés crimes par tous les peuples, ce sont: le vol, le viol, l'outrage, la diffamation, etc.; mais il en est un plus grand nombre, d'une pratique constante, dont le degré de culpabilité varie beaucoup d'une nation à une autre, au point que ce qui est délit chez l'une est vertu chez l'autre, ce sont: les délits religieux, les délits politiques, les délits contre la morale, etc.

C'est pour cela que chaque nation établit, spécialement pour elle, un certain nombre de règles, suivant son caractère et son bien-être, règles qui seraient pour les autres l'origine de tourments excessifs et la cause de graves conflits.

Spécifions donc bien que ces délits sont *sociologiques,* astreints cependant à chaque peuple, avec degré de culpabilité différent, au point même de perdre la qualité de délit chez les uns, ce qui nous amène naturellement à leur donner la classification de *nationaux,* en les restreignant enfin aux peuples A, B, C... pour pouvoir plus facilement les apprécier et les distinguer. Dans cette catégorie de délits sont inclus tous ceux qui attaquent les lois spéciales du peuple intéressé, en se répandant partout où peut s'étendre leur rayon d'action, comme les institutions, le parlementarisme, les corporations, etc.

Les agents et patients de cette classe de délits appartiennent à toutes les couches sociales.

Des collectivités nationales, qui peuvent être considérées comme de grands organismes, nous détachons les éléments qui les forment et qui en prolongent l'existence. Ces éléments sont, pour ainsi dire, des *cellules,* la plus grande partie à l'état rudimentaire, dont chaque noyau formera plus tard une nouvelle cellule qui à son tour se multipliera aussi. Nous voulons parler de la famille. Celle-ci, bien qu'elle soit sous la pression et sous la tutelle des lois générales du pays *qui lui a donné sa race,* ou *où elle nacquit de race étrangère,* ou *où seulement elle habite acclimatée,* possède une constitution intime spéciale, son *modus vivendi* domestique, bien différent, quoique en un petit nombre de lois, de celui de sa voisine, lequel diffère aussi de celui d'une autre, ainsi de suite ; et nous ne trouvons pas même 10 pour cent de familles semblables l'une à l'autre dans leur manière de vivre domestique.

Par conséquent, les familles, dans leur intérieur, adoptent certains préceptes, certaines lois internes spéciales à chacune, au moyen desquels elles se dirigent et se gouvernent sans froisser d'aucune manière les lois générales de la nation. Et il est à remarquer que lorsque quelques-uns de ces règlements se trouvent communs à plusieurs familles, ils se dédoublent en ce que nous appelons *mœurs et coutumes* et, au bout d'un certain temps d'exercice, acquièrent force de loi, avec plus d'autorité peut-être que les lois d'autres origines.

De ce rapide exposé il est facile de conclure que la famille est une espèce de nation à l'état embryonnaire ou rudimentaire ; et il en est ainsi, car si nous lui accordons de l'espace et du temps, elle deviendra une nation des plus homogènes moralement et ethniquement, et un peuple des plus patriotiques comme, malheureusement, il n'en existe aucun de nos jours. Les attaques contre les lois de la famille, dans ce qu'elle a de plus intime, arrivent à être très originales et multiformes chez le même peuple et revêtent l'aspect le plus varié qu'il soit possible d'imaginer après s'être transformées en délits. C'est cette avalanche de crimes dont la classification embarasse le code pénal et déssèche le cerveau des juges et des avocats. Les attaques au lar domestique, avec une variété considérable, peuvent être appelées *délits sociologiques familiers* ou *domestiques* en leur ajoutant, comme qualificatif différentiel, du peuple A, B, C...

Pendant l'observation de ces délits, il s'en présente quelques-uns, comme, par exemple, contre la pudeur, le point d'honneur, le courage, l'honorabilité, la sensibilité raffinée, etc., qui feraient croire quelquefois à une aberration soit des patients, soit des agents, si l'on n'avait le soin de rechercher leur origine dans un lar domestique complètement spécial, sinon ethnique. Ce sont surtout ces délits qui, comme nous l'avons dit plus haut, désespèrent les juges et les avocats.

Les agents et les patients de ces délits appartiennent à toutes les classes de la société.

Or, il semblerait que ces attaques doivent terminer leur action à la famille; cependant il y a encore de cette cellule le noyau, ou les noyaux, qui à leur tour peuvent être attaqués, soit quand ils sont libres de la famille, soit quand ils en font encore partie — nous voulons parler de l'individu isolé dans la société, du célibataire par insuffisance d'âge, par caractère, par convenance, par imposition. Les attaques à ceux-ci sont aussi variées que celles faites à la famille. La raison en est claire si nous nous rappelons que ces individus sont pénétrés des préceptes domestiques et qu'en outre ils cherchent toujours à en acquérir de nouveaux.

Citons en passant un fait de caractère générique et trivial : — Un jeune homme, arrivé à l'âge de vingt et un ans, se trouve émancipé de la tutelle paternelle. — Il n'a jamais mis les pieds dans une maison de jeu, ni dans ces lieux que réprouve la société où il est né. Un jour, pour se désennuyer, il va dans une maison de jeu avec un ami, et il y fait connaissance d'une douzaine d'habitués qui excitent son tempérramment et l'engagent à essayer ce qu'il n'a pas encore eu occasion de mettre en pratique. Le jeune homme y retourne une deuxième fois et, à la troisième, il se risque à jouer petit jeu. La quatrième fois, il joue plus hardiment et perd tout ce qu'il joue. Alors, il commence à comprendre qu'il a été volé. — Comme il est novice dans la secte, il se révolte contre son adversaire et le menace d'une dénonciation pour qu'il soit châtié. Au même instant, il reçoit un outrage grave, un soufflet, ou un coup de couteau, ou la mort. Il est volé et battu. Sans aucun doute, ce jeune homme n'aurait pas souffert cette attaque et n'aurait pas donné lieu à ce délit, s'il n'avait pas voulu goûter aux sensations du jeu, ou s'il n'avait pas voulu ajouter à ses habitudes celle *du jeu doublé de vol* qu'il ignorait et pour lequel il n'avait aucune disposition. Le fait que nous citons est vrai; nous connaissons ce jeune homme qui a reçu un soufflet avec menaces de mort s'il osait se plaindre.

Ces sortes d'attaques peuvent être définies: *délits sociologiques individuels,* toujours avec la mention déterminative de: *du peuple A, B, C...*

Chez tous les peuples, les tribunaux, les bagnes, les pénitenciers, les prisons regorgent de gens coupables de ces délits, qui sont pour la plupart célibataires par caractère ou par convenance, qui sortent de toutes les classes de la société, mais principalement des basses classes.

Après ce rapide aperçu, il est possible de réduire la question à des formules génériques, comme définitions partielles des *deux grands ordres de délits,* subdivisés en cinq classes fondamentales, de la manière suivante:

1° Les attaques humaines à l'organisme humain doivent être considérées comme *crimes capitaux* ou *vitaux;*

2° Les attaques humaines aux lois internationales, c'est-à-dire aux diverses conventions établies entre tous les noyaux sociaux ou entre les diverses divisions politiques, doivent être considérées comme *délits sociologiques;*

3° Les attaques humaines aux lois spéciales à chaque division politique doivent être considérées comme *délits sociologiques nationaux du peuple A, B, C...*

4° Les attaques humaines à la famille ou au lar domestique du peuple A, B, C... doivent être considérées comme *délits sociologiques domestiques du peuple A, B, C...*

5° Les attaques humaines faites individuellement aux membres du peuple A, B, C... doivent être considérées comme *délits sociologiques individuels du peuple A, B, C...*

Enfin, ces cinq définitions partielles d'un caractère strictement descriptif peuvent être réduites ou englobées dans une seule formule générale qui embrasse le tout et la partie, de la manière suivante:

DEFINITION

Crime, ou délit, c'est l'attaque humaine faite à l'organisme humain ou à ses fonctions naturelles et conventionelles, qui trouble l'ordre établie dans la société.

PARTIE II

ANATOMIE ET SES DEPENDANCES

CHAPITRE I

OBSERVATIONS GENERALES

Il est démontré qu'une série, même petite, d'observations anthropométriques, faites avec une rigueur méthodique et avec les procédés fixes qu'exigent ceux qui pendant longtemps ont étudié les difficultés qui s'opposent à leur exécution, vaut beaucoup plus qu'une longue série, avec des milliers et des milliers d'exemples mal observés et accumulés sur diverses questions de grande ou petite importance.

Les observations *mal faites* ou incomplètes altèrent profondément les conclusions, parce qu'elles fournissent des moyennes viciées ou insuffisantes à ceux qui veulent s'en servir; celles qui sont faites *sans savoir,* produisent des sottises de tel ordre qu'elles deviennent inutiles et sans valeur par cela même qu'il faut les mettre de côté; celles qui sont faites *sans probité,* ou qui subissent l'influence de quelque *jugement préalable,* celles-là entraînent d'abord le propre observateur à des conclusions erronées, ensuite elles poussent ceux qui les ont prises au sérieux à des propositions désastreuses pour le développement du sujet qu'ils traitent, sans compter la tache qu'ils font à leur réputation; celles qui ne sont pas rigoureusement faites *sous un certain nombre de règles* considérées *comme inséparables,* et usées par un grand nombre d'observateurs de toutes les divisions politiques, celles-là perdent presque toute leur importance parce qu'elles ne peuvent être ni comparées ni additionnées à d'autres.

Ainsi donc, les observations anthropométriques mal faites, sans savoir, sans probité, ou avec préjugés, ou sans les règles générales suivies par tous, doivent être considérées comme nuisibles dans leur emploi et par cela même mises de côté.

Depuis que je me suis consacré à l'étude spéciale de l'anthropologie, j'ai pris pour règle de me mettre en garde, de toutes mes forces, contre les attaques nuisibles de ces quatre puissants ennemis de toute pure observation; et je puis garantir que, jusqu'à présent, aucun d'eux ne m'a subjugué, ni même effleuré. Mon bagage scientifique se compose d'un cours de sciences naturelles, de médecine et de chirurgie, sans lesquelles les difficultés seraient presque insurmontables. Doué d'une certaine aptitude artistique, jointe à un désir ardent de recherches par initiative propre, j'ai toujours marché devant moi avec mes propres ressources, sans m'occuper des engourdis, des délateurs et des ignorants à réputation spéculatrice et fanfaronne.

C'est dans ces conditions qu'a été faite l'étude de ces deux séries de criminels portugais, comparée avec celle d'autres gens de même nationalité n'ayant jamais forfait à l'honneur. S'il existe quelque part des observations sérieuses faites dans des circonstances identiques, elles pourront être comparées avec les miennes sans aucune hésitation, parce que je les ai basées sur les recherches les plus scrupuleuses.

Bien que les *Instructions générales de recherches anthropométriques sur les vivants, par Broca (1879),* soient rigoureusement explicatives au sujet de l'objet dont je m'occupe, néanmoins il ne me semble point hors de propos de dire quelques mots en passant sur l'attitude du corps que j'ai donnée aux individus de mes séries. Les réflexions qui suivent me paraissent d'une importance capitale, car c'est d'elles, en grande partie, que dépend le résultat harmonique de l'ensemble, plein de conséquences instructives quand on arrive aux combinaisons et aux confrontations. Ceux qui auront suivi les mêmes procédés que moi excuseront cette exposition. Cependant, je crois qu'elle fournira quelques éclaircissements aux nouveaux qui désirent se consacrer à des études du même ordre, s'ils veulent qu'elles soient profitables et durables.

Comme je ne traite ici que de travaux purement de cabinet et non d'observations faites en voyage, j'ai employé *la planche graduée* avec *l'équerre directrice* et *l'équerre exploratrice.*

Pour chaque individu, les observations duraient de quarante-cinq minutes à une heure; et cette durée paraîtra suffisante si l'on remarque que j'étais secondé par deux et souvent trois aides assez intelligents et instruits pour me rappeler les mesures à prendre, écrire celles que je leur dictais, et surveiller et maintenir dans une position uniforme les individus soumis à mon examen.

Il n'est pas aisé de faire rester quelqu'un dans la même position pendant si longtemps, sans qu'il fasse quelque mouvement pouvant déplacer les relations qui doivent être maintenues rigoureusement.

Pour obvier rapidement à cet inconvénient, je fis au préalable quelques observations sur quelques-uns de mes amis qui voulurent bien se prêter aux essais anthropométriques si ennuyeux, mais je n'avançai guère relativement. J'acquis, il est vrai, une certaine habileté, une grande rigueur dans les points de repère, de l'adresse et de la précision dans les mesures, faisant en quelques minutes un travail que d'autres auraient mis longtemps à exécuter. Mais tout se que je faisais, pour ne pas fatiguer dans une position forcée l'individu soumis à mon examen, était insuffisant. Au bout de dix minutes à peine il changeait de position. En vue de ces contrariétés je cherchai un moyen de poursuivre mes recherches rigoureuses sans fatiguer mon sujet.

Ce moyen fut le suivant:

Je commençais par marquer au crayon dermographique tous les points de repère sur l'individu à observer. Cela fait, je le plaçais près de la planche graduée de 2 mètres de hauteur, disposée verticalement. L'individu, les bras pendants le long du tronc, touchait la planche par la partie postérieure en cinq points: — le calcaneüm, les mollets, la région des fessiers, le dos (les deux omoplates), et la nuque —. Je fixais la tête dans la position nécessaire pour prendre le triangle facial. Ensuite, les premières mesures que je prenais étaient: la distance des acromions, celle de la fourchette du sternum et du bord supérieur du pubis jusqu'au sol, celles de la tête et de la face dépendant de la planche jusqu'aux acromions. Quelques secondes suffisaient donc pour que je pusse laisser la tête en liberté relative de position. Avec plus de loisir, je continuais à prendre les autres mesures du tronc et des membres, dépendant aussi de la planche, surtout les hauteurs, mesures qui au bout de quelques minutes étaient terminées. Le reste des observations étaient faites, l'individu étant à volonté, soit debout, soit assis. Par ce procédé, je ne fatiguais pas l'ndividu et je ne craignais aucune incorrection.

On ne peut nier que toutes les mesures réclament de l'attention, de l'habileté et de l'adresse; il y en a trois, cependant, qui réclament le plus grand soin pour que les résultats ne soient pas contraires; ce sont: — *la distance des deux acromions, la hauteur de la fourchette du sternum* et celle *du bord supérieur du pubis* jusqu'au sol. La plus légère négligence dans la position du sujet altère immédiatement les dimensions, et, par conséquent, les résultats.

La distance des deux acromions sera diminuée si le sujet retire ses omoplates de la planche; elle sera augmentée s'il lève les épaules. La distance de la fourchette du sternum et celle du bord supérieur du pubis au sol seront altérées en plus ou moins, suivant que l'individu ne touchera plus la planche avec les mollets, ou avec la région des fessiers, ou avec les omoplates, séparément, ou les trois ensemble, car l'inclinaison du baissin peut se produire et déplacer l'arcade pubienne.

J'attire spécialement l'attention des observateurs sur ces trois mesures, en raison de l'extrême importance qu'elles paraissent avoir dans l'anthropométrie, comme nous le verrons plus loin.

Outre les mesures que Broca recommande de prendre sur le tronc, j'ai pensé qu'il ne serait pas de trop d'en prendre trois autres sur le thorax avec des points de repère faciles à déterminer avec précision:

1° Le diamètre maximum antéro-postérieur du tronc. J'ai placé ainsi les points de repère de ce diamètre: partie inférieure du sternum et base de l'appendice xiphoïde, où doit être placée une des olives du grand compas d'épaisseur, tandis que l'autre olive du compas *tenu horisontalement* touche l'épine, qui sera le second point de repère.

2° C'est le même diamètre transversal, mais la 2ème olive du compas, au lieu d'être placée directement sur l'épine, doit être placée sur un plan qui passe tangentiellement aux deux courbes postérieures des côtes. Pour former le plan postérieur, je me suis servi d'une règle posée à plat sur la région dorsale correspondant au point de repère, et après avoir obtenu la mesure j'en ai soustrait l'épaisseur de la règle.

3° Le diamètre maximum transversal *direct du tronc*. Les points de repère que j'ai employés se trouvent avec grande facilité par la convexité des côtes des deux côtés du thorax. Ainsi, à de très rares exceptions près, sur la 7ème ou 8ème côte, de chaque côté, nous trouvons les deux points exigés, et très souvent même les côtes saillantes les indiquent dans leur courbe.

Encore une observation:

La *troupe* de noirs africains qui étaient à l'exposition de Paris de 1889, appelée *Troupe Cambiambia*, du nom de son conducteur, est venue à Lisbonne où j'ai eu occasion de la voir et étudier avec attention. J'en ai examiné tous les individus au nombre de 13 — 6 hommes, 5 femmes et 2 enfants, sans compter 1 enfant encore à la mamelle.

Bien que, plus tard, j'aie à traiter spécialement de cette série de noirs, il m'a semblé utile de donner, dans la comparaison des tableaux anthropométriques d'individus normaux, des voleurs, des assassins, les mesures de ces nègres, et quelquefois donner la moyenne entre tous.

Les tableaux anthropométriques des noirs sont utiles comme éléments confrontatifs, mais, selon moi, ils sont de premier ordre comme objets comparatifs, et il est à regretter que les cas ne soient pas plus nombreux, parce qu'alors on obtiendrait des résultats bien plus positifs.

Outre la série des noirs, j'ajouterai, à titre d'éclaircissement, diverses mesures et descriptions de plusieurs autres séries osseuses, toutes étudiées par moi, qui seront produites au fur et à mesure que le réclamera ou l'exigera la suite de mon travail.

Dans un de mes derniers voyages d'études, à Turin, après avoir terminé mes travaux au *Musée égyptien* de cette ville, grâce à l'amabilité de son directeur, le sénateur Fabretti, j'eus l'occasion de visiter la collection anthropologique, si importante, du professeur Lombroso. Au premier désir que je manifestai d'étudier cette curieuse série, le professeur Lombroso non seulement mit immédiatement à ma disposition tous les objets de sa collection, mais encore il m'offrit son propre cabinet pour y étudier et laissa à mes ordres ses employés pour m'aider.

Je profite de l'occasion pour consigner ici l'expression de mon éternelle gratitude pour une offre si franche, si délicate et si importante. Si ce procédé était suivi par tous, peut-être la science ferait-elle, avec assurance, quelques pas de plus en avant; malheureusement, il en est quelques-uns qui refusent systématiquement de suivre l'exemple, si noble et si utile à la science, du professeur Lombroso.

Ainsi donc je me consacrai à une étude sérieuse de la collection Lombroso, à l'aide de mes instruments anthropométriques que j'avais apportés. Les crânes de tous les assassins ont été par moi stéréographiés et quelques-uns illuminés de l'original par les tracés stéréographiques; j'ai fait en outre un examen crâniométrique rigoureux, suivant les instructions de Broca. J'ai bien regretté de ne pouvoir procéder au cubage, parce que je ne pus trouver du plomb de la marque usuelle, pour obtenir des résultats comparatifs précis. J'ai essayé, cependant, de combler cette lacune *par la méthode de l'indice cubique pour l'évaluation de la capacité des crânes,* comme je le montrerai plus tard.

Cette collection dont le professeur Lombroso s'est tant occupé dans ses écrits, est si importante que je crois utile à ceux qui s'intéressent à ce sujet d'en présenter ici les mesures, avec maximum et minimum, et les stéréographies, en mettant aussi en regard les stéréographies et les mesures des assassins portugais au nombre de six, accompagnées des mesures de quatre cent quatre-vingt-quatorze individus contemporains portugais de sexe masculin, dont l'âge, la profession, l'état civil, le genre de mort, etc., sont connus.

Les crânes des assassins portugais, tous stéréographiés, cubés et quelques-uns illuminés par moi, au delà d'un rigoureux examen crâniométrique, se trouvent au musée anatomique de l'école de médecine de Lisbonne.

Ceci dit, voyons quels sont les résultats anatomiques que fournissent les séries de délinquants comparées avec celles des individus normaux et des noirs, outre les comparaisons crâniométriques.

Je commencerai par quelques particularités descriptives; ensuite je traiterai des mesures du tronc et des membres; et enfin je m'occuperai de la mesure des os du crâne et de la face des délinquants que j'ai étudiés.

DESCRIPTION ET NOMENCLATURE DES ASSASSINS

Correspondant à mon relevé des assassins que j'examinai au Cabinet de Médecine Légale de M. le Professeur Cezare Lombroso (Turin, *Via di Po, N° 18)*, dont les exemplaires sont signalés à l'encre sur l'inion du côté gauche avec les nombres correspondants à ceux de mon relevé (de 1 à 14) le nombre étant renfermé entre parenthèses.

Deux femmes assassines sont signalées au même lieu avec les nombres M. 1ª, M. 2ª, celle-ci est la *Sarda* dont je ne m'occupe pas dans cette étude.

Les voleurs sont également signalés, depuis le nombre 1 jusqu'à 25 renfermés entre parenthèses, additionnés du nom *ladro*.

Les escrocs sont signalés tout de même, depuis le nombre 1 jusqu'à 9, renfermés aussi entre parenthèses additionnés de l'abreviation *trof*, en italien *trofatore*.

N° 1 — *Gasparoni*, naturel de Rome, quatre-vingt-huit ans, assassin et chef d'une bande de voleurs.

N° 2 — *Villela*, naturel de la Calabre, soixant-dix ans, homicide et incendiaire, soupçonné chef de voleurs; il a été trois fois condamné.

N° 3 — *Prusaterra*, naturel de Verone, trente-six ans, assassin et voleur; il est mort de tuberculose pulmonaire. «Il a tué quatre-vingt-dix-neuf individus, et il a dit qu'il regrettait de n'avoir pas complété la centaine».

N° 4 — *Cipola*, naturel de Rome, soixante et onze ans, assassin, chef d'une bande de voleurs.

N° 5 — *Bessone*, naturel de Turin, cinquante ans, assassin, escroc et faux monnayeur.

N° 6 — *Petinato,* d'origine incertaine, soixante ans, assassin et voleur.

N° 7 — *Cavaglia* (Giovanni), connu par l'antonomase du *Fusil,* naturel de Turin, vingt-trois ans, assassin de son propre camarade, voleur, sodomite; il s'est pendu cent jours après dans la prison cellulaire. Il a tué son protecteur pour lui voler quatorze mille francs. Il fut découvert à cause d'une lettre qu'il a écrite de Genève à un de ses amis.

N° 8 — *Chiesi,* naturel de Pavie, trente ans, homicide, voleur et sicaire.

N° 9 — *Navasconi,* naturel de Suse, vingt-trois ans, assassin. Il a tué deux enfants ramoneurs, après les avoir contraints à des actes de sodomie, en leur volant ensuite tout l'argent qu'ils avaient. Ces enfants allaient chez leurs parents avec quelques francs qu'ils avaient ramassés.

N° 10 — *Gatti,* naturel de la Calabre, vingt-huit ans, homicide et incendiaire.

N° 11 — *Rossi,* naturel de Voghera (Piemonte), trente-huit ans, parricide.

N° 12 — *Capellini,* naturel de Pavie, cinquante ans, assassin et fou.

N° 13 — *Soldati,* naturel de Trévise, soixante-dix ans, assassin.

ASSASSINS EN PORTUGAL

N° 1 — *Diogo Alves (o Pancada),* naturel de la Galice (paroisse de Santa Gertrudes, diocèse de Lugos), trente et un ans, assassin et voleur. Il a été pendu à Lisbonne le 19 février 1841.

N° 2 — *Francisco de Mattos Lobo,* naturel de Portugal (Amieira), vingt-huit ans, assassin. Il a été pendu à Lisbonne, le 17 avril 1842.

N° 3 — *Ambrosio da Costa,* « assassin célèbre, mort par pendaison».

(Extrait du registre des pièces anatomiques n° 3038 à l'Ecole de Médecine et Chirurgie de Lisbonne.)

N° 4 — *Ami de Diogo Alves,* «Tête d'un complice de Diogo Alves — voleur et assassin — mort par pendaison». — (Loco cit. n° 3039.)

N° 5 — «Assassin célèbre, mort par pendaison». — (Loco cit. n° 3041.)

N° 6 — « Tête d'un pendu (Gallego) ». — (Loco cit. n° 3042.)

LES ASSASSINS ET VOLEURS VIVANTS PORTUGAIS

Que j'examinai à l'Etablissement pénitencier central de Lisbonne ont leur description, nomenclature, nombres d'ordre, etc., à mon *relevé,* dont la transcription ici serait inutile et superflue.

CHAPITRE II

ANATOMIE

§ 1°—SIGNES DESCRIPTIFS

Aspect de la constitution physique.—Dans les quatre séries comparées nous remarquerons que le plus grand pourcentage des individus *maigres* est celui des voleurs, 44 pour cent; puis vient celui des normaux, 40 pour cent; après, nous trouvons celui des noirs, 33.3 pour cent, et en dernier lieu celui des assassins, 23.1 pour cent.

Le plus grand pourcentage des individus *gras* est celui des normaux, les voleurs les suivent, et puis les assassins. Chez les noirs on ne trouve pas de gras.

Les assassins ont le plus grand pourcentage des individus moyens, 69.2 pour cent; le pourcentage est égal chez les voleurs et normaux, 48 pour cent; il est équivalent chez les noirs à celui des assassins, 66.7 pour cent.

On vérifie plus facilement ce que je viens de dire par le

Tableau I

Le sujet:	Normaux		Voleurs		Assassins		Nègres	
	Cas	Rapport à 100	Cas	Rapport à 100	Cas	Rapport à 100	Cas	Rapport à 100
Maigre.................	10	40.—	11	44.—	6	23.1	2	33.3
Gras..................	3	12.—	2	8.—	2	7.7	—	—
Moyen	12	48.—	12	48.—	18	69.2	4	66.7
		100.—		100.—		100.—		100.—

Poids en kilos.—Depuis 48 jusq'à 60 kilos, le plus grand pourcentage est celui des voleurs, 44 pour cent; les normaux les suivent, 32 pour cent, et puis les assassins, 23.1 pour cent.

Depuis 61 jusq'à 70 kilos, les normaux et les voleurs ont des pourcentages égaux, 44 pour cent; les assassins l'ont plus petit, 42.3 pour cent.

Depuis 71 jusqu'à 83 kilos, les assassins ont le plus grand pourcentage, 34.6 pour cent; les normaux les suivent, 24 pour cent, en dernier lieu les voleurs, 12 pour cent.

Le poids des noirs n'a pas été évalué par moi.

On constate facilement ce qui précède par le

Tableau II

Poids — kilos:	Normaux		Voleurs		Assassins		Nègres	
	Cas	Rapport à 100	Cas	Rapport à 100	Cas	Rapport à 100	Cas	Rapport à 100
48-60	8	32.-	11	44.-	6	23.1	—	—
61-70	11	44.-	11	44.-	11	42.3	—	—
71-83	6	24.-	3	12.-	9	34.6	—	—
		100.-		100.-		100.-		—

La moyenne du poids en kilos. — Est plus grande chez les assassins; les normaux les suivent et, après, les voleurs.

La traction dynamométrique. — Est plus forte chez les assassins; les voleurs ont le second lieu; les normaux le dernier. Je ne l'ai pas observée chez les noirs.

Les pulsations par minute. — Sont plus fréquentes chez les voleurs; ensuite chez les assassins; puis viennent les noirs, et en dernier lieu les normaux.

Le mouvement respiratoire par minute. — Est plus grand chez les noirs; ils sont suivis par les assassins; chez les normaux et les voleurs il est pareil.

Le pavillon de l'oreille. — Est plus grand chez les assassins, moyen chez les normaux, et plus petit chez les voleurs.

La moyenne de l'âge. — Chez les observés est, pour les assassins, 36.5 ans, de 31.1 ans chez les normaux, et de 28.6 ans chez les voleurs.

Chez les noirs je n'ai pas pris l'âge ni mesuré l'oreille, comme on le vérifiera facilement par le

Tableau III

	Normaux		Voleurs		Assassins		Nègres	
	Cas	Moyenne	Cas	Moyenne	Cas	Moyenne	Cas	Moyenne
Poids — Moyenne	25	64.1	25	61.3	26	65.8	—	—
Force de tract. dynam.	25	37.1	25	40.2	26	41.3	—	—
Pulsation par minute	25	72.-	25	82.8	26	80.5	6	74.7
Respiration par minute	25	20.2	25	20.2	26	20.4	6	21.3
Pavillon de l'oreille	25	60.9$^{m.m.}$	25	59.7$^{m.m.}$	26	63.4$^{m.m.}$	—	—
Age	25	31.1	24	28.6	26	36.5	—	—

§ 2.º — CARACTERES DESCRIPTIFS

Peau. — Les individus appartenant aux trois séries ici comparées sont portugais; cela étant, et si la race portugaise est peu pénétrée, la couleur de la peau doit présenter de légères oscillations, et celles-ci doivent être à peine des nuances de la couleur fondamentale.

Or, la série des individus normaux a présenté une parfaite uniformité chromatique: c'est-à-dire, de l'échelle chromatique des couleurs dans les *Instructions de Broca,* à laquelle je me référerai toujours. La peau nue présente 12 pour cent du n° 24 et 88 pour cent du n° 25; la peau couverte a donné 84 pour cent du n° 24 e 16 pour cent du n° 25.

La série des voleurs et des escrocs comparée avec celle-là diffère spécialement dans le pourcentage, mais soutient le type à l'exception de 4 pour cent du n° 54 de l'échelle.

La série des assassins perd un peu du type et beaucoup dans les rapports proportionnels; car elle manifeste des tons des nᵒˢ 30, 40 et 54 de l'échelle, bien qu'en proportions peu élevées, comme le montre clairement le

Tableau IV

		Normaux				Voleurs				Assassins				Nègres			
Peau:		Cas	Rapport à 100 Parties nues	Cas	Rapport à 100 Parties couvertes	Cas	Rapport à 100 Parties nues	Cas	Rapport à 100 Parties couvertes	Cas	Rapport à 100 Parties nues	Cas	Rapport à 100 Parties couvertes	Cas	Rapport à 100 Parties nues	Cas	Rapport à 100 Parties couvertes
Nᵒˢ des nuances de l'échelle chromatique des Inst. anthrop. de Broca, pour le vivant, 1879	24	3	12.–	21	84.–	14	56.–	14	56.–	11	42.3	14	53.9	–	–	–	–
	25	22	88.–	4	16.–	10	40.–	11	44.–	10	38.5	11	42.3	–	–	–	–
	26	–	–	–	–	–	–	–	–	–	–	1	3.8	–	–	–	–
	30	–	–	–	–	–	–	–	–	1	3.8	–	–	–	–	–	–
	40	–	–	–	–	–	–	–	–	2	7.7	–	–	–	–	–	–
	54	–	–	–	–	1	4.–	–	–	2	7.7	–	–	–	–	–	–
			100.–		100.–		100.–		100.–		100.–		100.–		–		–

Quant à la question de *la distribution des cheveux et des poils sur la peau,* elle a aussi attiré mon attention, et les résultats n'en laissent pas d'être intéressants.

Les individus normaux présentent 32 pour cent de peau recouverte d'un duvet imperceptible, que nous pourrons appeler *peau lisse,* 48 pour cent avec peu de poils, et 20 pour cent très poilus.

Il est clair que je ne me réfère pas ici aux aisselles, au pubis et au visage, mais seulement aux autres parties de l'organisme où la présence du poil ou du cheveu est plus éventuelle.

Les voleurs ont la peau plus lisse et, par conséquent, moins poilue ; les assassins, au contraire, ont la peau plus poilue et, par conséquent, moins lisse, comme le démontre le

Tableau V

La peau :	Normaux		Voleurs		Assassins		Nègres	
	Cas	Rapport à 100	Cas	Rapport à 100	Cas	Rapport à 100	Cas	Rapport à 100
Glabre..................	8	32.–	15	60.–	6	23.1	6	100.–
Peu velue...............	12	48.–	5	20.–	12	46.2	–	–
Très velue..............	5	20.–	5	20.–	8	30.7	–	–
		100.–		100.–		100.–		100.–

Cheveux. — La série des individus normaux présente 52 pour cent de cheveux noirs, 32 pour cent du n° 1 de l'échelle chromatique, 12 pour cent du n° 2 et 4 pour cent du n° 48.

Si on examine ces numéros dans l'échelle, on verra que ce sont tous des tons du noir au châtain foncé, les cheveux noirs y entrant pour plus de moitié.

Les voleurs suivent les individus normaux de très près, présentant une plus grande proportion dans les cheveux noirs et moindre dans les cheveux châtains. Les assassins ont une plus grande proportion que les précédents et une moindre dans les cheveux châtains, mais ils ont une plus grande variété de tons, comme le montre le

Tableau VI

Les cheveux :		Normaux		Voleurs		Assassins		Nègres	
		Cas	Rapport à 100	Cas	Rapport à 100	Cas	Rapport à 100	Cas	Rapport à 100
Noirs......		13	52.–	17	68.–	19	73.1	–	–
	1	8	32.–	6	24.–	3	11.5	–	–
Nos des nuances	2	3	12.–	–	–	1	3.9	–	–
de l'échelle	16	–	–	–	–	1	3.8	–	–
chromatique	22	–	–	–	–	1	3.9	–	–
des Inst. anthrop.	27	–	–	–	–	1	3.8	–	–
de Broca,	35	–	–	1	4.–	–	–	–	–
pour le vivant, 1879	41	–	–	1	4.–	–	–	–	–
	48	1	4.–	–	–	–	–	–	–
			100.–		100.–		100.–		–

Quánt à la manifestation des cheveux dans le sens longitudinal, les individus normaux ont donné 64 pour cent droits, 32 pour cent ondulés, et 4 pour cent bouclés.

D'où nous pouvons conclure que le type commun portugais est celui des cheveux droits.

Les voleurs ont confirmé le type, car tous avaient le cheveu droit.

Les assassins n'ont fourni qu'une petite variante dans le cheveu ondulé, comme le montre le

Tableau VII

Les cheveux:	Normaux		Voleurs		Assassins		Nègres	
	Cas	Rapport à 100	Cas	Rapport à 100	Cas	Rapport à 100	Cas	Rapport à 100
Droits.................	16	64.–	25	100.–	24	92.3	–	–
Ondés.................	8	32.–	–	–	2	7.7	–	–
Bouclés.................	1	4.–	–	–	–	–	–	–
Laineux.................	–	–	–	–	–	–	6	100.–
		100.–		100.–		100.–		100.–

Barbe. — Les individus normaux ont présenté, dans une progression uniforme toutes les nuances depuis le noir jusqu'au châtain-clair; il y a eu 28 pour cent de barbe noire, 40 pour cent du n° 1 de l'échelle, 16 pour cent du n° 2 et 16 pour cent aussi du n° 3.

Les voleurs présentent une grande oscillation dans la proportion et même dans le ton, et les assassins dépassent encore les voleurs, comme le montre le

Tableau VIII

Barbe:	Normaux		Voleurs		Assassins		Nègres	
	Cas	Rapport à 100	Cas	Rapport à 100	Cas	Rapport à 100	Cas	Rapport à 400
Nulle.................	–	–	2	8.–	1	3.9	3	50.–
Noire.................	7	28.–	17	68.–	20	76.9	3	50.–
Nᵒˢ des nuances 1	10	40.–	4	16.–	3	11.5	–	–
de l'échelle 2	4	16.–	–	–	1	3.8	–	–
chromatique 3	4	16.–	–	–	–	–	–	–
des Inst. anthrop. 22	–	–	–	–	1	3.9	–	–
de Broca, 37	–	–	1	4.–	–	–	–	–
pour le vivant, 1879 41	–	–	1	4.–	–	–	–	–
		100.–		100.–		100.–		100 –

Si nous nous référons à la quantité de la barbe, nous verrons que chez les individus normaux, elle est abondante sur 44 pour cent, rare sur 56 pour cent et nulle chez aucun.

Les voleurs sont plus fréquents avec une barbe rare et même nulle, les assassins suivent de près les voleurs, comme on le voit par le

Tableau IX

	Normaux		Voleurs		Assassins		Nègres	
	Cas	Rapport à 100	Cas	Rapport à 100	Cas	Rapport à 100	Cas	Rapport à 100
La barbe :								
Abondante............	11	44.–	6	24.–	8	3o.8	–	–
Rare................	14	56.–	17	68.–	17	65.4	3	5o.–
Nulle...;............	–	–	2	8.–	1	3.8	3	5o.–
		100.–		100.–		100.–		100.–

Yeux. — La variété de la couleur de l'iris, chez les individus normaux, est limitée, fournissant comme type normal 40 pour cent châtain très foncé, 24 pour cent châtain tendant vers le clair, 20 pour cent gris-vert et 16 pour cent châtain-clair.

Les voleurs affirment davantage le type dans le châtain très foncé, continuant en plus grande variété en d'autres nuances de bleu et vert; les assassins affirment aussi le type dans le châtain très foncé ou clair, présentant les mêmes proportions de gris-vert et de châtain très foncé, comme le montre le

Tableau X

		Normaux		Voleurs		Assassins		Nègres	
		Cas	Rapport à 100	Cas	Rapport à 100	Cas	Rapport à 100	Cas	Rapport à 100
Les yeux :									
	1	10	40.–	15	60.–	7	26.9	–	–
	2	6	24.–	4	16.–	6	23.1	–	–
Nᵒˢ des nuances	3	4	16.–	–	–	1	3.9	–	–
de l'échelle	6	–	–	–	–	2	7.7	–	–
chromatique	7	5	20.–	4	16.–	7	26 9	–	–
des Inst. anthrop.	9	–	–	–	–	1	3.8	–	–
de Broca,	13	–	–	–	–	1	3.8	–	–
pour le vivant, 1879	14	–	–	1	4.–	1	3.9	–	–
	15	–	–	1	4.–	–	–	–	–
Noirs................		–	–	–	–	–	–	6	100.–
			100.–		100.–		100.–		100.–

Nez. — Chez les individus normaux, la forme du profil du nez embrasse toute la nomenclature de Broca; ainsi, elle donne 4 pour cent de nez aquilins, 64 pour cent de nez droits, 16 pour cent retroussés, 8 pour cent abaissés et 8 pour cent busqués. La forme typique est donc le nez droit, vient ensuite le nez retroussé.

Les voleurs confirment la forme typique manifestée chez les individus normaux, avec variété dans les autres formes. Les assassins dominent dans la forme droite du nez et, ainsi que les voleurs, s'écartent des autres formes, comme on le voit par le

Tableau XI

Le nez:		Normaux		Voleurs		Assassins		Nègres	
		Cas	Rapport à 100	Cas	Rapport à 100	Cas	Rapport à 100	Cas	Rapport à 100
Aquilin............... 1		1	4.–	–	–	2	7 7	5	83.3
Droit...... 2	V. Inst. de Broca pag. 111	16	64.–	15	60.–	19	73.1	1	16.7
Retroussé.. 3		4	16.–	2	8.–	2	7.7	–	–
Abaissé.... 4		2	8.–	4	16.–	–	–	–	–
Busqué.... 5		2	8.–	4	16.–	3	11.5	–	–
			100.–		100.–		100.–		100.–

Lèvres. — Dans la série des individus normaux, on ne trouve pas de lèvres grosses; il y a 40 pour cent de lèvres moyennes et 60 pour cent de lèvres minces.

Les voleurs dominent en lèvres grosses; en lèvres moyennes ils offrent une proportion plus grande que les individus normaux, et plus petite en lèvres minces. Les assassins présentent aussi des lèvres grosses en proportion moindre que les voleurs, et des lèvres moyennes en proportion plus grande que chez les individus normaux, comme on le voit au

Tableau XII

Lèvres:	Normaux		Voleurs		Assassins		Nègres	
	Cas	Rapport à 100	Cas	Rapport à 100	Cas	Rapport à 100	Cas	Rapport à 100
Grosses...............	–	–	5	20.–	2	7.7	1	16.7
Moyennes...............	10	40.–	12	48.–	12	46.2	5	83.3
Fines............:...	15	60 –	8	32.–	12	46.1	–	–
		100.–		100.–		100.–		100.–

Quant à l'inclinaison des lèvres, chez les individus normaux on en trouve 88 pour cent de droites et 12 pour cent de retroussées en dehors.

Les voleurs augmentent la proportion des lèvres retroussées en dehors, et diminuent celles des lèvres droites; les assassins suivent de près les voleurs, comme le montre le

Tableau XIII

	Normaux		Voleurs		Assassins		Nègres	
	Cas	Rapport à 100	Cas	Rapport à 100	Cas	Rapport à 100	Cas	Rapport à 100
Lèvres:								
Droites...............	22	88.–	17	68.–	18	69.2	3	50.–
Renversées en dehors	3	12.–	8	32.–	8	30.8	3	50.–
		100.–		100.–		100.–		100.–

Dents. — Quant a la grosseur des dents, nous trouvons, chez les individus normaux, 24 pour cent de grosses dents, 56 pour cent de dents moyennes et 20 pour cent de petites dents.

Les voleurs suivent presque régulièrement les individus normaux; les assassins fournissent de légères oscillations, comme le montre le

Tableau XIV

	Normaux		Voleurs		Assassins		Nègres	
	Cas	Rapport à 100	Cas	Rapport à 100	Cas	Rapport à 100	Cas	Rapport à 100
Dents:								
Grandes................	6	24.–	6	24.–	3	12.–	–	–
Moyennes..............	14	56.–	13	52.–	14	56.–	3	50.–
Petites.................	5	20.–	6	24.–	8	32.–	3	50.–
		100.–		100.–		100.–		100.–

Quant à l'inclinaison des dents, les individus normaux et les voleurs ont 96 pour cent de dents verticales et 4 pour cent de dents obliques; les assassins ne présentent que des dents verticales, comme le montre le

Tableau XV

	Normaux		Voleurs		Assassins		Nègres	
	Cas	Rapport à 100	Cas	Rapport à 100	Cas	Rapport à 100	Cas	Rapport à 100
Les dents incisives:								
Verticales...............	24	96.–	24	96.–	22	100.–	2	33.3
Peu obliques.............	1	4.–	1	4.–	–	–	4	66.7
		100.–		100.–		100.–		100.–

En ce qui concerne la denture, les individus normaux nous donnent 16 pour cent de très bonne, 8 pour cent bonne, 48 pour cent médiocre, 24 pour cent mauvaise et 4 pour cent très mauvaise.

Dans les dentures médiocres et mauvaises les voleurs ont le maximum; dans les dentures mauvaises et très mauvaises ce sont les assassins qui ont le maximum, comme le prouve le

Tableau XVI

La denture:	Normaux		Voleurs		Assassins		Nègres	
	Cas	Rapport à 100	Cas	Rapport à 100	Cas	Rapport à 100	Cas	Rapport à 100
Très bonne..............	4	16.–	–	–	2	7.7	5	83.3
Bonne..................	2	8.–	3	12.–	3	11.5	1	16.7
Mediocre..............	12	48.–	15	60.–	5	19.2	–	–
Mauvaise..............	6	24.–	7	28.–	11	42.3	–	–
Très mauvaise..........	1	4.–	–	–	5	19.3	–	–
		100.–		100.–		100.–		100.–

CHAPITRE III

ANTHROPOMETRIE

§ 1.ª—TRONC ET MEMBRES (MESURES ABSOLUES EN MILLIMETRES)

Dans les quatre séries comparées entre elles — individus normaux, voleurs, assassins et noirs —, nous remarquons, en premier lieu, que la moyenne la plus élevée en ce qui concerne la taille est celle des noirs 1682^{mm}; les individus normaux, les voleurs et les assassins n'ont pas grande différence entre eux, les premiers 1639^{mm}, les deuxièmes 1642^{mm} et les troisièmes 1638. ·

Ensuite nous voyons que la grande envergure est supérieure à la taille dans toutes les séries, d'où il résulte que tous ces individus appartiennent à la race des bras longs *(long armed)*. Des quatre séries, celles qui présentent les bras les plus courts sont les assassins; ensuite viennent les voleurs, puis les individus normaux. ·

Finalement, ce sont les noirs qui ont les bras les plus longs. Les normaux et les voleurs ont le même nombre d'individus à envergure plus petite *(short armed)*, c'est-à-dire 4 chacun sur 25 ou 16 pour cent; les assassins en ont 8 ou 30.77 pour cent; les noirs en ont 1 ou 16.67 pour cent, proportion presque égale à celle des normaux et des voleurs.

Les oscillations des mesures *du vertex au conduit auditif externe* et *de celui-ci au bord inférieur du menton* ne sont pas grandes; mais la différence *du menton à l'acromion* est remarquable. La moyenne la plus élevée est celle des normaux, 120.60; celle des noirs est la plus petite, 87.67; celle des voleurs et des assassins sont égales, 106.28.

Dans les mesures de *l'acromion au mamelon*, il en est presque de même: les assassins présentent la moyenne la plus élevée, 154; ensuite viennent les voleurs, 149; puis les noirs 135.50, et enfin les normaux, 122.84.

Dans les mesures *du mamelon à l'ombilic* il y a de grandes oscillations dans les séries: la plus grande mesure appartient aux noirs, 237.50; la plus petite aux assassins, 222.27; les voleurs se rapprochent des noirs, 233.32, et les normaux se rapprochent des assassins, 226.48.

La moyenne la plus élevée *de l'ombilic au bord supérieur du pubis* est celle des normaux, 138.06; puis viennent les assassins, 132.58; puis les voleurs, 131.88; la plus petite est celle des noirs avec un grand écart, 118.

Du bord supérieur du pubis au raphé du perinée, la moyenne la plus grande est celle des noirs, 71.50; puis viennent les normaux, 68.28; puis les voleurs, 54; et enfin les assassins, 53.96, presque égale à celle des voleurs.

De l'acromion à l'épicondyle, la moyenne du bras est: chez les normaux 308.76, chez les voleurs 306.48, chez les assassins 304.62; ce sont les bras les plus courts, tandis que les noirs ont les bras les plus longs, 340 50.

De l'épicondyle à l'apophyse styloïde du radius, la moyenne de l'avant-bras est: chez les normaux 234.28, chez les voleurs 238.44 et chez les assassins 240.08, justement le contraire des moyennes de l'humérus. Les noirs conservent encore la plus grande moyenne, 253.

De l'apophyse styloïde du radius à l'extrémité du médius, la plus grande moyenne appartient aux noirs, 194.67; puis viennent les voleurs, 188.04; puis les assassins, 187.42; et enfin les normaux, 183.68.

De l'épine iliaque antéro-supérieure à l'articulation du genou, la moyenne présente de légères oscillations; chez les normaux elle est de 487.66, chez les voleurs 485.60, chez les assassins 473.65 et elle est très grande chez les noirs, 500.50.

De l'articulation du genou au sommet de la malléole interne, la moyenne chez les normaux est de 347.56, chez les voleurs de 348.56, chez les assassins de 345.81, et enfin chez les noirs la moyenne est encore la plus grande, 397.67.

Du sommet de la malléole interne au sol, les mesures sont les suivantes: chez les normaux, 91.64; les voleurs, 88.16; les assassins, 92.08; la moyenne chez les noirs n'est que de 74.83.

De la fourchette du sternum au mamelon, ce sont les normaux qui ont la plus faible moyenne, 126.72; puis viennent les voleurs 140.76; la plus forte est celle des assassins, 148.81; les noirs n'ont que 135.50. Comme on le voit ces moyennes sont à peu près celles de *l'acromion au mamelon.*

De l'extrémité inférieure du sternum à l'épine (antéro-postérieurement), la plus grande moyenne de ce *diamètre* appartient aux assassins, 208.81; puis viennent les voleurs, 200.28; la plus petite appartient aux normaux qui ont la même moyenne que les noirs. 196.60.

De côte à côte transversalement, maximum, la plus forte moyenne est celle des assassins, 291.92; puis vient celle des voleurs, 276.32; puis celle des normaux, 267.48 et enfin la plus faible, celle des noirs, 247.17.

La moyenne la plus forte entre les *deux acromions* est celle des voleurs, 385.24; la plus petite est celle des normaux, 369.44 et celle des noirs, 369.17; les assassins ont 378.77. Comme on le voit, ici et dans les mesures du sternum à l'épine, les noirs accompagnent les normaux.

La plus forte moyenne dans la *largeur du thorax à l'axille* est celle des noirs, 270.83; la plus faible est celle des normaux, 257.72; les assassins accompagnent les noirs 269.62, et les voleurs s'approchent des normaux, 255.72.

Les assassins ont une moyenne plus forte dans la distance des *deux épines iliaques,* 241.92; la plus petite est celle des normaux; les voleurs, 232.92, ont presque la même moyenne que les noirs, 231.

La plus forte moyenne *dans le maximum des deux crètes iliaques* appartient aux assassins, 281.96, et la plus faible aux noirs 234.33; les voleurs ont 273.24 et les normaux 269.76.

La plus forte moyenne *dans le maximum des deux trochanters* est celle des normaux, 297.08; la plus faible est celle des assassins, 279.77; les voleurs ont 282.80 et les noirs 286.17.

Dans la longueur de la clavicule, les normaux ont la plus grande moyenne, 165.64; et les voleurs la plus petite, 156.24; les noirs viennent après les normaux, 159.83, et les assassins un peu avant les voleurs, 157. (Il faut dire que je pris les mesures directement bout à bout.)

Quant à la longueur *du pouce, du médius, du gros doigt du pied et du pied,* elle présente dans les quatre séries des oscillations régulières dans les moyennes, qu'il vaut mieux vérifier sur le tableau qui accompagne ces notes.

La moyenne la plus élevée dans *la circonférence du thorax sous l'axille* est celle des assassins, 933.62; puis viennent les voleurs, 895.56; puis les noirs, 877.33; la plus petite est celle des normaux, 862.96.

La plus forte moyenne *de la circonférence à la ceinture* est celle des assassins, 831.11; puis vient celle des noirs, 799.50; puis celle des normaux, 786.64; celle des voleurs est la plus faible, 761.32.

La plus forte moyenne *à la circonférence du mollet* appartient aux normaux, 358.24; la plus faible aux voleurs, 322.88; les assassins suivent de près les normaux, 350.73 et les noirs ont 339.83.

Dans la circonférence minimum de la jambe (sus-malléolaire), la plus forte moyenne est celle des assassins, 219.62, suivis par les normaux, 218.48; puis vient celle des voleurs, 213.32, et les noirs qui ont la plus petite, 210.50.

La plus forte moyenne *du vertex au sol, le sujet étant assis,* appartient aux voleurs, 861.08; puis viennent les assassins, 858.35; les normaux, 846.28 et les noirs, 831.33.

La plus forte moyenne *dans le diamètre de l'extrémité inférieure du sternum à l'épine* appartient aux assassins, 231.81; la plus faible aux noirs, 216.67; les normaux ont 219.36 et les voleurs 219.

Dans le petit empan, ce sont encore les normaux qui ont la plus forte moyenne, 223.36; la plus petite est celle des noirs, 210.33; les voleurs, 216.44; ont presque le même empan que les assassins, 216.96.

On vérifiera facilement ce qui je viens de dire sur le tableau XVII.

Au moyen de ces mesures, il est facile de dresser un tableau présentant la recomposition de la taille de chacun des individus des séries. Dans ce tableau j'ai aussi compris les mesures des négresses et des négrillons. Vide tableau XVIII.

Tableau XVII

	Normaux — 25 cas				Voleurs — 25 cas				Assassins — 26 cas				Nègres — 6 cas			
	Total	Maximum	Minimum	Moyenne	Total	Maximum	Minimum	Moyenne	Total	Maximum	Minimum	Moyenne	Total	Maximum	Minimum	Moyenne
Du vertex au sol (taille)	40989	1725	1555	1639.56	41072	1765	1530	1642.88	42600	1809	1550	1638.46	10094	1770	1560	1681.32
La grande envergure	41948	1801	1578	1677.92	41880	1822	1517	1675.20	43337	1930	1575	1666.81	10347	1870	1598	1727.83
Du vertex au conduit auditif	3912	143	114	128.48	3162	139	113	126.48	3332	140	129	128.15	764	143	113	127.33
De ce dernier au menton	1617	70	50	64.68	1652	90	40	66.08	1661	78	53	63.88	370	65	56	61.67
De ce dernier à l'acromion	3013	134	95	120.60	2637	174	72	106.38	2763	127	73	106.27	526	141	62	87.67
De ce dernier au mamelon	3071	151	87	122.84	3725	186	97	149.-	4006	197	111	154.-	813	151	117	135.50
De ce dernier à l'ombilic	5602	271	178	226.48	5833	241	210	233.32	5779	257	126	222.27	1425	252	215	237.50
De ce dernier au bord supérieur du pubis	3452	164	93	138.06	3297	167	110	131.88	3447	220	107	132.58	708	139	124	118.-
De ce dernier au raphé du périné	1707	72	28	68.28	1350	80	31	54.-	1403	72	30	53.06	429	83	53	71.30
De l'acromion à l'épicondyle	7719	355	260	308.96	7662	339	272	306.48	7920	352	267	304.62	2043	387	315	340.50
De ce dernier à l'apophyse styloïde du radius	5857	252	185	234.28	5961	273	220	238.44	6243	296	217	240.08	1518	270	236	253.-
De cette dernière au bout du doigt médius	4592	222	188	183.68	4701	215	169	188.04	4873	237	163	187.42	1108	215	141	184.67
De l'épine iliaque ant. supérieur à l'art. du genou	12019	520	367	480.76	12140	524	448	485.60	12315	526	433	473.65	5003	557	446	500.50
De cette dernière au sommet du maléole interne	8689	404	304	347.56	8714	396	304	348.56	8991	410	302	345.81	2386	427	367	347.67
De ce dernier au sol	2291	102	79	91.64	2204	108	78	88.16	2394	100	81	92.08	440	84	68	74.83
De la fourchette du sternum au mamelon	3168	165	83	126.72	3319	168	100	140.36	3869	199	117	148.81	813	164	102	135.50
Du bas du sterne à l'épine antéro-postérieur	4915	230	170	196.60	5007	237	174	200.28	5429	251	180	208.81	1179	213	183	196.50
Côte à côte transversalement maximum	6687	322	232	267.48	6908	305	241	276.32	7390	345	260	291.92	1483	255	215	247.17
Ligne biacromiale	9236	395	342	369.44	9631	398	358	385.24	9848	398	360	378.77	2215	398	345	369.17
Largeur du thorax à l'aisselle	6693	290	218	251.72	6363	276	232	255.72	7010	370	230	260.62	1625	322	252	270.83
Distance des deux épines iliaques	5725	253	208	229.-	5823	256	212	232.92	6290	282	214	241.92	1386	208	210	231.-
Maximum des deux crêtes iliaques	6744	295	232	269.76	6831	297	251	273.24	7331	322	256	281.96	1406	252	195	234.33
Maximum des deux grands trochanters	7427	328	263	297.08	7070	318	241	282.80	7374	3c8	247	270.77	1717	312	252	286.17
Longueur de la clavicule	4141	178	137	165.64	3906	171	135	156.24	4681	174	139	157.-	969	190	139	159.83
Longueur du pouce (face dorsale)	1678	74	63	67.12	1712	75	58	68.48	1752	74	60	66.89	386	93	53	64.33
Longueur du medius (face dorsale)	2791	122	103	111.64	2757	125	100	110.28	2891	146	103	111.19	638	119	94	106.33
Longueur du pied: totale	6363	280	242	254.52	6369	281	239	254.76	6593	283	234	253.54	1556	272	241	259.33
Longueur du pied pre-malléolaire	4833	217	180	193.32	4943	225	121	197.66	5033	211	148	193.58	1161	203	178	193.50
Longueur du gros orteil (face dorsale)	1637	74	50	65.48	1718	80	60	68.72	1771	76	59	68.12	383	72	56	63.83
Circonférence du thorax sous les aisselles	21574	1020	747	862.96	22389	1010	819	895.56	24274	1063	818	933.62	5264	903	813	877.33
Circonférence du thorax à la cinture	19666	985	618	786.64	19033	967	662	761.32	21610	1005	710	831.11	4797	884	710	799.50
Circonférence maximum de la jambe (mollet)	8956	407	310	338.24	8322	384	285	322.88	9119	405	295	350.73	2039	361	322	339.83
Circonférence minimum (sus-malléolaire)	5462	248	194	218.48	5333	237	193	213.32	5710	242	183	219.62	1263	236	191	210.50
Haut. du vertex au-dessus du sol, le sujet étant assis	21157	910	770	846.28	21527	945	804	861.08	22317	918	811	858.35	4591	896	770	831.83
Du bas du sterne à l'épine (plain)	5484	256	190	219.36	5475	254	201	219.-	6027	267	198	231.81	(?)1300	229	184	216.67
Le grand empan	5330	231	200	213.20	5139	225	184	206.36	5381	235	190	206.69	1368	235	187	211.33
Le petit empan	5584	246	200	223.36	5411	235	200	216.44	5641	240	190	216.96	1262	227	190	210.33

Tableau XVIII — Recomposition de la taille

Normaux

	1	2	3	4	5	6	7	8	9	10	11	12	13	14	15	16	17	18	19	20	21	22	23	24	25	26
Du vertex au conduit auditif	125	137	135	125	129	124	130	114	123	134	131	135	124	123	143	134	127	120	129	123	121	119	134	128	130	—
De ce dernier au menton	66	68	67	68	58	63	63	50	60	66	65	61	60	66	68	64	69	67	63	70	61	64	60	60	65	—
De ce dernier à l'acromion	154	112	121	117	108	112	95	138	114	135	121	130	113	132	101	106	118	85	145	131	133	117	60	60	65	—
De ce dernier au mamelon	111	95	123	105	140	119	130	138	87	120	122	115	113	119	142	135	140	151	104	124	125	120	117	115	119	—
De ce dernier à l'ombilic	214	255	265	229	230	235	230	178	244	225	210	214	207	226	230	241	236	207	233	230	210	240	271	178	243	—
De ce dernier au pubis	145	100	145	145	165	109	103	146	164	140	127	140	160	156	149	137	132	113	165	154	93	137	116	122	124	—
De ce dernier au périné	73	72	40	62	56	28	66	85	80	78	49	88	56	50	61	57	96	83	72	55	84	49	56	78	72	—
De ce dernier au genou	334	337	340	340	326	309	328	332	320	302	340	340	319	308	323	361	368	308	331	329	335	304	322	320	355	—
De ce dernier au malléole	314	307	404	356	346	371	356	317	356	313	329	351	388	381	363	367	348	335	304	296	308	348	315	371	376	—
De ce dernier au sol	94	91	86	96	92	90	92	95	95	98	93	94	92	93	102	83	100	86	93	90	85	90	85	79	92	—
25 cas—Total m. m.	1630	1667	1723	1640	1650	1630	1607	1594	1668	1610	1620	1695	1638	1678	1680	1678	1672	1555	1641	1603	1555	1657	1606	1589	1678	—

Voleurs

	1	2	3	4	5	6	7	8	9	10	11	12	13	14	15	16	17	18	19	20	21	22	23	24	25	26
Du vertex au conduit auditif	125	137	122	127	131	132	135	118	127	129	115	132	120	132	130	137	126	120	119	113	137	124	127	128	127	—
De ce dernier au menton	60	73	108	80	61	63	75	67	70	54	60	60	60	65	74	72	64	66	61	72	72	60	69	69	65	—
De ce dernier à l'acromion	95	112	88	79	112	102	113	120	111	123	78	109	130	72	91	81	143	174	101	128	91	109	113	113	104	—
De ce dernier au mamelon	131	147	157	124	121	131	114	140	97	145	128	147	134	180	168	155	156	128	128	153	168	166	162	147	170	—
De ce dernier à l'ombilic	220	223	218	235	236	210	216	235	235	212	213	243	222	214	250	258	236	241	249	258	231	230	242	252	236	—
De ce dernier au pubis	136	137	141	135	110	135	167	134	135	120	124	116	143	186	114	110	135	129	134	128	149	122	134	143	111	—
De ce dernier au périné	50	50	62	62	57	43	31	40	37	48	57	70	41	80	75	55	72	53	65	50	58	58	58	43	70	—
De ce dernier au genou	305	341	207	348	355	343	343	338	330	355	337	330	353	337	354	334	331	350	317	350	327	320	337	349	375	—
De ce dernier au malléole	370	363	335	310	350	326	334	322	310	377	373	355	330	342	377	313	315	395	304	372	360	337	303	353	351	—
De ce dernier au sol	82	85	85	95	91	83	60	88	80	88	91	82	89	84	87	84	108	95	94	92	90	78	84	90	84	—
25 cas—Total m. m.	1660	1694	1573	1605	1651	1595	1629	1600	1530	1658	1597	1669	1629	1593	1739	1570	1631	1765	1575	1739	1711	1604	1709	1688	1693	—

Assassins

	1	2	3	4	5	6	7	8	9	10	11	12	13	14	15	16	17	18	19	20	21	22	23	24	25	26
Du vertex au conduit auditif	132	131	136	134	142	132	135	134	134	124	132	130	130	130	132	129	122	134	143	124	124	126	122	127		
De ce dernier au menton	60	53	57	60	58	69	73	68	60	71	65	58	60	59	72	60	61	62	60	78	36	55	55	76	61	
De ce dernier à l'acromion	110	115	127	117	113	72	81	120	101	84	118	105	118	87	98	99	94	127	123	91	97	131	105	119	119	
De ce dernier au mamelon	134	137	136	172	131	181	167	129	156	166	156	197	190	133	162	160	155	133	158	160	162	136	167	111	132	117
De ce dernier à l'ombilic	217	234	237	238	225	212	232	213	218	211	196	195	186	120	243	227	250	242	210	247	223	223	201	236	246	248
De ce dernier au pubis	132	128	124	127	127	123	132	144	135	145	141	149	143	230	150	118	119	124	110	123	132	128	127	144	107	112
De ce dernier au périné	71	54	61	72	60	40	46	50	52	53	53	52	53	53	61	44	67	60	63	46	36	43	48	64		
De ce dernier au genou	288	307	341	384	355	343	363	357	395	340	342	342	337	354	316	343	323	322	301	331	364	328	331	377	340	
De ce dernier au malléole	339	302	350	410	358	363	357	395	340	342	342	337	354	316	343	323	322	301	331	364	388	328	331	377	340	330
De ce dernier au sol	90	100	92	93	90	98	100	81	93	92	84	93	100	90	95	93	85	95	94	92	85	85	84	90	89	
26 cas—Total m. m.	1602	1651	1681	1809	1679	1667	1667	1728	1638	1632	1583	1607	1710	1550	1652	1600	1653	1651	1672	1657	1723	1617	1582	1600	1595	1614

Negres

	1	2	3	4	5	6
Du vertex au conduit auditif	120	128	138	143	122	113
De ce dernier au menton	60	64	63	65	62	56
De ce dernier à l'acromion	77	88	62	92	66	141
De ce dernier au mamelon	134	151	145	139	117	132
De ce dernier à l'ombilic	215	250	238	230	250	252
De ce dernier au pubis	131	87	124	134	134	93
De ce dernier au périné	73	80	53	83	64	76
De ce dernier au genou	332	421	383	378	363	407
De ce dernier au malléole	305	327	411	427	367	386
De ce dernier au sol	70	75	68	84	75	77
6 cas—Total m. m.	1612	1741	1688	1770	1560	1723

Negresses

	1	2	3	4	5
Du vertex au conduit auditif	126	149	141	117	115
De ce dernier au menton	61	52	63	64	61
De ce dernier à l'acromion	50	67	58	57	70
De ce dernier au mamelon	67	65			72
De ce dernier à l'ombilic					203
De ce dernier au pubis	107	153	143	103	142
De ce dernier au périné	75	67	65	70	
De ce dernier au genou	223	301	256	285	326
De ce dernier au malléole	317	360	361	368	370
De ce dernier au sol	72	70	61	60	66
5 cas—Total m. m.	1391	1523	1486	1463	1563

Negrillons

	1	2
Du vertex au conduit auditif	125	117
De ce dernier au menton	54	61
De ce dernier à l'acromion	78	89
De ce dernier au mamelon	70	63
De ce dernier à l'ombilic	201	207
De ce dernier au pubis	77	93
De ce dernier au périné	43	43
De ce dernier au genou	247	228
De ce dernier au malléole	285	300
De ce dernier au sol	68	67
2 cas—Total m. m.	1257	1300

§ 2.º—TETE, CRANE ET FACE (MESURES ABSOLUES EN MILLIMETRES)

A—Tête

Diamètres.—La moyenne la plus élevée *dans le diamètre antéro-postérieur* est celle des voleurs, 195.64; la plus faible est celle des noirs, 189.83; les assassins, 193.55; suivent de près les normaux, 193.92.

Le *diamètre antéro-postérieur iniaque* a une moyenne plus faible chez les voleurs, 189.88, que chez les normaux, 190.60, et chez les assassins, 191.88, ce qui prouve une dépression à l'occiput plus rapide que chez les autres, et même que chez les noirs relativement, 188.50. La saillie de l'occiput est donc très prononcée chez les voleurs de cette série.

La plus grande moyenne *du diamètre transversal maximum* est celle des voleurs, 150.60; puis viennent les assassins, 150.19; puis les normaux, 148.28, et enfin les noirs, 144.

Les assassins ont la plus grande moyenne *du diamètre transversal sus-auriculaire*, 137.12; puis viennent les noirs, 136; puis les normaux, 134.92, et en dernier lieu les voleurs, 119.64, contrairement à la moyenne du diamètre transversal et antéro-postérieur maximum.

La moyenne *du diamètre temporal maximum* oscille légèrement entre 144 et 145 dans toutes les séries.

La plus forte moyenne *du diamètre frontal minimum* appartient aux voleurs, 109.16; ensuite viennent les assassins, 107.73; puis les normaux, 102.48, et enfin les noirs, 100.83.

Dans le diamètre vertical les assassins ont la plus forte moyenne, 128.35; puis viennent les noirs, 127.83; puis les voleurs, 127.32, et enfin les normaux, 125.32.

Courbes.—La moyenne *de la courbe inio-frontale totale* est plus grande chez les noirs, 133.33; vient ensuite celle des assassins, 123.88; puis celle des normaux, 123.24, et enfin celle des voleurs qui est la plus faible, 122.32.

La plus forte moyenne *de la partie antérieure de la courbe frontale totale* est celle des noirs, 133.33; puis vient celle des assassins, 123.88; puis celle des normaux, 123.24, et enfin celle des voleurs, 122.32.

La plus forte moyenne *de la courbe sous-cérébral* appartient aux voleurs, 27.52; puis vient celle des normaux, 26.08; puis celle des assassins, 25.77, et enfin celle des noirs, 25.67. C'est un fait que j'étais loin d'espérer.

La courbe horisontale totale présente une moyenne plus forte chez les voleurs, 557.84; puis viennent les normaux, 553.20; puis les noirs, 545, et enfin les assassins, 522.15.

La plus grande moyenne *de la partie antérieure de la courbe précédente* appartient aux noirs, 285.83; puis viennent les assassins, 279.46; puis les voleurs, 270.24, et enfin les normaux qui ont la plus petite, 263.48.

La plus forte moyenne de la courbe sus-auriculaire appartient aux assassins, 305.35; puis vient celle des normaux, 302.24, presque égale à celle des noirs, 302.17, et enfin la plus petite est celle des voleurs, 290.32.

B — Face

La moyenne de *l'angle de Camper* est la plus grande chez les assassins, 77.50, suivis de près par les voleurs, 75.48; puis viennent, les noirs, 74.67, et la plus petite est celle des normaux, 73.16.

La moyenne de *l'angle alvéolaire* est la plus grande encore chez les assassins, 69.92, et les voleurs, 69.40; puis viennent les noirs, 68.83, et enfin les normaux, 68.76.

Les moyennes *du menton à la naissance des cheveux* éprouvent les moindres oscillations relativement. Il en est de même de *l'ophryon au point alvéolaire;* seuls les noirs descendent de 10^{mm}, 87.67.

La plus forte moyenne *de la largeur bisygomatique* est celle des noirs, 139.67; puis vient celle des voleurs, 139.12; puis celle des assassins, 139.04; la plus faible est celle des normaux, 133.80

La longueur du nez est la plus forte chez les assassins, 50.88; celle des voleurs, 50.76, est presque égale à celle des normaux, 50.60; chez les noirs elle descend à 42.33.

La moyenne de la largeur du nez est sensiblement la même chez les normaux, 34.08, chez les voleurs, 35.72, et chez les assassins, 34.54; chez les noirs elle monte à 43.33.

Dans les différentes longueurs de la face, ce sont les noirs qui s'écartent le plus des autres séries, comme *de l'ophryon à la naissance des cheveux* où la moyenne est la plus forte, et *de l'ophryon au point sous-nasal* où la moyenne est la plus faible, etc., ce qui se voit mieux sur le tableau ci-joint.

Largeurs. — La plus forte moyenne de *la largeur biorbitaire* est celle des noirs, 120.83; puis vient celle des voleurs, 116.64; puis celle des assassins, 116.35; la plus faible étant celle des normaux, 113.64.

La largeur bicarunculaire la plus grande est celle des noirs, 36.67; la plus petite est celle des assassins; les voleurs et les normaux varient entre les deux.

Les largeurs *palpébrale, bimalaire* et *buccale* sont les plus grandes chez les noirs; celles des autres séries sont à peu près égales.

La moyenne *de la largeur bigoniaque* est la plus faible chez les noirs, 104.67, et la plus forte chez les normaux, 111.04; les autres séries varient entre les deux.

Mesures obliques:

Les noirs ont la plus petite moyenne du *gonio-nasal,* 120.67; la plus forte est celle des assassins, 128.88; les autres sont identiques à ces derniers.

La plus forte moyenne *du gonio-mentonnier* appartient aux assassins, 98; puis vient celle des noirs, 97.83; puis celle des normaux, 96.64; celle des voleurs, 95.72, étant la plus petite. Vide tableau XIX.

Tableau XIX

	25 cas — Normaux					25 cas — Voleurs					26 cas — Assassins					6 cas — Nègres				
	Total	Maximum	Minimum	Moyenne	Rapport des écarts à 100	Total	Maximum	Minimum	Moyenne	Rapport des écarts à 100	Total	Maximum	Minimum	Moyenne	Rapport des écarts à 100	Total	Maximum	Minimum	Moyenne	Rapport des écarts à 100
A.— Crâne :																				
Diamètres — Antero-postérieur *maximum*	4848	210	180	193.92	1	4891	213	182	195.64	0.89	5035	208	181	193.65	-0.14	1139	195	184	189.83	-2.11
Antero-postérieur Iniaque	4765	207	179	190.60	1	4747	209	178	189.88	-0.38	4989	205	181	191.88	0.67	1131	194	181	188.50	-1.10
Tranverse *maximum*	3707	157	141	148.28	1	3765	159	139	150.60	1.56	3905	166	141	150.19	1.29	864	152	138	144.—	-2.89
Tranverse sus auriculaire	3373	149	125	134.92	1	2991	156	136	119.64	-1.33	3565	145	121	137.12	1.63	816	148	126	136.—	-0.80
Tranverse temporal *maximum*	3616	155	133	144.64	1	3640	154	136	145.60	0.66	3773	165	137	145.12	0.33	866	152	136	144.33	-0.21
Tranverse frontal *minimum*	2562	115	96	102.48	1	2729	112	94	109.16	6.52	2801	117	94	107.73	5.12	605	107	96	100.83	-1.51
Vertical auriculaire	3133	135	114	125.32	1	3183	142	118	127.32	1.60	3337	143	118	128.35	2.41	767	134	123	127.83	2.—
Courbes — Inio frontale totale	8425	377	307	337.—	1	8755	375	310	350.20	3.92	9083	391	310	349.35	3.66	2007	352	318	333.45	-1.05
Sa partie frontale totale	3081	145	109	123.24	1	3058	141	104	122.32	-0.75	3221	142	109	123.88	0.52	800	140	125	133.33	8.19
Sa partie sous cérébrale antérieure	652	30	19	26.08	1	688	33	22	27.52	5.52	670	31	21	25.77	-1.19	154	30	20	25.67	-1.57
Horisontale totale	13838	595	530	553.20	.1	13946	591	510	557.84	0.78	13576	597	512	522.15	-5.67	3270	563	535	545.—	-1.48
Sa partie antérieure	6587	297	238	263.48	1	6756	295	250	270.24	2.57	7266	565	248	279.46	6.07	1715	300	235	285.83	8.48
Transversale biauriculaire	8817	372	325	352.68	1	8861	380	320	354.44	0.50	9315	388	332	358.27	1.58	2127	368	342	354.50	-0.52
Transversale sus auriculaire	7556	320	278	302.24	1	7258	331	272	290.32	-3.94	7939	340	289	305.35	1.03	1813	320	287	302.17	-0.02
B.— Face :																				
Angle facial — De Camper	1829°	86°	67°	73.16°	1	1887°	86°	71°	73.48°	3.17°	2015°	86°	71°	77.50°	5.93°	448°	81°	68°	74.67°	2.06°
Alvéolaire	1719°	75°	63°	68.76°	1	1735°	79°	65°	69.40°	0.93°	1818°	78°	62°	69.92°	1.69°	413°	79°	64°	68.83°	0.10°
Pour les Indices — Du menton à la naissance des cheveux	4421	195	151	176.84	1	4515	203	157	180.60	2.13	4349	203	134	174.96	-1.06	1069	193	167	178.17	0.75
De l'ophryon au point alvéolaire	2393	107	84	95.72	1	2441	110	81	97.64	2.01	2483	109	84	95.50	-0.23	526	94	79	87.67	-8.41
Largeur bi-zygomatique	3345	144	126	133.80	1	3478	146	126	139.12	3.98	3615	152	124	139.04	3.92	838	148	130	139.67	4.39
Longueur du nez	1269	57	44	50.76	1	1265	59	44	50.60	-0.32	1323	55	45	50.88	0.25	254	45	34	42.33	-14.64
Largeur du nez	852	38	28	34.08	1	893	40	30	35.72	4.81	898	42	32	34.54	1.35	260	45	42	43.33	27.14
Longueurs — De l'ophryon à la naissance des cheveux	929	46	24	37.16	1	975	56	25	39.—	4.95	969	52	22	37.27	0.29	287	52	41	47.83	28.71
De l'ophryon à la racine du nez	616	29	17	24.64	1	649	31	19	25.96	5.36	640	29	10	24.62	-0.10	150	26	19	25.—	-1.46
De l'ophryon au point sous nasal	1921	85	68	76.84	1	1941	86	69	77.64	1.04	1965	85	71	76.73	-0.14	409	77	60	68.17	-1.28
Du point sous nasal au point alvéolaire	468	23	14	18.72	1	507	28	15	20.28	8.33	491	26	12	18.88	0.88	128	25	15	21.33	13.94
Du point sous nasal au mentonier	1623	70	51	64.92	1	1087	78	56	67.48	3.94	1699	78	55	65.35	0.66	395	69	61	65.83	1.40
Hauteur du menton	913	43	30	36.52	1	942	43	34	37.68	3.18	983	44	34	37.81	3.53	230	43	36	38.33	4.96
Largeurs — Biorbitaire	2841	121	105	113.64	1	2916	124	110	116.64	2.64	3025	128	107	116.35	2.38	725	126	113	120.83	6.33
Bicaronculaire	813	39	30	32.52	1	816	38	27	32.64	0.37	831	37	26	31.96	-1.72	220	39	34	36.67	12.76
Palpebrale	703	32	25	28.12	1	704	31	26	28.16	0.14	739	31	25	28.42	1.08	186	34	27	31.—	10.24
Bimalaire	2703	118	95	108.12	1	2750	121	100	110.—	1.74	2792	119	92	107.38	-0.68	690	121	109	115.—	6.36
Buccale	1215	56	39	48.60	1	1217	53	40	48.68	0.16	1293	57	45	49.73	2.33	314	54	49	52.30	7.61
Bigonique	2776	122	101	111.04	1	2721	123	103	108.84	-1.98	2838	117	104	109.15	1.70	628	114	94	104.67	-5.74
Mesures obliques — Gonio nasal	3190	139	115	127.60	1	3189	140	117	127.56	-0.03	3351	136	114	128.88	1.01	724	126	113	120.67	-5.43
Gonio mentonière	2416	106	84	96.64	1	2393	107	85	95.72	-0.95	2593	116	87	98.—	1.41	587	106	90	97.83	1.23

§ 3ᵉ —OSTEOMETRIE

C — Crâne et Face

Les assassins portugais, comparés avec les normaux contemporains, n'offrent rien qui appelle l'attention; les différences sont presque nulles.

Si, mettant de côté les contemporains portugais, nous comparons les assassins péninsulaires avec ceux du professeur Lombroso, les écarts numériques se présentent presque sans interruption. Et il n'en pouvait être autrement, puisque l'on compare des sujets ethniques distincts.

Néanmoins, bien que dans les mesures craniométriques des différences se présentent depuis la première jusqu'à la dernière, je crois devoir appeler l'attention sur quelques-unes d'entr'elles dont l'écart est grand.

Je commencerai par la moyenne *de la courbe médiane pariétale* des assassins portugais qui est de 133.50, tandis que celle des assassins de Lombroso est de 125.15; cette courbe est donc beaucoup plus grande chez les premiers.

Il en est de même pour la courbe médiane occipitale, qui est de 119.17 chez les assassins portugais et seulement de 113.62 chez ceux de Lombroso. Enfin, même *dans la circonférence médiane totale,* la moyenne des assassins portugais est de 518, tandis que celle des assassins de Lombroso n'est que de 503.62.

La courbe transversale totale est chez les assassins portugais de 437, tandis que chez ceux de Lombroso elle va jusqu'à 444.92.

La courbe horisontale totale est plus grande chez les assassins portugais, 527.17, que chez ceux de Lombroso, 515.69; *la courbe horisontale pré-auriculaire* est au contraire plus petite chez ceux-là, 238.67, et plus grande chez ceux-ci, 245.08.

La projection postérieure est de 105.17 chez les assassins portugais; elle n'est que de 94.08 chez ceux de Lombroso.

La largeur bi-condylienne est moindre chez les assassins portugais, 114, que chez ceux de Lombroso, 119.95.

La largeur bigoniaque est également moindre chez les assassins portugais, 179, que celle des assassins de Lombroso, 184.33.

L'indice céphalique est de 74.64 chez les assassins portugais, et de 79.49 chez ceux de Lombroso.

L'angle mandibulaire est de 143° chez les assassins portugais, et de 124.42° chez ceux de Lombroso.

L'angle symphysien est également plus grand chez les assassins portugais, 74°, que chez ceux de Lombroso, 70.90°. Vide tableau XX.

Tableau XX

| | COLLECTION LOMBROSO | | | | | | | | | | | Assassins portugais | Contemporains portugais |
| | ♂ Assassins – 13 cas | | | ♂ Voleurs – 25 cas | | | ♂ Escrocs – 9 cas | | | Cas | Moyenne totale | Moyenne totale — 6 cas | Moyenne totale — 494 cas |
	Maximum	Minimum	Moyenne	Maximum	Minimum	Moyenne	Maximum	Minimum	Moyenne				
Diamètres Antéro-postérieur maximum.. A	194	168	180.77	185	168	176.48	187	167	178.44	47	177.84	187.33	184.99
Transverse maximum...... B	168	131	143.69	164	135	149.04	159	129	144.67	47	146.72	130.83	137.75
Vertical C	145	129	133.31	140	121	131.08	136	126	131.67	47	131.81	133.17	134.12
Frontal minimum ...... D	108	92	99.62	105	89	97.36	101	92	96.22	47	97.77	97.83	96.05
Stéphanique.......... E	134	104	120.–	130	103	119.76	131	101	116.33	47	119.17	117.83	115.21
Antéro-postérieur intacte......	194	165	175.46	183	164	171.84	183	160	173.56	47	173.17	179.17	178.06
Biauriculaire	141	116	133.69	138	112	126.30	129	116	123.11	47	124.91	121.50	120.71
Bitemporal..........	153	127	139.–	160	133	144.88	155	126	140.33	47	142.38	133.50	132.41
Astérique...........	119	100	110.77	120	101	112.36	117	104	110.33	47	111.53	110.–	109.41
Naso-basilaire ...... J	109	93	99.54	105	87	93.60	110	94	100.33	47	96.53	99.83	101.62
Trou occipital Longueur.......... K	39	32	35.08	41	31	35.68	42	33	36.44	47	35.06	34.83	35.37
Largeur........... L	33	27	30.–	36	25	30.52	38	28	30.67	47	30.40	30.17	30.39
Courbes — Médiane Sous-cérébrale	22	15	18.54	25	13	19.36	29	17	22.11	47	19.63	21.50	21.38
Frontale totale ...... N	145	116	130.23	142	118	129.52	137	116	126.33	47	129.11	130.07	129.53
Pariétale........... O	142	113	125.15	137	112	124.36	131	116	122.–	47	124.13	133.50	129.31
Occipitale .... P	129	103	113.62	123	92	110.80	125	105	114.44	47	112.28	110.17	118.72
Sus-occipitale ...... Q	80	50	63.–	77	41	62.13	74	58	65.89	47	63.09	67.17	69.88
Cérébelteuse	61	39	50.62	61	41	48.68	55	42	48.56	47	49.19	52.–	48.86
Inio-frontale	347	302	318.62	336	287	316.–	328	290	314.22	47	316.32	331.33	328.70
Occipito-frontale .. R	397	354	360.–	388	338	364.68	379	346	362.78	47	365.31	383.33	377.56
Circonférence médiane totale..	527	484	503.62	520	471	497.92	513	480	498.89	47	499.68	518.–	514.53
Transversale Totale	474	419	444.92	477	425	451.84	483	474	446.56	47	448.91	437.–	437.22
Sus-auriculaire	341	296	313.08	338	293	318.52	349	295	315.11	47	316.36	307.33	307.16
Horizontale Totale U	545	490	515.69	550	418	511.–	532	497	514.11	47	513.32	527.17	517.57
Pré-auriculaire .. V	262	432	245.08	256	225	243.52	250	234	243.33	47	243.91	238.67	240.79
Post-auriculaire	283	243	270.62	303	171	268.28	282	253	270.78	47	269.40	288.50	276.79
Projection Antérieurs ...... W	105	89	95.–	100	80	91.44	105	90	97.22	47	93.53	96.17	98.31
Postérieure X	104	81	94.08	104	79	92.48	92	83	88.89	47	92.23	105.17	103.12
Totale W+X	204	175	189.08	199	168	183.92	197	173	186.11	47	185.77	201.33	201.43
Largeur Biorbitaire externe ..	113	97	105.38	114	98	104.84	110	101	104.33	47	104.89	102.17	103.16
Biorbitaire interne ..	106	92	97.69	105	93	97.30	101	93	96.33	47	97.19	94.67	95.15
Bimalaire	107	91	97.69	112	88	97.96	106	92	98.44	47	97.81	96.56	96.50
Bijugale	129	103	113.38	128	104	114.16	119	112	114.–	47	114.–	113.50	110.95
Bizygomatique .... E'	144	124	131.62	144	122	132.88	136	128	131.44	47	132.26	129.33	127.72
Totale de la face .. F'	100	80	92.85	103	78	91.84	94	86	90.11				
Orbites Largeur de l'orbite .. J'	43	32	38.32	43	33.5	38.58	41	35	38.83	47	38.52		
Hauteur de l'orbite .. K'	36	30	33.27	37	31	33.64	34.5	29.5	32.11	47	33.24	31.42	32.77
Région nasale — Nez Longueur ...... L'	30	21	26.30	31.5	20	25.90	27	22.5	24.78	47	26.06	25.33	26.16
Largeur ...... M'	18	11.5	15.27	19	12	15.48	19	13	15.94	47	15.51	15.17	15.18
Lignes Naso-spinale ...... N'	64	47	53.–	59	47	52.16	54	48	41.11	47	51.81	50.67	52.17
Narines ...... O'	27	11	23.65	27.5	20.5	23.76	27	19.5	23.11	47	23.61	22.89	23.16
Région auriculaire Hauteur mastoïdienne ..	29	19	24.77	29	15	23.92	24	17	21.89	47	23.11	25.67	28.31
Distance auricule-orbitaire ..	70	62	63.34	72	60	65.72	70	64	67.67	47	65.04	67.17	66.22
Région palatine Longueur ...... R'	56	42	51.17	62	45	50.74	56	46	53.44	44	51.41	53.83	53.19
Largeur ...... S'	43	32	39.08	52	33	40.73	44	38	41.34	42	40.38	39.17	39.02
Distance au basion ..	48	34	41.15	54	33	40.64	48	38	42.07	47	41.17	41.17	41.15
Mandibule — Largeur Bicondylienne ..	137	113	119.75	131	105	120.84	124	108	117.89	46	119.98	114.–	116.15
Bigonisque ..	109	90	98.92	117	94	101.80	113	94	101.33	46	100.56	97.–	97.97
Bimentonière ..	48	39	43.75	50	40	44.68	51	43	45.–	46	44.50	41.–	43.85
Hauteur Symphysienne ..	38	25	31.–	37	26	30.59	33	29	30.87	46	30.75	30.50	30.42
Molaire ..	32	21	27.33	34	22	27.48	32	25	29.–	41	27.78	25.50	27.40
Cordes Gonio-symphysienne ..	93	78	83.42	98	77	86.20	95	76	86.56	46	85.50	83.–	86.47
Condylo-coronoïdienne ..	35	20	30.75	38	25	32.44	35	28	32.33	46	31.98	30.–	30.55
Branches Longueur ... γ	67	53	59.75	69	48	62.84	70	56	61.33	46	60.65	61.50	61.43
Largeur ... δ	34	23	29.83	38	25	31.56	36	29	32.11	46	31.22	30.–	30.38
Courbe bigoniaque..	204	170	184.33	205	171	189.24	208	179	192.11	46	188.52	179.–	189.36
Indices — Crânien Céphalique .. B/A	86.90	68.94	79.49	90.81	78.65	84.45	93.45	69.76	81.07	47	80.41	74.64	74.46
1er vertical .. C/A	80	68.55	73.74	79.31	68.88	74.27	78.57	71.50	73.79	47	74.03	71.09	72.50
2e vertical .. C/B	103.81	82.09	92.77	97.14	79.87	87.95	103.87	81.76	91.01	47	89.83	95.13	97.36
Frontal ..	77.27	66.43	69.33	70.50	58.71	65.32	72.66	61.78	66.51	47	66.63	69.96	69.73
Stéphanique .. D/E	91.34	77.62	83.01	97.09	72.09	81.30	92.08	74.04	82.71	47	82.04	82.70	83.38
Du trou occipital .. L/K	94.28	75.–	85.53	97.22	76.31	85.54	94.12	77.50	84.15	47	85.26	86.60	85.04
Basilaire .. W/w+x	56.45	46.35	50.24	54.59	44.62	49.73	53.97	50.55	52.84	47	50.35	47.76	48.81
Facial et mandibulaire Facial .. F'/E'	69.65	61.07	67.38	73.73	59.09	67.51	73.43	64.18	68.55	44	67.49		71.26
Orbitaire .. K'/J'	94.59	78.95	86.50	100.–	79.48	87.20	90.41	77.63	82.69	47	86.16	82.98	82.50
Nasal .. O'/L'	48.98	35.48	44.63	52.94	39.28	43.55	56.25	36.11	47.06	47	45.56	45.07	44.39
Rhinien .. M'/L'	73.91	44.22	57.62	76.19	39.66	59.67	71.72	53.84	64.35	47	59.51	59.87	57.93
Palatin .. S'/R'	89.13	66.66	76.38	94.35	67.34	80.21	93.48	70.37	77.16	44	78.52	72.76	75.33
Mandibulaire .. δ/γ	54.54	54.–	49.93	64.40	40.–	51.87	61.01	45.72	52.36	47	51.47	48.76	52.71
Angles — Facial Facial ..	80°	71°	75.85°	86°	69°	76.88°	81°	73°	75.89°	47	76.40°	75.33°	72.80°
De daubenton ..	10°	0°	–0.77°	8°	–15°	–3.08°	8°	–17°	–3.78°	47	–2.57°	1.60°	2.40°
Occipital de Broca ..	17°	4°	12.–°	22°	–3°	10.24°	18°	–2°	8.44°	47	10.38°	15.20°	16.18°
Basilaire de Broca ..	23°	13°	19.25°	30°	1°	15.80°	26°	–1°	13.40°	46	15.20°	19.80°	21.28°
De la mandibule Mandibulaire ..	139°	114°	124.42°	133°	110°	124.40°	128°	107°	124.59°	46	120.74°	124.–	123.51°
Symphysien ..	86°	64°	70.90°	88°	50°	69.83°	71°	54°	64.11°	46	67.76°	74.–°	
Sphénoïdal ..	141°	119°	132.54°	151°	122°	137.24°	135°	124°	136.89°	47	135.87°	137.17°	136.42°
De Landzert ..	128°	114°	122.75°	135°	107°	121.44°	127°	115°	118.29°	31	126.06°	118.83°	123.68°
Hauteur des fosses nasales ..	51	40	47.69	53	41	48.30	48	43	45.22	47	47.47	46.33	47.32

§ 4°—SUTURES CRANIENNES

Le degré de complications et synostose des sutures a aussi appe
mon attention et mes soins sur les crânes des assassins portugais et (
Lombroso. Comme, jusqu'à présent, on n'a rien fait de sérieux sur (
sujet spécifique, j'ai cru être utile aux gens studieux en leur présenta
les observations complexes des sutures crâniennes des délinquants qu
j'ai examinés.

Le cranioscop a été appliqué à tous les sujets un à un, dans de
fins: 1° pour l'étude des anomalies et des altérations pathologiques su
venues à l'intérieur du crâne, dont les résultats seront exposés pl
loin; 2° pour déterminer la correspondance de la suture interne à la s
ture externe et *vice versa,* et pour vérifier si les degrés de synostose
transmettaient régulièrement à la lame interne. J'ai bien reconnu, dès
début, que j'entreprenais une tâche âpre et épineuse pour celui surto
qui veut, avec probité, mener à bonne fin ses observations sur l'int
rieur des crânes, mais je n'ai pas perdu courage.

Parmi les observations que j'ai recueillies, il en est quelques-un
qui ne m'ont point paru satisfaisantes et j'ai cru prudent de ne les l
vrer à la publicité qu'après une future vérification.

Comme j'avais, auparavant, procédé à de longues études de sut
res sur mil crânes portugais contemporains de sexe, d'âge, de profe
sion, de genre de mort et d'état connus, dont les résultats n'ont p
encore été publiés en entier, mais simplement en résumés, il me sem
ble utile de les comparer avec les observations du même genre q
j'ai faites sur les crânes des délinquants, tous rapportés à 100.

Attendu que l'âge des assassins du professeur Lombroso est appr
ximativement connu, j'ai divisé les observations des sutures en tro
groupes suivant l'âge des individus.

Ainsi le premier groupe contient six cas et comprend les individ
de vingt-trois à trent-neuf ans; le deuxième groupe contient trois c
et comprend les individus de quarante à soixante-neuf ans; enfin
troisième groupe contient quatre cas et comprend les individus (
soixante-dix à quatre-vingt-quatre ans.

Le résultat est celui que l'on verra ci-dessous; toutes ces observ
tions sont superposées du nombre de cas qui en font l'objet se rappo
tant à cent. Vide tableau XXI.

Tableau XXI

SUTURES CRANIENNES
Assassins (Lombroso)—13 cas
(Les numeros des cas sont superposés aux chiffres)

			Degre de complication						Degré de synostose (Selon la notation des Instructions de Broca)				
			Ligne légèrement ondulée	Ligne ondulée	Ligne tortueuse et cassée	Ligne très tortueuse et cassée	Ligne extrêmement flexueuse et cassée	Synostose complète (?)	Synostose complète (?)	Plus de la moitié soudée	Moitié soudée	Moins de la moitié soudée	Suture libre
			1	2	3	4	5	(?)	(?)	1	2	3	4
6 cas: De 23 à 39 ans Nos 3, 7, 8, 9, 10 et 11 de la série	Coronale	Supérieure ...	[1]16.7	[1]16.7	[4]66.6	—	—	—	—	—	—	—	[2]100.-
		Moyenne	—	—	[2]33.3	[2]33.3	[2]33.3	—	—	—	[1]16.7	—	[5]83.3
		Inférieure	[3]50.-	[3]50.-	—	—	—	—	—	—	[1]16.7	[1]16.7	[4]66.6
	Sagitale	Antérieure ...	—	[1]16.7	[2]33.3	[2]33.3	—	[1]16.7	[1]16.7	—	[1]16.7	—	[4]66.6
		Moyenne	—	—	—	—	—	[1]16.7	[1]16.7	—	[1]16.7	—	[4]66.6
		Obélienne	[1]16.7	—	—	[2]50.-	—	[2]33.3	[2]33.3	—	—	—	[4]66.7
		Postérieure...	—	—	[2]33.3	[2]33.3	[2]33.3	[2]33.3	—	—	[1]16.7	—	[2]50.-
	Lambdoïde	Supérieure ...	—	—	[4]66.6	[1]16.7	[1]16.7	—	—	[1]16.7	—	[1]16.7	[4]66.6
		Moyenne	—	[1]16.7	—	[1]16.7	[4]66.6	—	—	—	—	[1]16.7	[5]83.3
		Inférieure	[1]16.7	[5]83.3	—	—	—	—	—	—	—	[1]16.7	[5]83.3
3 cas: De 40 à 69 ans Nos 5, 6 et 12 de la série	Coronale	Supérieure ...	[2]66.7	—	—	—	—	[1]33.3	[1]33.3	—	—	[1]33.3	[1]33.3
		Moyenne	—	—	—	[2]66.7	—	[1]33.3	[1]33.3	—	—	—	[2]66.7
		Inférieure	—	[3]100.-	—	—	—	—	—	[2]66.7	[1]33.3	—	—
	Sagitale	Antérieure ...	—	[1]33.3	—	[1]33.3	—	[1]33.3	[1]33.3	—	[1]33.3	—	[1]33.3
		Moyenne	—	—	—	—	[1]33.3	[1]33.3	[1]33.3	[1]33.3	—	[1]33.3	[1]33.3
		Obélienne	—	—	[1]33.3	—	—	[2]66.7	[2]66.7	—	—	—	[1]33.3
		Postérieure...	—	—	—	[1]33.3	—	[2]66.7	[2]66.7	—	—	—	[1]33.3
	Lambdoïde	Supérieure ...	[1]33.3	—	[1]33.3	—	—	[1]33.3	[1]33.3	—	—	—	[2]66.7
		Moyenne	—	—	—	[1]33.3	—	[1]33.3	[1]33.3	[1]33.3	—	—	[2]66.7
		Inférieure	—	[2]66.7	[2]66.7	—	—	—	—	—	—	—	[3]100.-
4 cas: De 70 à 84 ans Nos 1, 2, 4 et 13 de la série	Coronale	Supérieure....	[2]50.-	[1]25.-	[1]25.-	—	—	—	—	—	[1]25.-	—	[3]75.-
		Moyenne	—	—	[3]75.-	[1]25.-	—	—	—	[1]25.-	—	—	[3]75.-
		Inférieure	[1]25.-	—	[1]25.-	—	[1]25.-	[1]25.-	[1]25.-	—	[1]25.-	—	[2]50.-
	Sagitale	Antérieure ...	[2]50.-	[1]25.-	[1]25.-	—	—	—	—	—	[1]25.-	[1]25.-	[2]50.-
		Moyenne	—	[1]25.-	[1]25.-	[1]25.-	[1]25.-	—	—	—	[1]25.-	[1]25.-	[2]50.-
		Obélienne	—	—	[2]50.-	—	—	[2]50.-	[2]50.-	[1]25.-	—	—	[1]25.-
		Postérieure...	—	—	[1]25.-	[1]25.-	[1]25.-	[1]25.-	[1]25.-	—	—	[1]25.-	[2]50.-
	Lambdoïde	Supérieure ...	[1]25.-	—	[2]50.-	[1]25.-	—	—	—	—	—	[1]25.-	[3]75.-
		Moyenne	—	—	[1]25.-	[3]75.-	—	—	—	—	[1]25.-	[1]25.-	[2]50.-
		Inférieure.....	[1]25.-	[1]25.-	[1]25.-	[1]25.-	—	—	—	—	—	[1]25.-	[3]75.-

Après avoir terminé ces trois tableaux, j'ai cru bon de réunir les treize individus en un seul tableau, en mettant à côté un tableau semblable des six assassins portugais, afin que la confrontation puisse se faire facilement. Les tableaux XXII et XXIII en donnent le résultat suivant:

Tableau XXII

SUTURES CRANIENNES

Assassins (Lombroso)

(Les numeros des cas sont superposés aux chiffres)

| | | Degré de complication | | | | | | Degré de synostose | | | | |
		1 Ligne légèrement ondulée	2 Ligne ondulée	3 Ligne tortueuse et cassée	4 Ligne très tortueuse et cassée	5 Ligne extrêmement flexueuse et cassée	(?) Synostose complète	(?) Synostose complète	1 Plus de la moitié soudée	2 Moitié soudée	3 Moins de la moitié soudée	4 Suture libre
	Numero des cas, 13:											
Coronale	Supérieure	[2]23.1	[4]3o.8	[5]38.4	—	—	[1]7.7	[1]7.7	—	—	[2]15.4	[10]76.9
	Moyenne	—	—	[5]38.4	[5]38.4	[2]15.4	[1]7.7	[1]7.7	—	[2]15.4	—	[10]76.9
	Inférieure	[4]3o.8	[6]46.1	[1]7.7	—	—	[1]7.7	[1]7.7	—	[2]15.4	[2]23.1	[7]53.8
Sagitale	Antérieure	[2]15.3	[2]23.1	[2]23.1	[2]23.1	—	[2]15.4	[2]15.4	—	[2]15.4	[2]15.4	[7]53.8
	Moyenne	—	[2]15.3	[1]15.3	[2]23.1	[4]3o.8	[2]15.4	[2]15.4	—	[1]7.7	[2]23.1	[7]53.8
	Obélienne	[1]7.7	—	[2]23.1	[2]23.1	—	[6]46.1	[6]46.1	[1]7.7	—	—	[6]46.2
	Postérieure	—	—	[1]7.7	[4]3o.8	[2]23.1	[5]38.4	[5]38.4	—	—	[2]15.4	[6]46.2
Lambdoïde	Supérieure	[2]15.4	—	[7]53.8	[2]15.4	[1]7.7	[1]7.7	[1]7.7	[1]7.7	—	[2]15.4	[9]69.2
	Moyenne	—	[1]7.7	[2]15.4	[4]3o.8	[5]38.4	[1]7.7	[1]7.7	—	[1]7.7	[2]15.4	[9]69.2
	Inférieure	[2]23.1	[8]61.5	[1]7.7	[1]7.7	—	—	—	—	—	[2]15.4	[11]84.6

Tableau XXIII

SUTURES DU CRANE

Assassins portugais

(Les numeros des cas sont superposés aux chiffres)

| | | Degré de complication | | | | | | Degré de synostose | | | | |
		1 Ligne légèrement ondulée	2 Ligne ondulée	3 Ligne tortueuse et cassée	4 Ligne très tortueuse et cassée	5 Ligne extrêmement flexueuse et cassée	(?) Synostose complète	(?) Synostose complète	1 Plus de la moitié soudée	2 Moitié soudée	3 Moins de la moitié soudée	4 Suture libre
	Numero des cas, 6:											
Coronale	Supérieure	—	[1]16.7	[4]66.6	[1]16.7	—	—	—	—	—	—	[6]100.—
	Moyenne	—	—	—	[4]66.7	[2]33.3	—	—	—	—	[1]16.7	[5]83.3
	Inférieure	—	[2]33.3	[2]33.3	—	[1]16.7	[1]16.7	[1]16.7	[1]16.7	[2]33.3	—	[2]33.3
Sagitale	Antérieure	—	—	[4]66.7	[2]33.3	—	—	—	—	[1]16.7	[1]16.7	[4]66.6
	Moyenne	—	—	[2]33.3	[2]33.3	[2]33.3	—	—	[2]33.3	[1]16.7	—	[5]50.—
	Obélienne	—	—	[2]33.3	[2]33.3	[1]16.7	[1]16.7	[1]16.7	[2]33.3	[1]16.7	—	[2]33.3
	Postérieure	—	—	—	[3]5o.—	[2]33.3	[1]16.7	[1]16.7	[2]33.3	[1]16.7	—	[2]33.3
Lambdoïde	Supérieure	—	[1]16.7	[1]16.7	[2]33.3	[2]33.3	—	—	[1]16.7	—	[1]16.7	[4]66.7
	Moyenne	—	—	—	[5]83.3	[1]16.7	—	—	—	[1]16.7	[1]16.7	[4]66.7
	Inférieure	[1]16.7	[1]16.7	[5]5o.—	[1]16.7	—	—	—	—	—	[1]16.7	[5]83.3

Enfin, j'ai réuni dans une seule étude les treize assassins de Lombroso et les six assassins portugais; j'en ai formé un tableau de dix-neuf individus et j'ai mis en regard, pour la comparaison, un autre tableau identique de quatre cents quatre-vingt-quatorze portugais contemporains du sexe masculin, et 506 femmes, tous par groupes de 10 en 10 ans, dont les résultats apparaissent dans le

Tableau XXIV

SUTURES CRANIENNES

Assassins: Portugais—6 cas; Italiens (Lombroso)—13 cas

(Les numeros des cas sont superposés aux chiffres)

		Degré de complication (Selon la notation des Instructions de Broca)						Degré de synostose				
		Ligne légèrement ondulée	Ligne ondulée	Ligne tortueuse et cassée	Ligne très tortueuse et cassée	Ligne extrêmement flexueuse et cassée	Synostose complète	Synostose complète	Plus de la moitié soudée	Moitié soudée	Moins de la moitié soudée	Suture libre
Numero des cas, 19:		1	2	3	4	5	(?)	(?)	1	2	3	4
Coronale	Supérieure	[8]15.8	[5]26.3	[9]47.3	[1]5.3	—	[1]5.3	[1]5.3	—	—	[2]10.5	[16]84.2
	Moyenne	—	—	[5]26.3	[9]47.4	[4]21.-	[1]5.3	[1]5.3	—	[2]10.5	[1]5.3	[15]78.9
	Inférieure	[4]21.1	[8]42.1	[3]15.8	—	[2]10.5	[2]10.5	[2]10.5	[1]5.3	[4]21.-	[3]15.8	[9]47.4
Sagitale	Antérieure	[2]10.5	[3]15.8	[7]36.9	[5]26.3	—	[2]10.5	[2]10.5	—	[3]15.8	[3]15.8	[11]57.9
	Moyenne	—	[2]10.5	[4]21.1	[5]26.3	[8]31.6	[2]10.5	[2]10.5	[2]10.5	[2]10.5	[3]15.8	[10]52.7
	Obélienne	[1]5.3	—	[5]26.3	[5]26.3	[1]5.3	[7]36.8	[7]36.8	[3]15.8	[1]5.3	—	[8]42.1
	Postérieure	—	—	[1]5.3	[7]36.8	[5]26.3	[8]31.6	[8]31.6	[2]10.5	[1]5.3	[2]10.5	[8]42.1
Lambdoïde	Supérieure	[2]10.5	[1]5.3	[8]42.1	[1]21.-	[3]158	[1]5.3	[1]5.3	[2]10.5	—	[3]15.8	[13]68.4
	Moyenne	—	[1]5.3	[2]10.5	[9]47.3	[8]31.6	[1]5.3	[1]5.3	—	[2]10.5	[3]15.8	[13]68.4
	Inférieure	[4]21.1	[9]47.3	[4]21.1	[2]10.5	—	—	—	—	—	[3]15.8	[16]84.2

Tableau XXV — SUTURES DU CRANE

Degrés de complication et de soudure des sutures du crâne humain — coronale, sagitale et lambdoïde —, en 1.000 crânes portugais contemporains de toutes les provinces du royaume, d'après l'étude de 494 crânes d'hommes et 506 de femmes d'âges et de sexes connus, rapportés à 100

Tableau statistique très dense présentant les données pour HOMMES et FEMMES, subdivisées par "Degré de complication" (Selon la notation des Instructions de Broca) et "Degré de synostose", avec colonnes "RAPPORTS À 100". Les lignes couvrent les sutures Coronale (Supérieure, Moyenne, Inférieure), Sagitale (Antérieure, Moyenne, Obélienne, Postérieure) et Lambdoïde (Supérieure, Moyenne, Inférieure), regroupées par tranches d'âge : 18 à 30 ans, 41 à 40 ans, 41 à 50 ans, 51 à 60 ans, 61 à 70 ans, et MOYENNES TOTALES.

MOYENNES TOTALES

Ces tableaux sur les sutures crâniennes que je viens de présenter à mes lecteurs se prêteraient à de larges considérations, soit avec rapport aux tableaux partiels des délinquants, soit avec les normaux, ou encore avec rapport aux tableaux généraux de ces mêmes délinquants comparés aussi avec les normaux dans d'identiques circonstances d'âge.

Par ces comparatives nous verrons, par exemple :

Que les degrés de synostose chez les délinquants âgés de vingt-trois à trente-neuf ans ont un pourcentage moins fort que les normaux, et cela dans tous côtés des trois sutures, bien qu'à la sagitale les synostoses se mettent en parallèle avec de légères oscillations ;

Que le pourcentage des synostoses est évidemment beaucoup plus grand chez les normaux que chez les délinquants âgés de quarante à soixante-dix ans, spécialement à la suture coronale et lambdoïde ;

Egalement, que le degré de complication des sutures est nettement plus fort chez les délinquants, fait qu'on voit avec fréquence dans les sutures sinueuses et tortueuses ;

Que les sutures complètement libres ont un pourcentage beaucoup plus grand chez les délinquants que chez les normaux...

Et les confrontations continueraient de cette façon en nombre trop élevé, si je voulais m'occuper spécialement de cet objet ici et dans ce moment ; mais cela n'est pas mon intention comme je l'ai déjà dit autre part, et je laisse ces comparatives de premier ordre en rapport à la criminalité aux studieux véritablement dévoués.

En présentant dans ces tableaux la synthèse d'une étude scrupuleuse de dix années, je reste satisfait d'avoir coopéré, autant qu'il m'a été possible à ce sujet, pour que quelques-uns des problèmes anthropologiques soient plus facilement éclairés par ceux qui ne disposaient pas de la richesse et pureté d'éléments que je mets ici à leurs profit, et que je mets à même de la résolution de ces problèmes.

Mes synthèses des sutures sur *mille deux cents crânes humains*, dont les sexes, les âges, les conditions sociales, le genre de mort, etc., étaient connus, sont déjà terminées et se rapportent à des divisions d'âges de cinq en cinq ans ; mais ces détails, et d'autres éclaircissements plus complets sur le même objet, seront traités par moi dans un travail spécial que je publierai avec d'autres études sur la crâniométrie, squelettométrie et squeletto *varemie* (βάφος — poids), dont je m'occupe il y a longues années.

CHAPITRE IV

DONNEES GEOMETRIQUES

QUARANTE-HUIT PERIMETRES STEREOGRAPHIQUES

DES *TROIS FACES CRANIENNES* DES DIX-NEUF EXEMPLAIRES OSSEUX DES ASSASSINS

Il est de mon devoir de présenter le produit de mes recherches faites par des tracés géométriques sur les treize criminels de Lombroso et les six de Portugal, après avoir présenté aux lecteurs les résultats que peuvent fournir les différentes mesures sur les criminels vivants et sur les exemplaires osseux d'individus aussi criminels que je pus me procurer pour l'examen, tous suivis des mesures identiques sur des vivants et des morts normaux pour en faire des confrontations.

Ces dix-neuf exemplaires ont été stéréographiés par moi avec tous les soins possibles. Hors les portugais, je stéréographiai chacun dans les trois faces—latérale, antérieure et supérieure *(norma verticalis)*. De trois exemplaires de Lombroso, je ne donne que deux périmètres de chacun — face latérale et face supérieure. Ainsi, je ne donne pas le périmètre de la face antérieure des assassins Rossi, Capellini et Soldati. Egalement, les assassins Diogo Alves, Mattos Lobo, Ambrosio da Costa, et les trois amis de Diogo Alves, n'ont que les périmètres des deux faces, tels que ceux ci-dessus, c'est-à-dire la face latérale et la face supérieure.

Sur le périmètre de la face latérale des exemplaires où j'ai observé les angles sphénoïdal et de la selle turcique ou de Landzert, et quelquefois l'un ou l'autre de ceux-ci selon que l'état du crâne le permettait, je donne le tracé des deux lignes qui forment les angles susdits. Une de ces lignes part de la racine du nez et va se rencontrer avec une autre qui part du basion. La rencontre de ces deux lignes forme le sommet de chacun des angles, qui déterminent deux points distincts — le sommet de l'angle sphénoïdal détermine le point central de la gouttière transversale des nerfs optiques et aussi à peu près le niveau de l'extrémité postérieure des orbites, le sommet de l'angle de Landzert détermine le point supérieur de la lame carrée de la selle turcique ou lame carré du sphénoïde.

En un clin d'œil en ayant comme auxiliaire le tracé des angles, on peut se faire une idée approximative de bien des faits importants, sans faire même attention au degré d'ouverture des angles, comme par exemple: — 1° remarquer la hauteur, par approximation de l'apophyse basilaire, ou *plan de clivus d'Eker;* 2° noter le degré d'inclinaison de cette apophyse relativement au point nasal; 3° voir les distances des sommets des angles sphénoïdal et de Landzert au bregma; 4° remarquer l'espace libre laissé par la courbe du frontal avec les trois points suivants — la *racine du nez*, les *sommets des angles sphénoïdal et de Landzert* et le *bregma* —, points qui constitueront un triangle curviligne d'un côté et que j'appellerai *triangle bregmo-sphénoïdal* ou *bregmo-turcique,* selon l'angle endocrânien; 5° noter le plan d'inclinaison ou l'écart que les lignes, qui sortent de la racine du nez, ont avec l'inion, puisque la moyenne de mes observations montre que les lignes en question, quand elles sont prolongées, coupent généralement l'inion avec des petits écarts; 6° faire une idée, quoique schematique, de la surface de capacité crânienne frontale, pariétale, occipitale et cérébelleuse, moyennant de légers tracés additionels; 7° pouvoir, par des tracés identiques, comparer la surface des zones crâniennes, moyennant superpositions, spécialement à la partie frontale... etc., etc.

Mon attention a été saisie même par quelques minuties des crânes des délinquants, et je me suis convaincu qu'il était utile d'en trouver quelques-unes identiques dans les crânes des normaux. J'en rappelerai une qui me semble avoir eu une mention spéciale des travailleurs qui se livrent à l'étude de la crâniométrie des délinquants, en lui attachant une importance qui, à mon avis, n'en est pas digne. Cette minutie est *un os wormien au bregma.*

Celui qui limite ses études crâniennes à un nombre restreint de quelques exemplaires, ou qui limite ses observations à de petites séries osseuses, sans stéréographier les exemplaires ni diriger son attention pour la recherche des os wormiens, ainsi qu'il m'est arrivé laborieusement, pour celui-là avec certitude la trouvaille d'un os wormieu au bregma lui paraîtra une anomalie ou du moins une observation digne de mention avec profit; mais pour celui qui étudie de larges séries, et qui signale ce fait dès le commencement de ses études, il voit bientôt que le cas survient 8 à 9 fois pour cent chez les normaux, c'est-à-dire à peu près avec le même pourcentage que le métopisme chez les portugais — 11 pour cent —, pourcentage un peu plus fort chez les assassins, évidemment à cause du nombre limité des cas.

Or, dans la série des assassins de Lombroso il y a un cas typique d'os wormien, comme il est facile de vérifier à la *norma verticalis* de la tête osseuse de Gasparoni avec le n° 3 des périmètres. Vu que le cas était unique sur dix-neuf de la série des assassins observés par moi, je ne l'ai pas quitté sans réponse chez les normaux, ce qui m'a été aussi facile que rapide. Ainsi, j'ai eu recours à mes archives périmétriques et j'ai trouvé tout de suite quelques os wormiens au bregma, dont j'ai extrait trois cas et les ai mis à côté du périmètre de Gasparoni.

Dans cette recherche, mon but est de montrer combien le fait est commun, identique et sans influence spécifique sur la régularité physiologique ou psychique chez les individus qui l'apportent, car ces normaux étaient doués des qualités civiques exemplaires, outre une physiologie encéphalique assez régulière. Ceci nous amène à croire qu'il y a bien des faits auxquels on a attachés de but en blanc une valeur que l'observation nous vient prouver ne pas exister.

Pour ne pas surcharger cet opuscule d'une grande quantité de périmètres, je n'ai pas additionné un plus grand nombre extrait de têtes osseuses et de crânes normaux, d'où on pourrait facilement reconnaître que les diverses zones endocrâniennes des délinquants sont identiques à celles des normaux en nombre de cas assez fréquent; que bien des fois les zones réputées plus nobles sont surmontées par les correspondantes des scélérats.

Aussi, je pourrais en avoir superposés les tracés; mais, dans ces cas, je rendais les lignes des périmètres basiques enveloppées dans une concurrence de traits trop élevée, de façon qu'il deviendrait bien difficile de distinguer le tracé basique, alors que quelque observateur voulût s'en utiliser pour des superpositions d'autres exemplaires, ou même alors qu'il cherchât à étudier en particulier quelques-unes de ces parties par des combinaisons conjonctives. Mais il me faut dire que je n'ai pas omis ces superpositions à défaut d'une grande quantité d'exemplaires de normaux dans les trois faces stéréographiées par moi et parfaitement adaptées; au contraire, je les ai cherchées et je les possède en très large échelle à quelque face que ce soit. Je ne dirai pas que tous les points de rapport s'adaptent nettement les uns sur les autres dans tous les exemplaires; cependant il m'a été facile de rencontrer pour chaque face cinq points de repère qui s'adaptassent bien que les autres points restassent avec des écarts tolérables, ainsi qu'il arrive dans des observations pareilles.

Si nous voulons des superpositions sans être menées sur des points de repère, c'est-à-dire si nous cherchons des superpositions périmétriques avec les lignes de contour en liberté, alors les cas seront multipliés d'une façon extraordinaire.

J'en ai pratiqué quelques-unes avec des points de repère fixes, j'en ai pratiqué d'autres avec les lignes de contour en liberté; mais, en voyant qu'elles se succedaient en grande profusion, je me suis limité à peine aux deux périmètres fondamentaux — face latérale et face supérieure. Voici quelques notes que j'ai recueillies, appartenant à ma collection de squelettes d'hommes déjà étudiés:

Superpositions périmétriques de la face latérale

Gasparoni — Avec les périmètres des crânes des squelettes qui portent à mon relevé les n°s 7, 14, 17, 40, 52 et 60;

Villela — Idem, avec les n°s 2, 12 et 17;

Prusaterra — Idem, avec les n°s 44, 50 et 62;

Cipolla — Idem, avec les n°s 9, 30, 40 et 66;

Petinato — Idem, avec les n°s 1, 11, 28, 52, 58, 66 et 67;

Cavaglia — Idem, avec les n°s 21, 42 et 50;

Chiese — Idem, avec le n° 41;

Navascone — Idem, avec les n°s 2, 25 et 45;

Gati — Idem, avec les n°s 40 et 67;

Rossi — Idem, avec les n°s 11 et 18;

Diogo Alves — Idem, avec les n°s 2, 7, 36, 39 et 49;

Mattos Lobo — Idem, avec les n°s 12, 58 et 64.

Superpositions périmétriques de la face supérieur — norma verticalis

Gasparoni — Avec les périmètres des crânes des squelettes qui portent à mon relevé les n°s 14 et 29;

Villela — Idem, avec les n°s 14, 17, 19 et 26;

Prusaterra — Idem, avec les n°s 5, 12, 21, 32, 34, 38 et 60;

Cipolla — Idem, avec les n°s 2, 15, 17, 32, 45 et 58;

Petinato — Idem, avec les n°s 5, 18, 47, 48 et 50;

Cavaglia — Idem, avec les n°s 1, 5, 7 et 22;

Navascone — Idem, avec les n°s 7 et 24;

Gati — Idem, avec le n° 67;

Capellini — Idem, avec le n° 49;

Diogo Alves — Idem, avec les n°s 10, 12, 15 et 34;

Mattos Lobo — Idem, avec les n°s 35 et 57.

Enfin, en regard des quarante-huit périmètres qui suivent, je pourrais faire de larges considérations à l'égard de la forme en générale, ou en particulier du nez, des orbites, des dents, de la mandibule, du degrée de prognathisme... ce sont des points amplement traités par les criminologistes, selon leur manière de voir; mais ce serait commettre un véritable abus de la patience des lecteurs que de rabâcher des faits qu'un simple coup d'œil suffit pour s'en rendre compte.

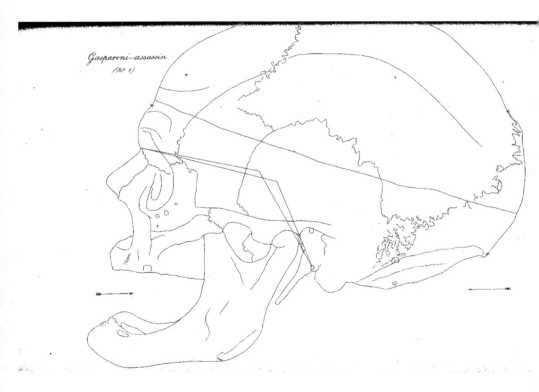

Gasparoni–assassin
(№ 1)

Gasparoni-assassin
(N.° 2)

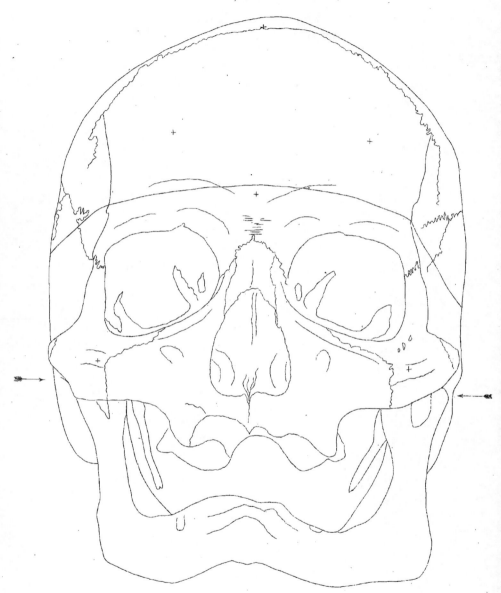

y

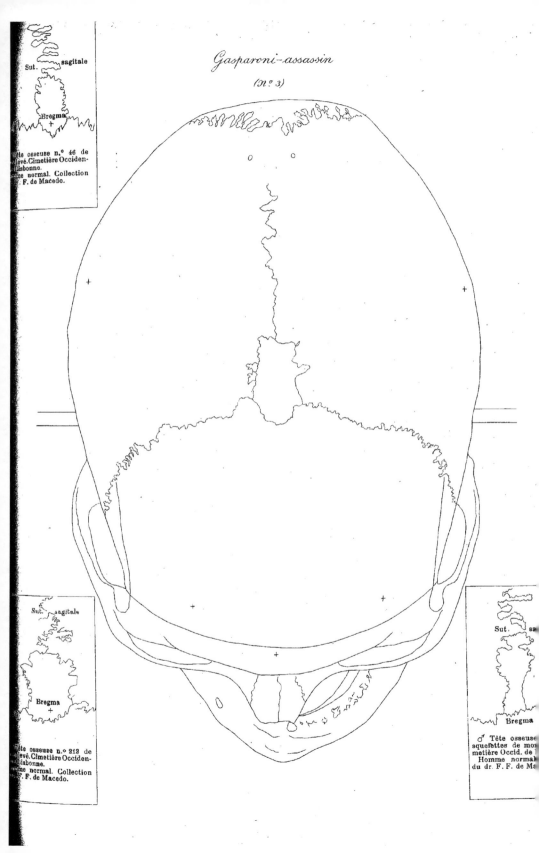

Gasparoni-assassin

(N.º 3)

Sut. sagitale

Bregma
+

Tête osseuse n.º 46 de
...levé. Cimetière Occiden-
...Lisbonne.
...me normal. Collection
... F. de Macedo.

Sut. sagitale

Bregma
+

Tête osseuse n.º 212 de
...levé. Cimetière Occiden-
...Lisbonne.
...me normal. Collection
... F. de Macedo.

Sut. sa

Bregma
+

♂ Tête osseuse
squelettes de mo...
metière Occid. de...
Homme normal...
du dr. F. F. de Ma...

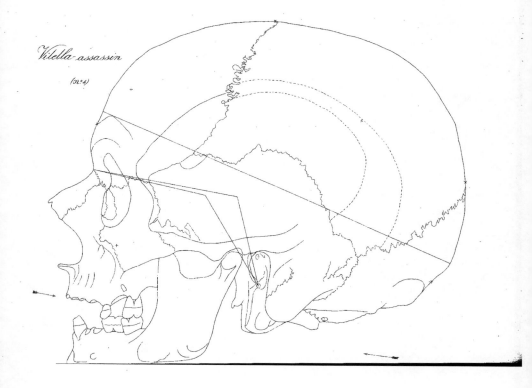

Vitella-assassin
(n° 4)

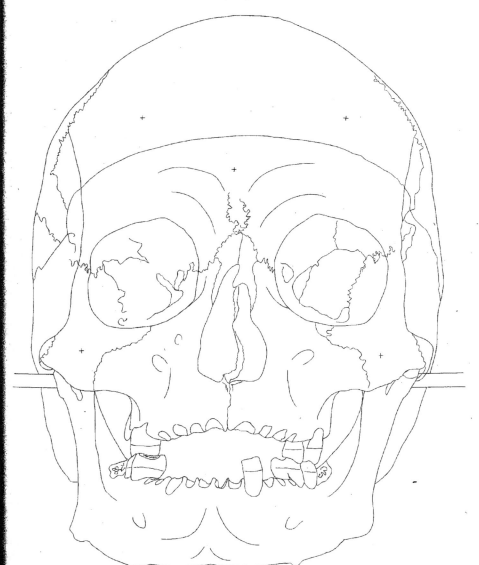

Vilella-assassin
(n.º5)

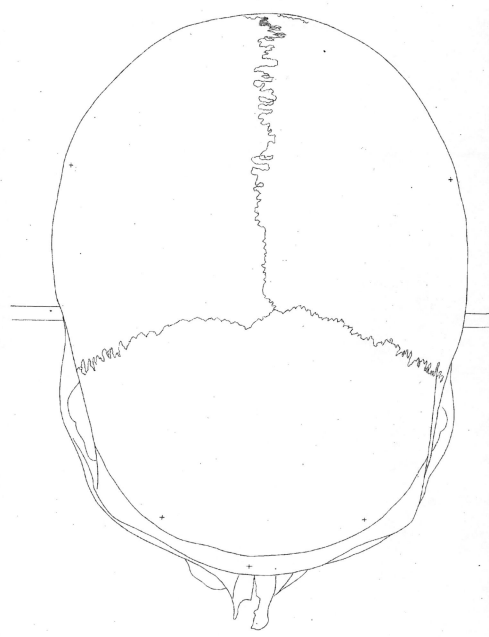

Vilella-assassin

(n.º 6)

Prusaterra - assassin
f.N.º 71

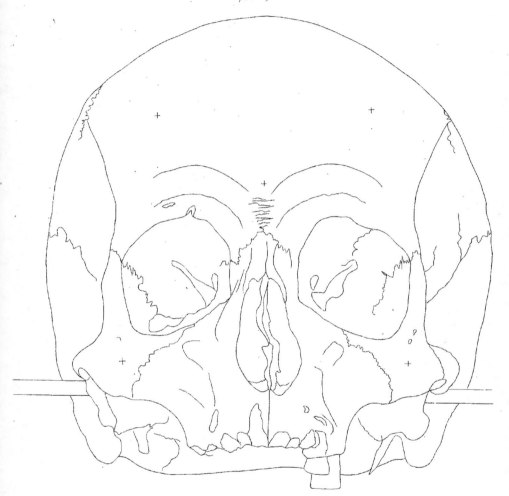

Prusaterra-assassin

(N.º 8)

Prusaterra – assassin

(N.º 9)

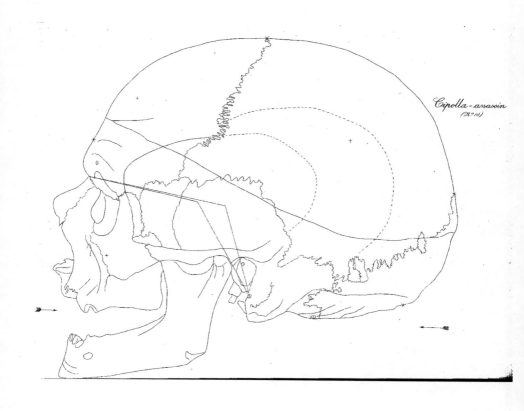

Cipolla – assasin
(Nº 10)

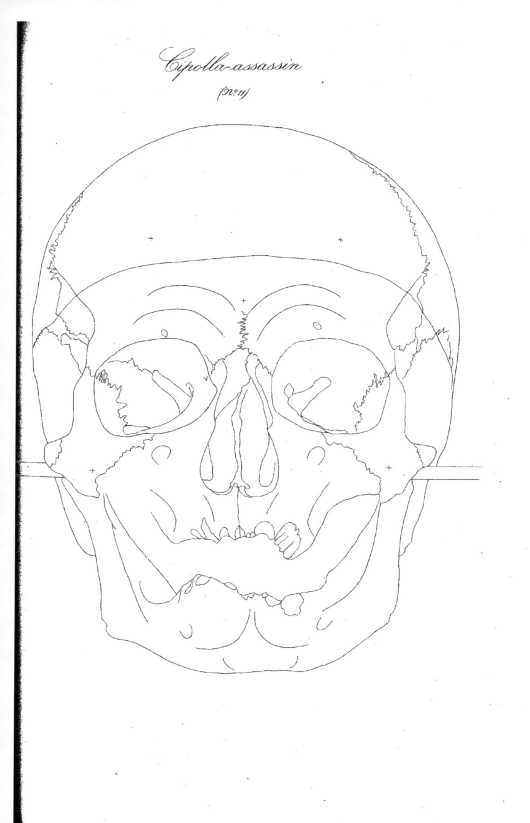

Cipolla-assassin

(n.º 11)

Cipolla-assassin
(N.º 12)

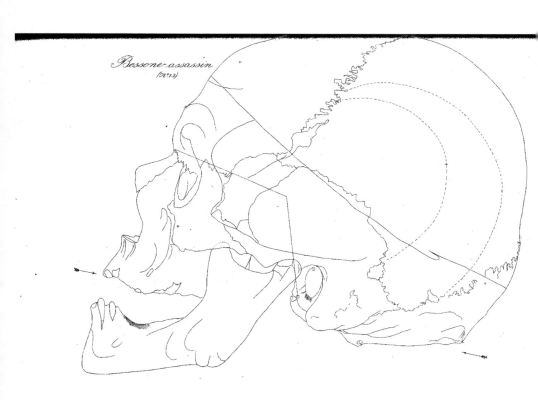

Bessone-assassin
(N°73)

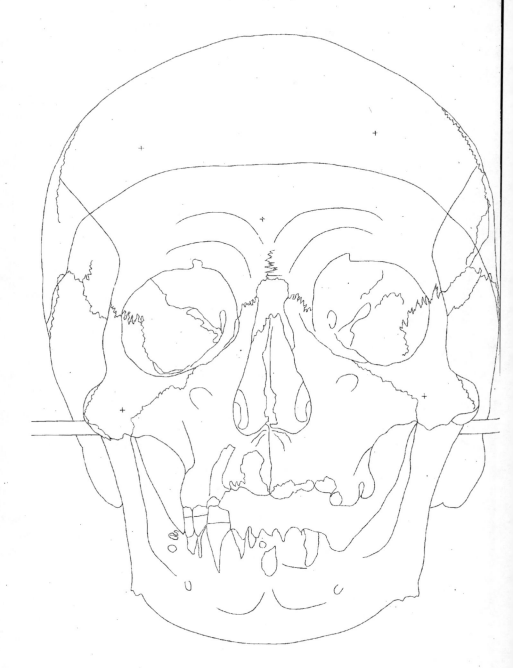

Bessone-assassin

(N.º 14)

Bessone - assassin
(N.° 13)

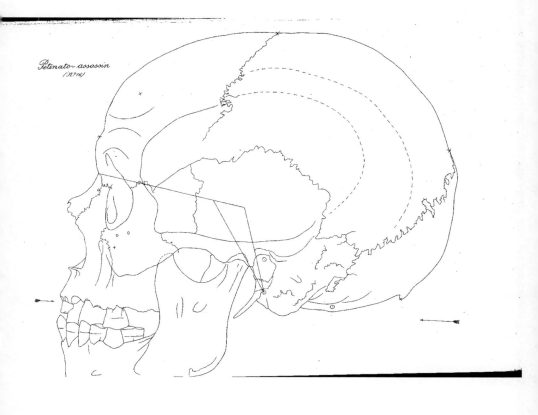

Petinato-assassin
(N.º 16)

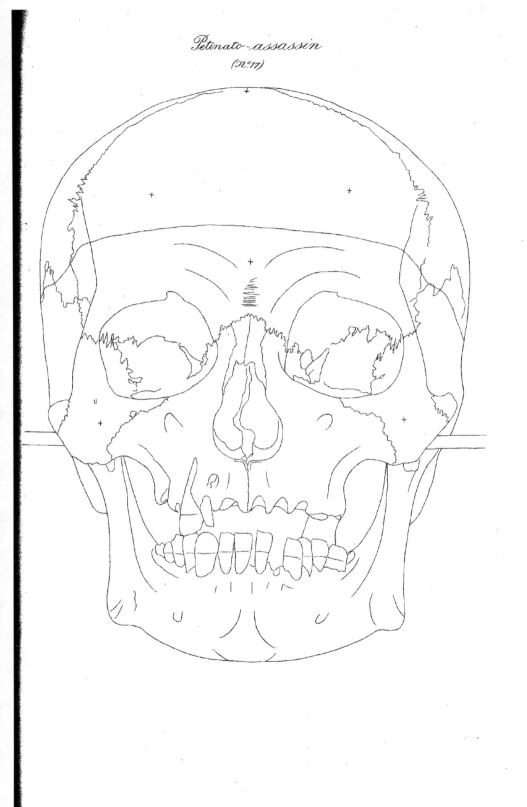

Petinato-assassin
(N.º 17)

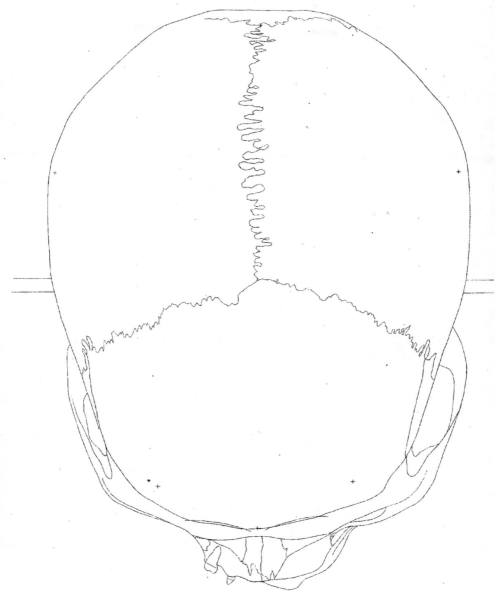

Petinato-assassin
(N.º 12)

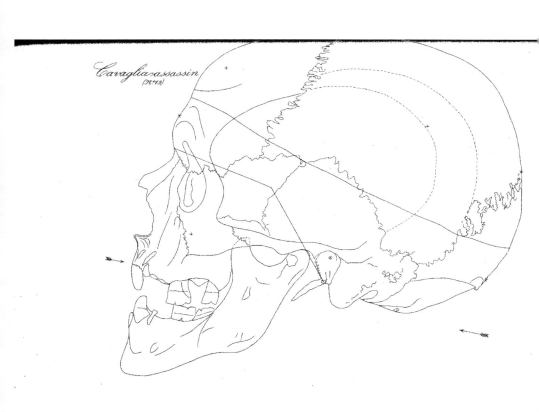

Cavaglia-assassin
(N°19)

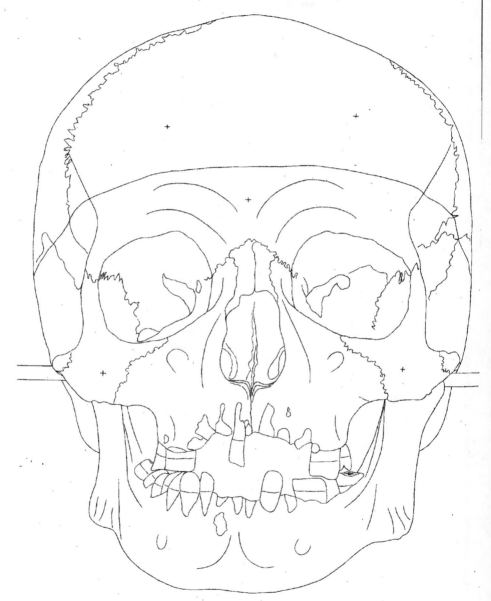

Cavaglia-assassin.
(N.º 20)

Cavaglia-assassin.
(N.º 21)

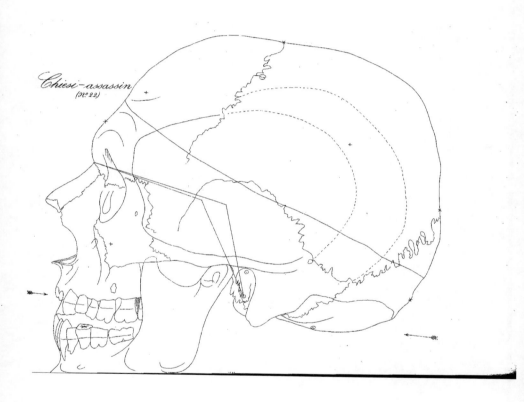

Chiesi-assassin
(n° 22)

Chiesi–assassin

(N.º 23)

Chiesi—assassin
(N: 24)

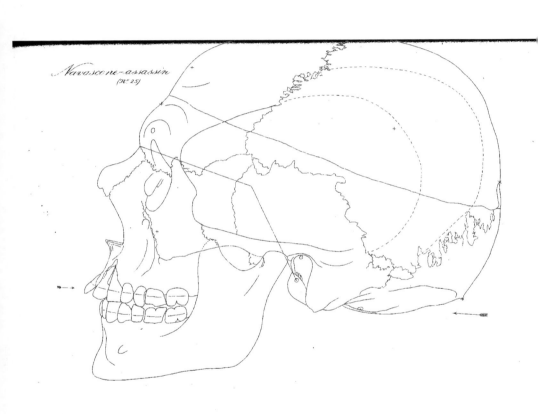

Navascone-assassin
(n° 25)

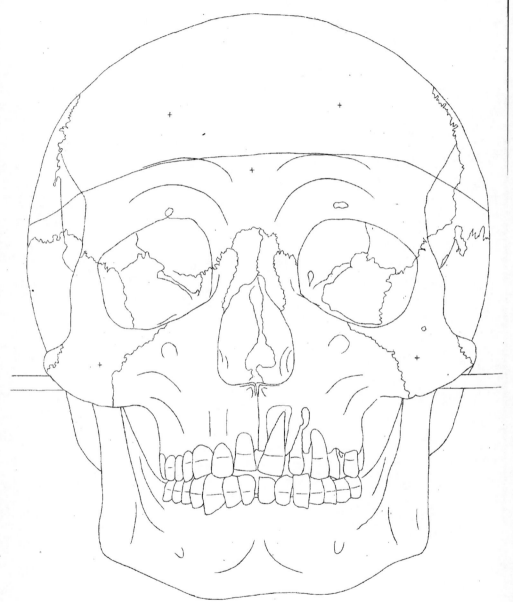

Navascone—assassin
(Nº 26)

Navascone-assassin
(n.º 27)

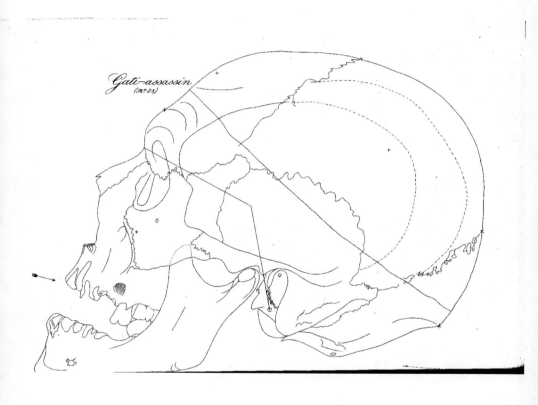

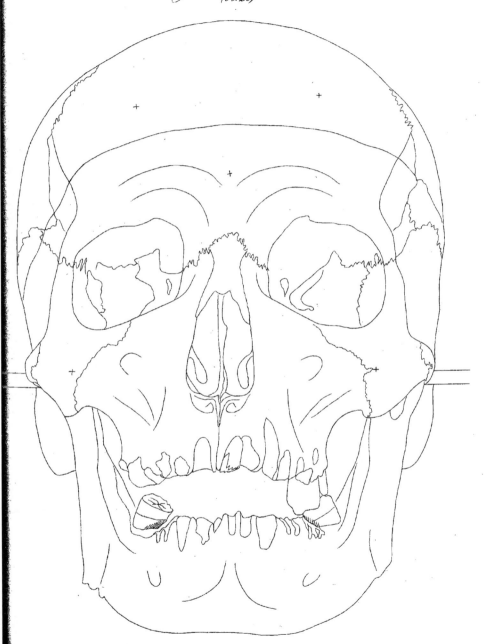

Gati-assassin.
(n.29)

Gati—assassin

(N.° 30)

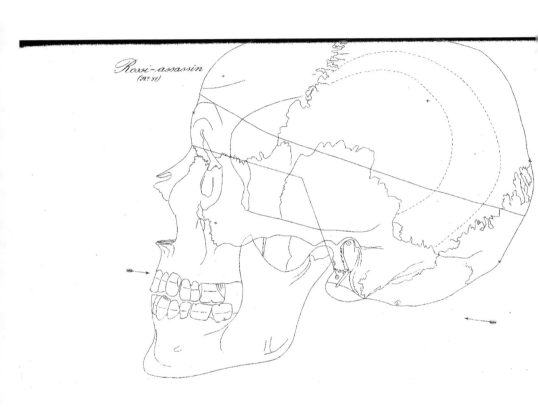

Rossi-assassin
(N.º 31)

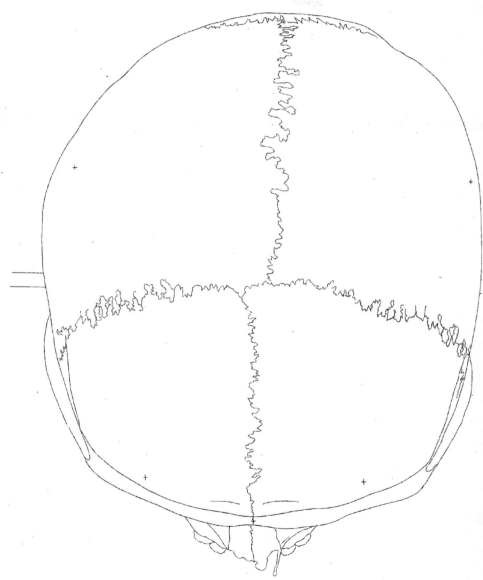

Rossi-assassin
(n° 32)

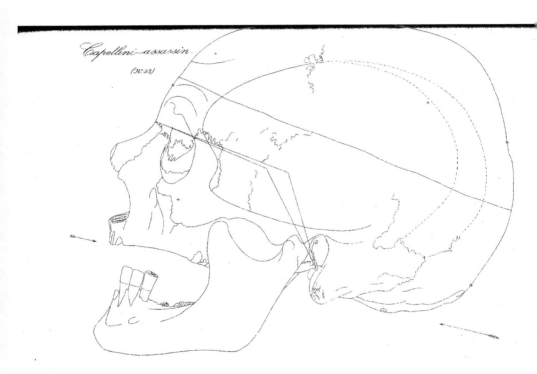

Capellini-assassin.

(№ 33)

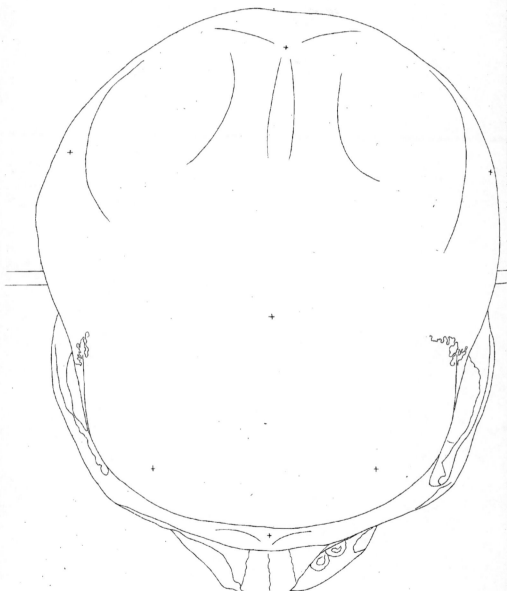

Capellini-assassin

(pv. 34)

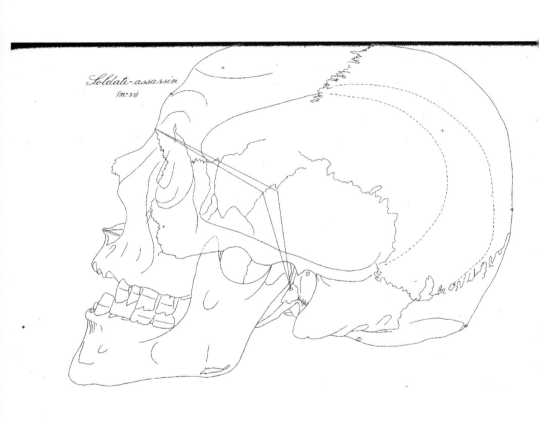

Soldati-assassin
(n.º 38)

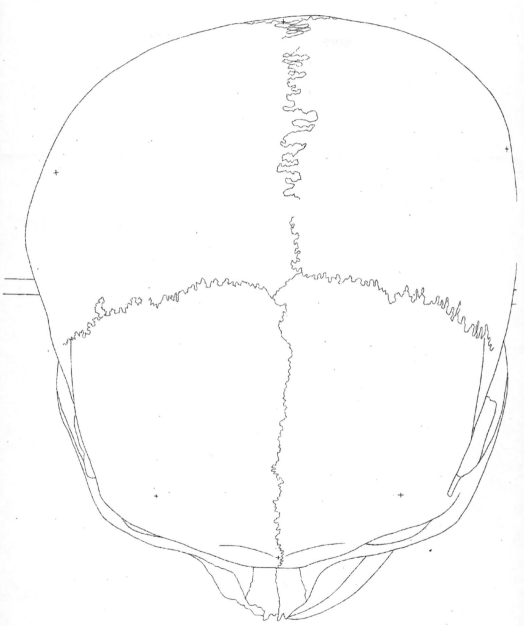

Soldati-assassin.
(N.º 36)

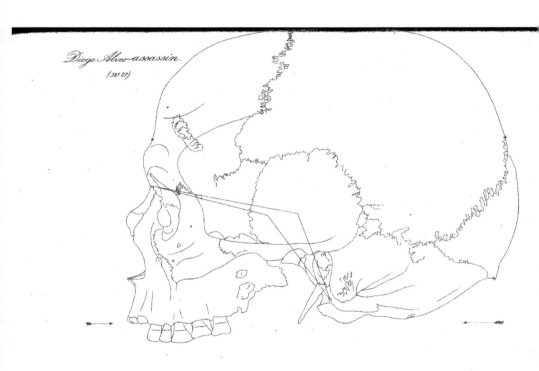
Diogo Alves-assassin.
(Nº 37)

Diogo Alves assassin

(n.º 38)

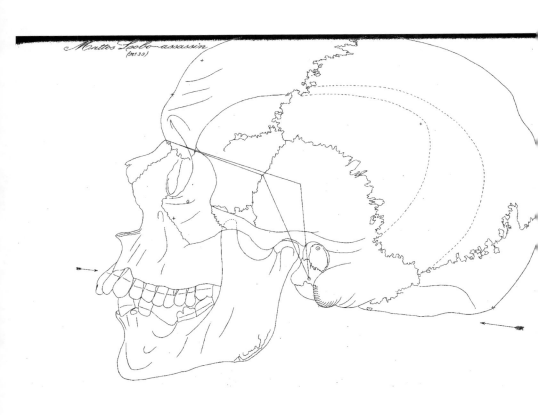

Mattos Lobo-assassin.
(n.º40)

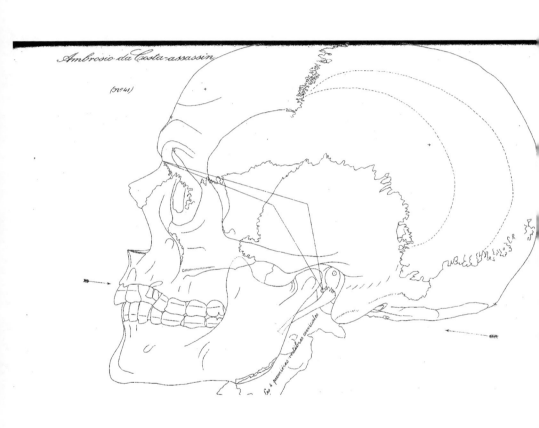

Ambrosio da Costa-assassin

(n°41)

Ambrosio da Costa-assassin

(N.º 42)

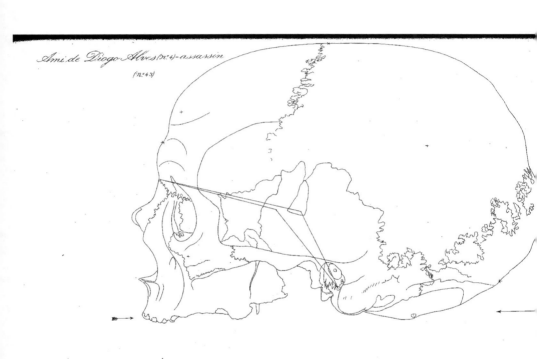

Ami de Diogo Alves (n.º 4) - assassin

(n.º 43)

(N.º 44)

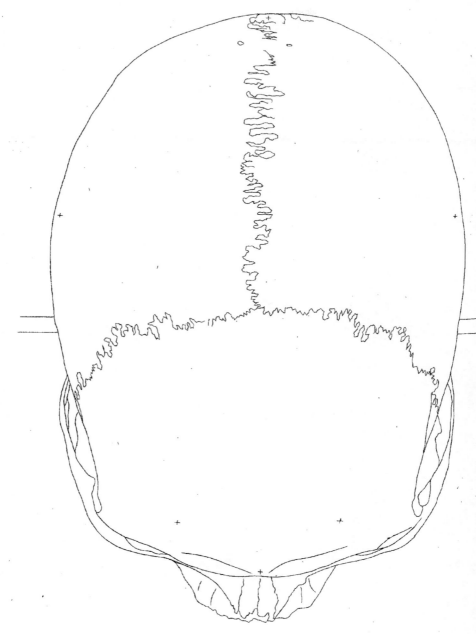

Ami de Diogo Alves (n.º 5) - assassin

(n.º 46)

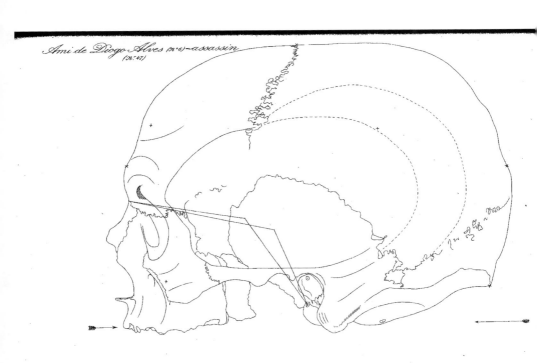

Ami de Diogo Alves (N° 6)—assassin
(36:47)

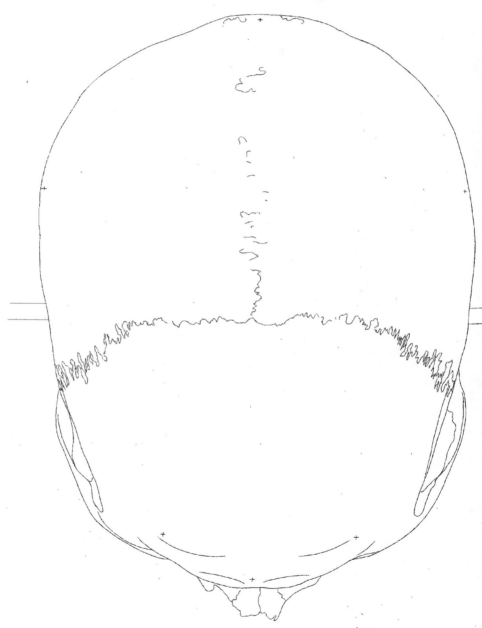

Ami de Diogo-Alves (n.° 6) — assassin.
(n.° 48)

PARTE III

ANTHROPOLOGIE

CHAPITRE I

ANAMNESIE

L'observateur qui veut se consacrer à l'étude des délinquants, doit, selon mon opinion, avoir une très haute considération pour les recherches initiales, relativement à ce groupe social d'observations, cherchant autant que possible à les faire sur chaque individu depuis le berceau. Je suis même convaincu qu'on doit traiter avec la plus sérieuse attention les détails les plus futiles d'observation depuis la première enfance de ces agents de desharmonie humaine, bien qu'ils présentent un caractère d'importunité qui est quelquefois insupportable.

Le fait de les considérer *a priori* comme pathologiques, ou comme physiologiques normaux mais d'anomalies psychiques, ne doit avoir aucune influence sur les études de délinquants depuis leur plus tendre enfance; car la base principale sur laquelle repose, pour le moment, l'étude des délinquants, est de savoir positivement si ce sont des individus à constitution anatomo-physiologique normale, ou anomale, ou pathologique.

En outre, il semble que les manifestations aberrantes des délinquants ne tiennent pas seulement à l'anatomie ou à la physiologie *perceptibles,* mais trouvent principalement leur origine dans la psychologie, sans révéler qu'elles proviennent d'altérations anatomiques ou physiologiques imperceptibles à l'observateur, ce qui en rend la découverte, si par hasard elle est possible, d'une étude très délicate et très difficile; je veux dire que les actes aberrants des délinquants, qu'on me permette de m'exprimer ainsi, paraissent être *psycho-idiopathiques* sans autre manifestation dynamique ou statique.

C'est dans cette incertitude vague que flottent les idées des observateurs, même les plus respectés, les plus aptes et les mieux intentionnés.

Par la vacillation de filiation positive phénoménale, les observateurs criminalistes se divisent franchement en plusieurs camps sur la causalité des crimes: les uns soutiennent que les délinquants ne sont que les instruments passifs d'une manifestation psychique, fille d'une condition organique anomale ou pathologique, révélant par des stygmates, plus ou moins sensibles, sa condition spéciale; les autres pensent de même, mais ils nient l'existence des stygmates ou signaux révélateurs spéciaux; d'autres encore, tout en étant d'accord avec les premiers, ajoutent qu'il n'y aurait pas de délits, s'il n'y avait un milieu social qui les instigue, les développe et les révèle; d'autres enfin que le délit n'est qu'un produit sociologique, sans aucun rapport avec l'anatomie ou la physiologie de l'agent... et de cette manière continue sous diverses formes l'explication de l'origine du délit et de la qualité du délinquant.

L'anamnésie des criminels pourra peut-être éclairer d'un jour plus ou moins vif cette question si obscure?.. C'est ce que nous allons rechercher.

Si nous considérons un groupe de délinquants avec l'intention et l'aptitude d'étudier tous leurs actes depuis la première enfance, nous aurons pour résultat une série d'observations dont les unes paraissent en contradiction avec les autres, dont plusieurs quelquefois ont des points d'analogie, mais variant presque toujours dans les conséquences.

Dans un grand nombre d'observations faites sur une large époque, ayant l'origine la plus digne de foi, et réduites par moi à une série de délinquants portugais (assassins, voleurs et escrocs), en excluant au préalable les pathologiques et les anormaux visibles et sensibles, voici les résultats que j'ai obtenus en choisissant sur vingt-sept observations cinq types qui m'ont paru fondamentaux parce qu'ils réunissaient les qualités de tous les autres:

1ère observation.—Le sujet était fils de parents honnêtes, instruits et à leur aise; il était le cadet de trois frères et une sœur. Il n'avait jamais été malade jusqu'à l'âge de cinq ans, époque à laquelle il se rappelle avoir eu une fièvre catarrhale assez forte dont il guérit. Il était turbulent, et, sous le plus léger motif, maltraitait son frère aîné par des coups ou des injures. Ses parents ou les domestiques intervenaient, mais dès qu'il se trouvait seul il avait envie de recommencer. A l'âge de sept ans il était devenu plus que turbulent, il était devenu méchant au point que plusieurs domestiques quittèrent la maison à cause de lui, bien qu'il eut été châtié par son père. Il se plaisait à enfoncer des aiguilles dans la chair des autres et à les y briser, ce qu'il réussit de faire plusieurs fois.

A dix ans, il commence l'étude des langues avec une grande facilité, mais sans prêter aucune attention et sans se donner la peine de réfléchir.

Sans avoir eu d'exemples sous les yeux, il ressentit des désirs de concupiscence qu'il cherchait à satisfaire avec les bonnes, avec une rage insensée. La vie en famille lui pesait, et il se faisait mille idées sur la compagnie des enfants dans la rue, dont il désirait ardemment la fréquentation.

A douze ans, à sa grande joie, il vit son rêve réalisé, et on le mit comme externe dans un collège. Au bout de quelques temps, il était passé maître en argot des rues, et trompait ses professeurs, ses parents et les domestiques pour aller furtivement rejoindre ses compagnons de polissonnerie. Le châtiment excitait son ardeur pour le fruit défendu. Ses camarades de collège l'avait surnommé *le diable* à cause des actions honteuses et cruelles qu'il pratiquait. Il ne fit pas d'examen, et dès son entrée au collège il fit si bien qu'on menaça de l'expulser, ce qui eut lieu l'année suivante.

Menaces, réclusion, châtiments, tout était inutile.

A quatorze ans, il était physiquement assez développé, fumait comme un homme, s'adonnait aux boissons alcooliques, et connaissait tout le vocabulaire des voyous et les plus honteuses obscénités. Son père, fatigué, l'envoya chez un parent à trente lieues de distance; il s'y comporta de telle façon qu'il en arriva à voler de l'argent et fut renvoyé chez lui. Son père le châtia, mais ce fut en vain.

Il n'avait pas encore seize ans qu'il vivait dans la crapule, fréquentait les maisons de jeu et les bordels et commençait à se sâouler. La police qui le surveillait conseilla à son père de l'enfermer pour éviter de gros ennuis. Celui-ci le menaça, le châtia, l'enferma... peine perdue.

Deux jours après, l'enfant faisait main basse sur tout l'argent qu'il trouvait et fuyait en Espagne. Sa mère mourut et son père se retira sur un autre point de Portugal. En Espagne, notre jeune voleur se fait barbier, comédien de foire, agent d'hôtel, croupier et courtier de lupanars, et dans cinq ans, il trouva moyen de se faire emprisonner sept fois comme ivrogne, filou et débauché.

De retour en Portugal à vingt-deux ans, il tombe bientôt entre les mains de la police et est condamné à deux ans de prison pour vol. Ses frères, honnêtes et laborieux, cherchent à le ramener dans la bonne voie, mais il ne fait qu'abuser de leur confiance. Il avait vingt-cinq ans quand son père mourut lui laissant une fortune qu'il gaspille en moins de cinq ans en voyages, au jeu et dans le libertinage.

A l'âge de vingt-neuf ou trente ans il fait partie d'une bande de malfaiteurs, et pris et convaincu de vol suivi d'assassinat il est condamné aux galères.

2ème observation.—Le sujet est fils unique d'un homme régulièrement instruit et ayant acquis une certaine indépendance par un travail honnête. Dès le berceau il a été traité en enfant gâté et a eu quelques légères fièvres jusqu'à l'âge de cinq ans. Doué d'une constitution robuste et d'un caractère tranquille, son evolution physique a été facile. Le développement de son intelligence a coûté davantage, car il apprenait avec difficulté ce qu'on lui enseignait, et avait même de la peine à retenir le nom des choses, ce qui l'avait fait surnommer le *taciturne*. Gourmant, il restait des heures entières dans un coin, sans donner signe de vie, pourvu qu'il eut quelques bonbons à croquer.

Il ne jouait, ne parlait, ne se remuait que lorsqu'on l'y excitait.

A huit ans, il ne connaissait pas ses lettres et à dix ans il savait à peine lire et écrire malgré tous les soins que l'on prenait pour l'instruire. Il ne se sentait aucune vocation pour quoi que ce soit, et il disait lui-même plus tard: «j'étais un véritable taciturne».

A douze ans, il n'avait pas changé, et ses parents commençant à s'inquiéter, demandèrent à un médecin si cet état ne provenait pas d'une maladie. Le médecin répondit que «quelquefois les enfants ne se développaient que plus tard, au moment de la puberté». Ils attendirent jusqu'à seiz ans, puis jusqu'à dix-huit, et toujours rien... Comme ils étaient obligés de travailler pour le nourrir, ils s'inquiétèrent peu de leur *taciturne,* qui vivait comme un porc sans autre souci que celui de manger.

Sa physiologie était très régulière, mais son organisme réclamait journellement *une grande quantité de sucre.*

Les désirs concupiscents se manifestèrent chez lui très tard, et comme il ignorait en quels lieux il pouvait les satisfaire et qu'il n'avait la complexion de les découvrir ou de s'en informer, il éprouvait de grands chagrins pour ce motif curieux. Son bagage littéraire était des plus modestes, et en fait de sujets libidineux il n'en savait pas le premier mot.

Il y avait près de chez lui un jeune homme marié avec une jeune fille. Mari et femme l'estimaient beaucoup. Un jour notre *taciturne* se sentit épris de cette femme qu'il ne pouvait posséder parce qu'elle était marié. Excité par le désir il eut une idée terrible: celle d'empoisonner le mari pour épouser ensuite la veuve. Sans rien communiquer de son amour à la jeune femme, il mûrit son plan ténébreux, étudia pendant deux ans la manière de le mettre en pratique et parvint enfin à empoisonner le pauvre mari, et cela si adroitement que la justice n'eut pas le moindre soupçon. Quelques mois après, il fit entendre à la veuve qu'il désirait l'épouser, mais, celle-ci ayant refusé parce qu'elle ne l'aimait pas, la colère l'emporta et il l'étrangla séance tenante. Il s'enfuit, mais quelques jours après il fut arrêté, et son crime d'empoisonnement découvert.

3ème observation. — Un ménage dont le mari, ouvrier, vivait de son travail; il avait deux fils et une fille. Le fils aîné est celui dont nous nous occupons.

Né de famille pauvre, il fut élevé jusqu'à l'âge de cinq ans comme le sont les enfants de cette condition. A cinq ans il passait pour être joli et vif; il n'avait jamais été malade et jouissait d'une bonne santé.

Il était la joie et la gloire de ses parents qui, quoique pauvres, voulurent lui donner une certaine instruction. A six ans il apprenait à lire et fit des progrès rapides qui étonnèrent. A huit ans il lisait et écrivait correctement, laissant bien derrière lui son frère et sa sœur.

A neuf ans il était apte à passer ses examens de portugais; une fièvre qu'il eut l'en empêcha.

De neuf à dix ans, il commença à révéler un désir ardent pour les boissons alcooliques, une vocation spéciale pour la friponnerie, et son plus grand plaisir était de se trouver dans la rue avec des polissons de son âge. Les réprimandes, les menaces et les châtiments, presque cruels, que lui infligeait son père ne servirent de rien. Désespéré, le père un jour emmène son enfant à l'atelier et l'oblige jour et nuit à une discipline sévère et à un travail pénible... mais l'enfant, dès qu'il trouvait une occasion, s'empressait d'aller dans la rue retrouver ses camarades. Il demeura ainsi, sans faire ses examens de portugais, et maintenu par son père, jusqu'à l'âge de quatorze ans, époque à laquelle il s'enfuit de la maison paternelle, pour une autre province où il fut trouvé dans un bouge en compagnie de quelques polissons. Ramené à la maison il fut rudement châtié, obligé à travailler et surveillé constamment; rien n'y fit, il s'enfuit une seconde fois et se mit à mener une vie de libertinage, presque à la barbe de ses parents. Son père le ramena de nouveau à la maison et fit tout ce qu'il était humainement possible de faire pour le corriger, mais ce fut en vain. Il s'enfuit de nouveau et se livra à la crapule et au libertinage. Son père alors l'abandonna.

Il se fit alors revendeur de billets de loterie, entreprit plusieurs métiers, eut une barraque dans les foires et enfin devint joueur de profession.

Pris pour diverses filouteries, il fut à l'âge de vingt-deux ans condamné pour un coup de couteau presque mortel.

Chose étonnante, il ne s'est jamais enivré. Son frère et sa sœur forment avec lui un véritable contraste et sont la joie de leurs parents et la satisfaction de leurs amis.

4ème *observation.*— Mari et femme, travaillant aux champs; ils ont eu deux garçons. C'est le plus jeune que nous examinons; c'était le préféré et le gâté de la maison.

A l'âge de cinq ans, il n'avait pas été malade et jouissait d'une santé robuste; son père alors, pour pouvoir vaquer à ses travaux, le confia, lui et son frère aîné, à des voisins qui avaient aussi de petits enfants. Ces voisins s'aperçurent bientôt que le plus jeune était d'une turbulence extraordinaire et s'en plaignirent au père. Celui-ci réprimanda et châtia même son fils, mais sans résultat; le petit redoublait de turbulence, en contraste frappant avec son frère aîné qui était d'humeur pacifique.

Vers les huit ans, il était devenu insupportable et son père crut le corriger en le mettant dans une école publique; ce fut une erreur. Le maître eut beau le châtier, le martyriser même, il n'obtint de lui rien de bon et fut obligé de l'expulser.

Le père alors le remit entre les mains d'un forgeron pour qu'il lui apprit son métier, en lui donnant carte blanche.

Notre jeune turbulent était, à l'âge de neuf ans, pire que jamais. Sa peau était un véritable tambour où les coups pleuvaient comme grêle, et le forgeron craignant de le tuer le rendit à son père. Ses parents l'emmenèrent alors aux champs pour le faire travailler avec eux, mais, malgré leur surveillance, il trouvait moyen de s'enfuir et restait dehors plusieurs jours jusqu'à ce que la faim le ramenât à la maison.

A l'âge de douze ans, c'était un véritable vaurien, fumant comme un homme et ne craignant ni menaces, ni coups.

Un jour il voulut être berger; son père lui arrangea une maison où il devait garder les troupeaux. Mais il n'y resta pas longtemps car, ou il laissait perdre le bétail en ne le surveillant pas, ou il le tuait à coups de pierres, ou il se battait avec les bergers ses voisins. Revenu à la maison, il vagabonda dans les rues jusqu'à l'âge de quatorze ans, et son père le ramena de nouveau aux champs pour travailler avec lui. Il y resta jusqu'à dix-huits ans et devint un parfait libertin, un ivrogne avec de funestes dispositions pour le jeu.

A dix-neuf ans il fut appelé au service militaire, et pendant tout le temps de son service, il fut un des plus assidus fréquentateurs des prisons et des cachots.

Libéré, il s'embarqua pour le Brésil, d'où il revint bientôt avec une maladie de foie; il alla se guérir chez lui, et son premier acte fut un coup de baton qu'il asséna à un de ses amis le laissant presque pour mort.

Ses parents étaient morts, et sont frère, très honorable, avait changé de ville, malade et succombant sous le chagrin et la honte.

A l'âge de trente et quelques années il revenait d'Afrique où il était allé purger une condamnation. Il se livra alors à la boisson et au jeu, jusqu'à l'âge de quarante ans, tantôt pris, tantôt libre, jusqu'à ce qu'enfin il se trouva impliqué dans une affaire de vol et fut de nouveau déporté en Afrique.

5ème *observation.* — Notre sujet, fils de parents pauvres mais dissolus, fut élevé avec ses deux sœurs par un de ses oncles qui mourut alors qu'il n'avait que quatre ans. Son père et sa mère qui étaient presque sans abri pouvaient difficilement se charger de leurs trois enfants; le garçon s'éleva dans la rue, mangeant ce que quelques voisins bienfaisants lui donnaient, et les deux filles furent recueillies par charité dans une famille qui leur enseignait quelques travaux domestiques.

A l'âge de cinq ans, notre jeune garçon avait eu quelques maladies, comme fièvre catarrhale et autres de son âge, mais il s'en guérit. Il vivait de la vie des rues, complètement laissé à lui même, et c'est ainsi que son corps grandit jusqu'à l'âge de neuf ans, sans que son intelligence se développât. A cet âge, il connaissait déjà tout le vocabulaire des libertins et il ne pouvait passer auprès d'une famille sans la faire rougir; en outre, lorsqu'il était recueilli dans la maison où étaient ses sœurs et qu'on l'enfermait, il commençait à lancer des injures et à crier qu'il voulait aller dans la rue et cela avec tant de force qu'on lui rendait la liberté pour ne pas le laisser suffoquer de colère.

Revenu à la rue, il y resta jusqu'à l'âge de treize ans, sans aucune occupation, dormant tantôt chez son père, tantôt chez des voisins.

A cette époque il alla chez un artisan qui consentit à lui enseigner son métier et à le nourrir. Il y resta deux ans, sans rien apprendre, car il avait l'esprit très borné. Stupide, insolent, paresseux, excessivement glouton, et doué de très mauvais instincts, il sortit de chez l'artisan, pour aller chez d'autres, mais sans y rester parce qu'il était trop stupide, qu'il ne remplissait pas ses devoirs ou qu'il était mal élevé et insolent.

Dès l'âge de diz-sept ans, il passe sa vie à aller en prison pour vol, à en sortir, à y revenir pour coups et blessures, pour vagabondage et ivrognerie, etc., etc., jusqu'à l'âge de vingt-huit ans où il est impliqué dans un vol qui le mène aux galères d'Afrique.

Ces cinq observations typiques, qui résument pour ainsi dire les qualités physiologo-psychiques de vingt-sept sujets que j'ai examinés, m'autorisent à tirer quelques conclusions, que je crois de haute importance, sur l'origine du délit et la constitution du criminel ni anormal ni pathologique. Nous y voyons que ni l'origine dans une position sociale distincte, ni l'éducation, ni la richesse, n'influent dans la pratique du crime, ni dans la formation du criminel. L'origine du criminel est donc de toutes les couches sociales, hautes et basses, honnêtes ou non.

Maintenant se présente une réflexion de grande valeur à propos du *terminus* presque fatal de la plus grande partie des délinquants.

Généralement le criminel, lorsqu'il en arrive à pratiquer de grands crimes, se tròuve dans une couche sociale très basse, vicieuse et sans fortune. C'est pour cette raison que nous disons que les criminels spécialement sortent des couches basses de la société. Mais cela étant vrai, nous ne cherchons pas la véritable raison pourquoi il en est ainsi. Les observations préalables jettent quelque lumière sur ce sujet. C'est ainsi que l'individu, de constitution apte pour commettrè un crime, commence dès son plus jeune âge à manifester des tendances à descendre plus bas que n'étaient ses parents, cherchant pour ainsi dire une société qui comprenne ses désirs intimes quoiqu'encore embryonnaires.

Cela est prouvé, dans les observations, par la turbulence des sujets presque dès leur berceau, par le refus qu'ils manifestent d'obéir aux observations des précepteurs, par l'inutilité des châtiments comme moyen correctif dans la violation des lois morales, et enfin par l'incorrigibilité dans leurs tendances subversives des bonnes mœurs. Si parfois ces individus ont des frères, ils servent de contre-preuve dans la démonstration de leur constitution délinquante, parce que très souvent ils sont complètement opposés par le caractère et par leurs actions, sans qu'ils se distinguent les uns des autres par des signes spéciaux révélateurs de leur nature réprouvée.

Le délinquant *probable dans l'avenir* commence à révéler, dès son enfance, dans son état psychique, une repulsion formelle pour toutes les bonnes coutumes domestiques, propres au peuple au milieu duquel il naquit et il vit, cherchant en même temps à s'associer à d'autres individus qui soient en harmonie avec lui par *le tempéramment,* ou plutôt par l'organisme, sans que l'éducaton, les bons exemples, les bonnes compagnies, les châtiments même puissent les écarter de cette tendance de conséquences fatales pour eux et pour la société.

Actuellement, j'ai en observation trois enfants, ainsi constitués, dont les pères plaignent dès maintenant le triste avenir, car ils ont épuisé toutes les ressources à leur disposition pour les corriger de leur inconduite lamentable. L'un de ces pères, honnête, et probe, se trouve vivement impressionné parce qu'un de ses enfants, déjà homme, a été assassiné par trahison à cause de sa méchanceté, et que son second fils, bien que n'ayant pas encore quatorze ans, marche sur les traces de l'aîné.

Par conséquent, l'origine des criminels est bien la classe basse, mais la plupart d'entre eux n'en est pas issu; c'est, pour ainsi dire, le reflux des classes supérieures descendant de degré en degré jusqu'au dernier, par l'impudeur naturelle, par l'infamie, par la violation des lois, par le vice jusqu'au crime. C'est dans l'âge avancé, lorsqu'ils sont déjà plongés dans le crime, que nous trouvons les délinquants se vautrant dans les bas-fonds sociaux, sans affection pour la famille, sans soutien de la société honnête; c'est-à-dire que nous les trouvons métamorphosés de riches en pauvres, d'intelligents en stupides, d'honnêtes en vauriens, de parfaits en monstres. Mais, remarquons le bien, cette position malheureuse ne leur provient jamais du milieu sociologique, des exemples, ni de leurs compagnies; elle provient uniquement de leur organisation qui fatalement les entraîne vers l'abîme.

Lorsque l'enfant, en bas âge, ne révèle dans ses habitudes rien de répréhensible et que plus tard, il arrive à commettre des actes indignes, jusqu'au crime, ma conviction intime est qu'il est poussé à ces actes par des alterations organiques pathologiques, d'un diagnostic difficile pendant la vie, et douteux après la mort par l'insuffisance de nos moyens d'observations; ou alors il est entraîné *par excès ou insuffisance physiologique organique également adventice.* Mais, je le répète pour la

troisième fois : — Jamais le crime ne naîtra de l'exemple, de la provocation, de la compagnie, enfin du *milieu social* qui seul est le point où il
se manifeste.

Si je montre ici la physiologie comme pouvant être la cause du
crime, c'est parce que j'ai certaines raisons sur lesquelles je m'appuie.
J'ai remarqué, dans mes observations, que presque tous les délinquants, dès leur naissance, manifestent un désir ou un appétit exagéré
qui implique une exagération concomittante de la fonction. Les uns sont
gloutons, les autres sont gourmands, d'autres sont ivrognes, d'autres se
livrent avec ardeur à l'abus du tabac, ceux-ci sont très lascifs, ceux-là
sont joueurs, ou aberrants, mais tous sont *idiosyncrasiques* manifestes.

Les observations nous font voir quelques-uns de ces cas qui donnent à croire que ces anomalies sont sollicitées par le travail spécifique
de quelque organe de la vie animale dont l'action échappe à nos moyens
d'observation, et dont les conséquences entraînent la partie psychique
à des manifestations diverses de celles qui opèrent chez ceux qui
n'éprouvent point les mêmes sollicitations, vu la diversité de la dose
d'éléments plastiques chez les uns et les autres. Aussi, l'ivrogne, le
joueur, le lascif insatiable, etc., peuvent être considérés comme des délinquants embryonnaires, attendu que ces vices, d'un moment à l'autre, troublent la marche psycho-régulière en provoquant l'allucination,
le faux jugement et ensuite l'acte réprouvé.

Mais, demanderai-je : — Peut-on enseigner à quelqu'un à être ivrogne, joueur, lascif, gourmand, etc. ?.. Non : on peut enseigner à boire, à
jouer, à pratiquer la copulation charnelle, à manger, etc... mais non à
abuser de ces actes, lorsque l'organisme n'est point apte à cela. Or,
voilà véritablement le point capital de la proposition que je soutiens
ici. De manière que dès que l'individu est vicieux, et vicieux à un
haut degré, on peut soupçonner de sa capacité à pratiquer des actes
réprouvés. Enfin, celui qui, par nature, aura dépassé les limites des
nécessités physiologiques communes à l'organisme, celui-là est un individu qui, inconsciemment, sera poussé par des conséquences psychiques différentes de celles qu'il a manifestées jusqu'alors, et celles-ci
seront aussi différentes de celles manifestées par d'autres individus qui
n'auront point pratiqué le même acte.

Pour terminer, nous pouvons dire que le délinquant naturel, qui
n'est visiblement ou sensiblement ni pathologique ni anormal, présente
dès le berceau :

1° Répulsion à l'obéissance;

2° Tendance insurmontable à violer les lois domestiques et le bien-être sociologique;

3° Exagération des pratiques et désirs vicieux;

4° Incorrigibilité par la mésologie, puis que la cause est d'origine organique.

Ces conclusions sont confirmées par les maigres résultats de corrigibilité qu'a fourni la réclusion d'enfants mineurs, depuis la première prison de St-Michel à Rome, établie par le pape Clement XI en 1703, et celle de Philadelphia avec séparation des individus, obligation au travail, jusqu'à nos jours.

«Étudier le criminel plutôt que le crime est le véritable esprit de la criminologie moderne. Nous avons vécu près des criminels, dans les prisons de plusieurs villes italiennes, toùt le temps qu'on nous l'a permis. Pendant plusieurs années, nous avons rédigé des observations anamnestiques de ce qui a rapport au passé des criminels. Mais nous nous sommes surtout occupés des criminels pour lesquels on pouvait, d'après la physionomie de leur crime, prévoir que la criminologie les appellerait des criminels par instinct. Toutes les fois que nous en avons eu l'occasion, nous n'avons pas omis d'interroger les réminiscences des parents, des tuteurs, des amis, des maîtres, des nourrices, des médecins, qui pouvaient témoigner de l'enfance et de la jeunesse de nos criminels.

«Cent vingt-trois de ces nombreuses tables anamnestiques nous semblent surtout rédigées avec une richesse, une exactitude et une minutie de renseignements historiques à nous faire vraiment croire que toutes les recherches les plus soigneuses sur ce point sont épuisées. Ces tables rapportent à des condamnés par suite de délits très graves effectués à l'aide de moyens destructifs, soit contre les personnes, soit contre les personnes et les propriétés, soit contre les propriétés. Le sexe, l'âge, l'origine, l'état civil, la profession, les conditions économiques, la religion, la culture intellectuelle des criminels varient beaucoup dans nos observations. Plus nous avons considéré toutes ces descriptions du passé de criminels, et plus nous nous sommes sentis invités à formuler cette intéressante conclusion scientifique: *qu'il y a une espèce de manque d'aptitude à l'éducation dans l'enfance qui est la prédisposition naturelle aux crimes de la jeunesse et de la virilité.* Nous avons déjà rencontré des occasions de baser sur elle une véritable prognose scientifique, ce qui a confirmé la vérité de cette doctrine expérimentale.

«Une observation méthodique nous ayant révélé chez dix-sept enfants cette inaptitude toute spéciale à l'éducation, nous avons prévu avec assurance que c'étaient de futurs criminels, ce qu'ils sont devenus effectivement dans leur jeunesse, contrairement à l'attente d'un grand nombre de savants, qui s'obstinaient à croire qu'il y avait seulement un retard dans la réussite de l'éducation de ces enfants, et conseillaient tout au plus, mais vainement, de les assujétir à des procédés pédagogiques mieux appropriés. En se conformant à cette manière de voir, la nouvelle criminologie, pour résoudre la grande question de la prédisposition naturelle au crime, doit peut-être demander les critériums expérimentaux à la biologie *pédagogique*.

«... Chez quelques individus moins perfectionnés, dans l'état de maladie, la prédisposition naturelle au crime peut exister, mais l'état de maladie seulement dans un sens relatif, c'est-à-dire, relatif à ce degré de l'évolution sociale qui a été obtenu par la majorité de ceux qui vivent avec eux, et dont l'expression est définie par l'ensemble des lois en vigueur. Car, avec quelques-unes des exigences de la civilisation moderne, une minorité, heureusement bien nombreuse du peuple, peut se trouver constituée *naturellement* en désharmonie constante, à cause de la pauvreté de son *pouvoir physique* à s'y adapter.

«Chaque gouvernement politique n'est qu'un vaste organisme pour l'éducation sociale de tous les citoyens. Cependant il y a des citoyens qui, en vertu d'une opposition instinctive et invincible toute spéciale, arrivent à se soustraire, du moins en partie, à toute possibilité d'être modifiés, comme il le faudrait, par l'efficacité adaptatrice du gouvernement politique.

«De là la criminalité instinctive, par laquelle l'ordre social reste toujours exposé à être troublé gravement, sans que les criminels aient la conscience du mal social qu'ils commettent en commettant leurs délits. En donnant le libre cours à leurs instincts, ces criminels ont seulement la conscience du bien qui en dérive pour leurs individualités. Le bien ainsi que le mal, que leurs actes causent à la société échappe parfaitement à leur sens intérieur.

«... On a pu reconnaître expérimentalement que chez tous les peuples il y a quelques individus, très peu nombreux, qui présentent une *résistance instinctive invisible* à la loi de la famille.

«Cette répugnance obstinée se révèle chez eux très clairement dès leur enfance. Ce sont les individus que la pratique démontre rebelles à l'éducation, du moins en partie, aussi bien par la famille que par l'état, quand ce dernier s'en est chargé au lieu de la famille. L'adaptation initiale à la loi sociale, sur laquelle doivent se fonder toutes les tentatives d'adaptations ultérieures, vient à manquer, nécessairement du moins en partie, à ces individus dans le premier âge.

«En quoi donc consiste cette impossibilité partielle d'éducation de l'individu, considérée biologiquement de la part de l'élève et des maîtres, placés dans l'échange mutuel de leurs rapports pédagogiques? Elle semble consister dans l'impossibilité physique de soumettre quelques-uns des centres nerveux principaux de l'élève à contracter l'habitude de s'accommoder dans leur structure, de manière qu'ils puissent exécuter et reprendre *facile, pleno, tuto et jucunde,* tous les mouvements moléculaires qui doivent exécuter les répétitions provoquées des actes réalisant l'obéissance à la loi domestique, ainsi que cette provocation devrait s'effectuer par l'emploi des procédés pédagogiques habituels.

«Cette impuissance d'inaccommodation de ces centres nerveux engendre chez l'élève, en présence des objets éducatifs, un défaut total des impressions nécessaires afin que la vie morale de l'individu corresponde à celle de la société. A la suite de ce défaut, toute l'idéation, qui amène nécessairement au même but, peut ou manquer complètement chez l'élève, sans substitution possible, ou ne pas s'effectuer avec spontanéité dans son intelligence.

«Il pourrait y avoir des idées morales principales, tout à fait importées, qui vont et viennent sans réussir à jamais lui permettre la formation d'un véritable caractère éthique. Il y a plutôt dans leur mémoire très fréquemment des mots avec lesquels nos idées morales principales sont exprimées, que dans leur intelligence des concepts moraux identiques aux nôtres; c'est-à-dire pourvus du même contenu cogitatif. Et ces idées mêmes, si elles y existent matériellement, resteront toujours comme inertes dans leur esprit, par rapport à la réduction de la civilisation.

«Le sentiment de ces individus ne reste pas seulement tout à fait fermé à l'action civilisatrice que les objets éducatifs communs exercent avec abondance sur tous ceux qui vivent avec eux, mais encore il reste toujours très contrarié par leur prison obligatoire. Ils les repoussent constamment avec grand effort, comme des centres d'énergie que les éducateurs dirigent sur leur nature morale pour empêcher qu'elle se développe librement en antagonisme avec la société. Plus ces objets sont repoussées, et plus les éducateurs sont *incités* à les vouloir maintenir devant ces élèves décourageants.

«De là cet abandon opiné de la maison de ceux qui les élèvent, abandon que ces élèves exécutent si souvent soudainement, en dehors de toute suggestion, sans la conscience préalable des conséquences ou presque sans elle. Ils abandonnent la maison paternelle ou celle des tuteurs et se lancent d'ordinaire à la campagne, obéissant au besoin instinctif très vivace de rencontrer un ordre de vie morale tout à fait libre. Peut-être c'est à cause du trop de ressemblance de la *maison correctionelle,* surtout par son ordre de la vie morale, avec la maison paternelle, que ces jeunes gens, vicieux par instinct, haïssent de la même haine ces établissements malgré la douceur relative de leurs règlements. Et c'est pour cela qu'ils emploient irrésistiblement les moyens les plus incroyables et les plus dangereux pour tôt ou tard s'en enfuir.

«... Donc, l'inaptitude à l'éducation par défaut naturel irrémédiable et l'inaptitude physiologique consécutive de la spontanéité personelle aux lois sociales qu'on observe, quoique partielle, heureusement, dans très peu d'enfants, quels que soient les procédés pédagogiques auxquels on les assujettit, constituent leur triste prédisposition naturelle au crime. Ainsi, une véritable divination scientifique par synthèse très rapide a été quelquefois exprimée par les mots dont abusent si souvent des pères et des mères:—*Ce fils est né pour la guillotine.»*—Dr. Roméo Taverni.

(Actes du 3ème Congrès Intern. d'Antropol. Criminelle. Lion, 1890, pag. 49-53.)

CHAPITRE II

HABITUS EXTERNE

Tous les délinquants que j'ai examinés ont été étudiés par moi dans le dessein indiqué par le titre ci-dessus de quatre manières d'observation différentes, savoir :

1º Les délinquants de crimes *vitaux* et *délits sociologiques,* dans toutes leurs divisions et subdivisions, réunis sous le régime rigoureux du pénitencier ;

2º Les mêmes aussi réunis, mais avec la perspective d'une liberté conditionnelle ;

3º Les criminels *vitaux,* isolés, a) sous l'action cellulaire la plus rigoureuse, b) avec élargissement conditionnel ;

4º Les criminels *sociologiques* en général, isolés, a) soumis aussi au régime cellulaire, b) avec élargissement conditionnel.

Je dois dire que si, dans l'ensemble, l'examen a renfermé quelques psychopathiques, ceux-ci ont été en petit nombre ; mais dans l'examen de groupes partiels et individuels, les anormaux et les pathologiques, en général, ont été éliminés avec tout le soin possible.

Il semble, à première vue, qu'il me serait difficile de faire, sur l'*habitus* externe, un examen des délinquants en collectivité, incarcérés dans un pénitencier, attendu que le premier article du règlement interne de ces établissements est que les condamnés, lorsqu'ils ne sont pas seuls, ont le visage et la tête couverts d'un capuchon avec les seules ouvertures nécessaires pour les yeux, la bouche et le nez. Mais cette objection tombe d'elle même si l'on remarque que l'examen est possible lorsque les délinquants assistent à la messe ou qu'ils sont à l'école pour apprendre à lire.

Il est clair que le corps tout entier n'est pas exposé aux regards de l'observateur ; mais la partie principale, la physionomie, est parfaitement visible, la tête et la moitié du tronc étant complètement à découvert. Si, dans l'ensemble, l'examen ne peut se faire sur le reste du tronc et sur les membres inférieurs, cette lacune est comblée par l'examen des séries et spécialement par l'examen anatomique auquel je me suis livré, individu par individu.

L'examen par séries des délinquants de crimes *vitaux* a été fait par moi séparément de la série des délinquants *sociologiques* et celle-ci également à part de la manière suivante :

La vérification d'une mesure anthropométrique m'a conduit de cellule en cellule en présence de chaque délinquant, et en peu de temps j'ai eu occasion de me trouver en face et en observation devant chaque individu des deux séries, bien distinctes, et de les examiner alors qu'ils se trouvaient sous l'impression d'une espèce de soulagement, attendu que j'étais seul avec le garde, sage et patient, qui m'accompagnait.

Quant aux examens individuels anatomiques, physiologiques, pathologiques et psychiques, ils ont été faits, avec la plus rigoureuse exigence pour une observation complexe, dans un cabinet spécial' que l'illustre directeur de l'établissement a bien voulu mettre à ma disposition et à celle des employés intelligents qu'il m'a donnés pour m'aider.

Je vais indiquer en peu de mots les conditions dans lesquelles j'ai fait l'étude qui suit:

1° J'assistais moi-même à l'acte de la messe, qui est revêtu d'une certaine solennité et auquel assiste toujours un des directeurs.

Le système rayonné du pénitencier a la forme d'une circonférence dont les rayons convergent tous vers le centre où s'élève, proeminent, l'autel où se fait le sacrifice. A partir du centre, et transversalement, sont disposés, en manière d'escalier, des stalles qui forment une espèce d'amphithéâtre.

Chaque stalle ne comporte qu'un seul individu, qui demeure isolé de ses voisins en haut, en bas, et par les côtés, de manière que du dehors chacun d'eux n'est visible que du point central des rayons, lorsque la porte de la stalle est fermée.

A un signal donné, tous les délinquants tirent leurs capuchons, et alors on assiste à un spectacle des plus surprenants et des plus riches en observations, par la variété des types et des physionomies, par le ton expressif, par le respect vrai ou feint de l'acte religieux, par les différentes sensations qui se manifestent chez chacun d'eux aux moments les plus solennels de la messe, enfin par le spectacle de centaines de bêtes féroces humaines, subjuguées et dociles dans ce lieu et dans ce moment.

Passé la première impression et lorsque le calme, un instant troublé par la surprise, est rétabli, mon regard, s'étend lentement sur les stalles alignées de l'amphithéâtre, pour reconnaître les délinquants que j'ai déjà vus d'avance.

Et, en effet, peu à peu, je les retrouve, quelques-uns avec difficulté à cause du changement momentané de leur physionomie. Presque tous ont la tête tant soit peu inclinée, le regard profond, les rayons visuels amortis et quelquefois même blafards, troublés.

De sorte que l'ensemble de ces traits semblent rappeler ces *stigmates* dont parlent avec tant de chaleur ceux qui se consacrent à cette étude. Dans ce moment, j'étais presque convaincu qu'il y avait chez le délinquant un je ne sais quoi qui mettait à découvert ses qualités psychiques. Mais, en même temps, l'amour de l'observation me leva encore plus loin. Je voulus vérifier si cette manifestation spécifique était uniforme et régulière chez tous ceux que je connaissais coupables de délits divers — assassinats, parricides, viols, vols, faux, concussions... etc. —; et quel ne fut pas ma surprise lorsque je remarquais un simple voleur à côté d'un monstre parricide, avec physionomie identique; que le simple faussaire avait l'aspect plus ténébreux que son voisin le parricide; que l'assassin avec préméditation avait une physionomie plus calme que celui qui avait volé quelques sous?!!. Et j'emportai mes observations comparatives sur des dizaines de délinquants avec cette conclusion que «le degré et l'intensité du délit n'influaient en rien sur la valeur stigmatique du délinquant, vu qu'ils se manifestaient chez presque tous avec la même régularité».

Outre cette formule général, je notais ci et là certaines exceptions: c'est-à-dire, je voyais chez certains délinquants de légers indices d'espansion et même de satisfaction, ce qui me fit inscrire le numéro de la stalle et demander quel était l'individu qui l'habitait. La réponse fut prompte et claire. C'étaient des psychopathiques, montrant partout les mêmes traits physionomiques, soit sous la pression du régime cellulaire, soit dans la plus grande expansion de la liberté.

La barbe rasée et les cheveux coupés, chez les délinquants, rappellent, bien que légèrement, une congrégation monastique ou une réunion de viragos habillées en hommes. Ce précepte pénitenciaire, d'ailleurs important, défigure énormément les individus, de telle sorte qu'ils ne peuvent être, ni individuellement ni collectivement, comparés par l'observateur avec d'autres individus non criminels. En outre, l'absence de la barbe fait ressortir les lignes faciales, et (s'ils existent) les plus légers indices de prognatisme alvéolaire supérieur et inférieur, détache l'angle mandibulaire, creuse les fosses canines, allonge la bouche et isole le nez; l'absence de cheveux rend l'inion plus saillant, rétrécit le cou, isole les oreilles dont les pavillons révèlent le plus léger éloi-

gnement de la tête, rend proéminentes les lignes temporales et les bosses, accuse toutes les ondulations osseuses de la tête, dégarnit le front,
creuse les tempes et enfin altère le type.

La réunion des deux circonstances ci-dessus — une purement morale, le respect pour le directeur et pour l'acte religieux; l'autre matérielle et règlementaire, la coupe de la barbe et des cheveux — fait
que l'observateur se trouve impressionné, à l'égard des délinquants,
d'un mode différent que si les circonstances précitées ne se produi-
saient pas. C'est pour cela qu'il doit faire de nouvelles observations,
en cherchant à éliminer chacune des causes qui modifient ou abîment
le sujet. C'est ce que j'ai fait en cherchant à éliminer le directeur et
le représentant *spirituel*.

2° L'observation est faite sur un des amphithéâtres dont les stalles
sont occupées par des criminels de différents degrés, distribués comme
lorsqu'ils assistaient à la messe. Ils vont là apprendre à lire avec un
professeur, placé au centre, qui les enseigne sans avoir besoin de les
interroger.

Dès que l'observateur se trouve en face des délinquants dans la
pose et dans l'attitude où il les a vus à la messe, il remarque immédiatement sur leurs physionomies un je ne sais quoi très différent de celui
qu'il a déjà observé. Ce je ne sais quoi se lie à une grande modification
dans la position droite de la tête, dans l'ouverture des paupières, dans
l'oscillation franche des globes oculaires, dans une sorte de contraction
harmonique des muscles faciaux qui séparent tant les humains des autres
animaux, dans la vivacité des rayons oculaires et enfin dans la tension
des commissures des lèvres et dans la proéminence des pommettes, qui
réveillent l'idée de bien-être chez ceux qui manifestent ces phénomènes.
Dans tous ces délinquants j'ai deviné un désir naturel de parler et de
montrer qu'ils sont semblables à ceux qui ne sont pas dans leur position.

Dans cet état, j'ai cherché, dans un rapide coup d'œil, à réunir les
plus grands criminels que je connaissais de ceux qui n'avaient commis que de légères fautes; et grand fut mon étonnement de les sur-
prendre en identique expansion physiologo-psychique, liée à un même
sentiment dans ce simulacre de liberté transitoire et montrer inconsciemment qu'ils avaient comme leurs semblables la même égalité
physico-dynamique. Les rares sujets qui s'écartaient du type régulier
ont été notés par moi, mais c'étaient des individus à maladies mentales ou des pathologiques révélés.

Après cette seconde observation, il survient chez l'observateur un doute au sujet de l'existence de ce stygmate qu'il a si franchement accueilli dans la première. Ce doute m'a immédiatement poussé à l'éclaircir d'une manière directe et positive. Et je crois y avoir pleinement réussi par une série de preuves et de contre-preuves, comme on va le voir.

3° **a**) Etant parvenu à obtenir l'examen anthropométrique des criminels les plus importants — parricides, fratricides et autres assassins —, mon premier soin a été de les spécialiser, non en pathologiques et en occasionnels, mais tous en criminels volontaires avec plus ou moins de préméditation. C'est donc sur des organismes de ce genre que reposent mes observations.

Je ne parlerai pas ici de la variété typique dans la constitution, dans l'harmonie des appareils de l'organisme, qui seront examinés quand je traiterai de l'anatomie et de la physiologie.

Ici je ne veux me référer spécialement qu'à l'aspect et à l'impression qu'il laisse à l'observateur.

Depuis le premier jusqu'au dernier des sujets observés, ils étaient vingt-cinq, tous ont manifesté des marques évidentes d'une défiance accusée par un tremblement nerveux, par les oscillations du globe oculaire et de la tête, par l'inattention, par la timidité des réponses, par le désir constant de savoir pourquoi on les avait amenés là. Nous avions beau chercher, moi et les braves gardiens qui m'aidaient, à les tranquilliser en leur expliquant le motif de ma présence, mais ils n'en restaient pas moins dans le même état de surexcitation. Un grand nombre de mes questions reçut des réponses détournées ou menteuses, au grand mécontentement des gardiens qui connaissaient à fond la vérité. Le refus formel de se laisser examiner ne s'est manifesté chez aucun sujet de cette série, excepté chez un parricide qui a consenti ensuite, mais la contrariété était patente chez tous et se voyait à leurs gestes, à la lenteur et à l'ambiguïté de leurs réponses; c'est pour cela que j'examinais leur respiration et leurs pouls à la fin de l'observation générale, parce qu'ils me paraissaient plus calmes à ce moment.

Cet ensemble de faits donnait aux délinquants un aspect spécial qui, par l'uniformité manifestative, paraissait constitutionnel et fixe. Ce qu'il y avait de plus notable chez eux, communément, c'était le front ridé, les sourcils froncés, la tête penchée, le regard profond et oscillant, les paupières demi-ouvertes, les commissures labiales gon-

flèes et pendantes, les lèvres alongées et molles, les ailes du nez trem-
blantes, les bras et les mains dans des positions désharmoniques...
enfin, un ensemble de signes qui par leur marche régulière, comme je
l'ai dit plus haut, prouvaient qu'il y avait dans l'aspect des délinquants
quelque chose qui était différent de celui des individus normaux.

Mais, comme je connaissais déjà une partie des individus des deux
observations générales où ils avaient manifesté des aspects opposés,
je cherchais, pendant mes travaux anthropométriques, à les rassurer
et à leur montrer qu'aucun mal ne leur adviendrait s'ils se mettaient
à leur volonté et si même ils voulaient m'aider de leurs éclaircissements
francs. Cette déclaration ne détruisait point leur méfiance, ni les signes
qui la révélaient, mais elle les mettaient simplement en bonne disposition, et rien de plus. J'en tirai d'excellents résultats lorsque j'eus à
traiter de l'étude physiologique et psychique.

Cette circonstance, jointe aux deux observations précédentes, me fit
considérer les délinquants sous une autre forme: celle de «la mutabilité
d'aspect simplement par suggestions subjectives d'occasion, et, par conséquent, de variabilité d'opinions d'un moment à l'autre».

J'étais dans cette conviction, lorsque tout à coup il me vint à l'idée
de chercher une contre-preuve et une observation finale sur cet objet,
faites sur les mêmes délinquants avec un peu de libre action.

Mais, comment la faire, en écartant l'obstacle moral du·lieu de
l'examen et de la présence de quelques gardiens?.. La vérification
d'une mesure qui me paraissait douteuse, prise dans la cellule de chacun en compagnie seulement du gardien qui ouvrait et fermait la porte,
c'était tout ce que je désirais.

b) Les observations furent faites consécutivement, de l'un à l'autre,
avec une rapidité relative, et sans contestations; celles-ci sont des plus
importantes que j'ai faites.

Excepté deux ou trois délinquants qui, selon moi, sont pathologiques cérébraux peu perceptibles, tous les autres se présentèrent à moi
complètement transformés dans leurs physionomies, dans le langage et
même dans leurs confidences, inutiles à mon objet. Regard franc, ex-
pansibilité expositive sans atours, harmonie des gestes, simplicité du
mouvement... enfin, les délinquants me prouvaient qu'ils étaient humains comme les normaux. Quelques uns allèrent plus loin que je ne
voulais, car ils me déclarèrent spontanément qu'ils avaient gardé, pendant l'examen anthropométrique, une complète réserve dans le langage,

dans les actes et dans les aveux, à cause du lieu où ils se trouvaient et des circonstances qui les entouraient, ce dont ils me demandèrent pardon.

Heureux d'avoir mené à bonne fin une contre-preuve si importante, je retournai chez moi pour écrire ce que vous venez de lire.

4°—a) Poursuivant sans interruption mes études anthropométriques, je les dirigeai sur une série de vingt-cinq voleurs, escrocs ou faussaires. Il faut dire, pourtant, que j'en exclus rigoureusement les pathologiques, les nevropathiques et les psychopathiques, même ceux qui, comme dans la première série, manifestaient la moindre méfiance.

Tout en tenant grand compte du résultat des deux observations précédentes, je mis le plus grand soin à faire briller cette dernière contre-preuve dont voici les résultats:

Je commençai par noter, sur chaque individu examiné, le degré de timidité qu'il possédait bien plus élevé, et une méfiance plus grande que celle révélée par les sujets de l'autre série, avec oscillation constante du globe oculaire et une agitation inexplicable... ils me révélèrent, enfin, un ensemble de faits, presque complètement identiques à ceux manifestés par les individus de la première série.

Doués de plus de loquacité que les assassins, ils quittaient par moments leur aspect sombre pour s'enquérir de la valeur de mes observations, mais ensuite ils reprenaient leur première attitude peut-être plus accentuée. Parfois quelques uns d'entre eux fixaient avidement un anneau de brillants que je portais au doigt, exprès pour exciter leur cupidité; d'autres montraient dans leurs regards un certain sentiment d'avidité et de rapacité pour la montre en or qui me servait à compter leurs pulsations ou les mouvements de leur respiration, montre que j'avais l'air de laisser sur la table à leur portée, pour mieux étudier la variabilité de leurs physionomies; d'autres, avec l'aspect troublé, se révoltaient contre la tyrannie de mes observations, et en arrivaient même jusqu'à l'insolence, ce dont ils demandaient pardon peu après, en présentant une parfaite transfiguration théâtrale!...

Il est incontestable, néanmoins, que les voleurs de profession à proprement parler, sans tendance déterminée pour l'assassinat, même si l'occasion s'en présentait (et les occasions ne sont pas rares), avaient une gesticulation, des manières *sui generis;* la position de leurs corps, en général flexible, était plus modeste, leurs jambes se plaçaient lestement mais avec assurance. Les escrocs et les faussaires l'emportent sur les voleurs par cette qualité. Bien que d'humeur sombre, les muscles de leurs faces se contractaient en des grimaces qui en disaient plus long que des *phrases;* les mouvements de leurs bras et de leurs mains exprimaient des *propositions,* et les oscillations de leurs têtes, réunies à celles des yeux, de la face, des. bras et du tronc renfermaient des *périodes.* Si à cette ensemble de grimaces nous joignons les phrases dites avec suavité, et cadencées avec une finesse calculée, nous aurons dans la société *le type de la tromperie et de l'attrait.*

Et, à la vérité, il n'en pouvait être autrement, car si ces dons leur manquaient, ils auraient de la peine à vivre, leur labeur étant dans l'astuce, et leurs moyens de gagner dans la fourberie et dans la violence contre le prochain. Par conséquent, voleur pur et escroc naturel doivent être synonymes d'individus agiles, astucieux, rusés, hypocrites et desembarrassés dans leurs actes. Nous avons vu que cela provient de deux dons naturels: — constitution physique spéciale et aptitude psychique pour aider et favoriser la constitution physique. Sans ces dons, les voleurs se dédoublent en assassins, et les escrocs en misérables de la société.

L'aspect sombre des voleurs et des escrocs de cette observation s'accorde avec celle des assassins en position identique. Mon opinion, donc, est restée en suspens jusqu'à une nouvelle observation faite dans leurs cellules le jour suivant, dans le même but que pour les assassins, et dont le résultat fut le suivant:

b) Surpris tout à coup dans leurs cellules, les voleurs et les escrocs se livraient à leurs travaux artistiques ou faisaient quelques pas dans leur étroite chambre. Il devrait sembler que ma visite eût dû les étonner ou être pour eux un sujet de méfiance; au contraire, pour la plupart elle était un adoucissement à leur souffrances. Leur visage relevé manifesfait un contentement intime, exprimé chez presque tous par un sourire doux et prolongé; le regard franc, spécifique à chacun —mobile chez le rusé, oblique chez le sournois hypocrite —, mouvements ordonnés et harmoniques; enfin, explication des faits recherchés pour la seconde fois, avec la confession d'avoir été défigurés dans la première conférence à cause du lieu et des assistants. Si quelques uns s'écartèrent de cette règle générale, c'est qu'ils etaient contrariés par des accidents momentanés ou torturés par les rigueurs du règlement; mais ils étaient en si petit nombre et ils s'écartaient si peu des autres, que je n'en aurais pas parlé si je ne m'étais fait un devoir d'être le plus rigoureux possible dans mon exposition.

En vue de l'uniformité éloquente, en preuves et contre-preuves, des observations que je viens de présenter, ma conviction intime est que:

Chez les délinquants en punition, le caractère sombre, l'altération des traits, leurs grimaces et leurs gestes extravagants, leur langage faux ou obscur, dépendent surtout du lieu qu'ils habitent ou de la terreur ou du respect que leur imposent ceux qui sont chargés de les garder; en dehors de leur *profession féroce,* et en liberté naturelle ou conventionnelle, les délinquants ne se distinguent en rien des normaux en ce qui concerne l'*habitus* externe.

CHAPITRE III

OBSERVATIONS ANTHROPOLOGIQUES

§ 1º — CARACTERES DESCRIPTIFS

Chez les constituants des quatre séries étudiées par moi, nous voyons que les voleurs sont ceux qui présentent la constitution physique la moins lourde. Cela nous révèle qu'ils sont les plus agiles de tous les autres. Les assassins, au contraire, sont ceux qui ont le moindre pourcentage, bien que ce soient eux qui ont le nombre le plus grand chez les moyens, et le nombre le plus petit chez les gras, dont les normaux ont le plus grand pourcentage.

L'observation directe vient ratifier cet aspect général; car la plus grande moyenne du poids en kilos est celle des assassins, et la moindre est celle des voleurs, moyennes qui deviennent variables si les individus sont divisés par séries de 48 à 83 kilos.

La force de la traction dynamométrique des assassins est d'accord avec leur vigueur, parce qu'ils ont cette traction plus grande que tous les autres; mais il n'en est pas de même chez les voleurs, qui la montrent plus forte que les normaux, bien qu'ils soient plus maigres et partant moins lourds que ceux-ci. Cela nous certifie que les voleurs ont plus de développement musculaire que les normaux.

Ce qui est un fait aussi, c'est que les impulsions cardiaques des voleurs sont plus fréquentes que chez tous les autres, quoique le nombre d'inspirations par minute soit supérieur chez les noirs. Je ne saurais pas dire si on peut attribuer ce phénomène opposé à une excitation nerveuse spécifique.

Bien que je sois convaincu que le pavillon de l'oreille peut fournir peu d'éclaircissements, en tout cas, je ne laissai pas de vérifier qu'il était plus grand chez les homicides.

Cependant, ce qui est digne d'observation c'est que les voleurs sont d'âge moins avancé que les assassins. Il doit en être ainsi, car il est naturel qu'ils commencent par les *délits sociologiques,* comme essai, pour arriver aux *crimes vitaux.*

Si nous mettons en parallèle les trois séries d'individus dont nous nous occupons, individus fils du même peuple et de la même race, ayant des besoins sociaux distincts, nous sommes légèrement surpris par *la couleur de la peau* de l'une de ces séries — celle des assassins.

En effet le ton cutané plus chargé de cinq individus sur vingt-six laisserait supposer une pénétration de près de 20 pour cent que nous présumerons naturellement appartenir à une race de peau à pigment obscur. Si même nous supposons la race portugaise toute pénétrée par les éléments dont nous venons de parler, même ainsi les assassins s'écarteront des autres parce qu'ils s'approchent davantage de la couche primitive pénétrante. Cela contredit très peu ce que j'ai avancé tantôt qu'ils avaient un plus grand pourcentage *de peau chevelue.*

Et mon assertion au sujet des assassins est corroborée par le plus grand pourcentage *de cheveux noirs reteints* qu'ils présentent comparés aux séries des normaux et des voleurs, bien qu'ils manifestent ensuite plus de variantes que les autres.

Il est vrai que les cheveux des assassins, *presque tous droits,* comme le sont tous les cheveux des voleurs, viennent contredire cette supposition, si nous pensons qu'influe peu sur le type général le faible pourcentage de cheveux ondulés que présente en grande partie le type normal.

La couleur des cheveux chez les assassins marche de pair avec *celle de la barbe,* presque avec le même pourcentage et les mêmes variantes, s'écartant suffisamment des normaux et peu des voleurs, bien qu'ils s'en approchent un peu par *l'abondance ou la rareté.* Cependant la barbe, chez les assassins, est moins abondante que chez les normaux, et même nulle sur 3.8 pour cent, phénomène que nous ne voyons que chez les voleurs avec un pourcentage de 8 pour cent, ce qui donne plus de poids à l'idée de pénétration chez les délinquants, attendu que la barbe est nulle en 50 pour cent de la série des noirs.

Cependant la série des assassins est surtout remarquable par la variété *de la couleur de l'iris* qui paraît faire croire non à une pénétration en présence de la couleur de la peau, du cheveu et de la barbe, mais à une parfaite aberration parce qu'elle s'écarte de la concordance pigmentaire et poilue.

Si les assassins suivent de près, en partie, les normaux dans la couleur châtain-clair et vert-foncé de l'iris, ils s'en écartent beaucoup dans la couleur châtain-foncé qui est même plus fréquente chez les voleurs que chez les normaux.

Ce qui est incontestable, c'est que dans la race péninsulaire portugaise les iris de couleur vert et bleu-clair, comme les ont les assassins et même les voleurs, ne peuvent être conçues sous le prisme d'une pénétration que lorsqu'il y a concordance avec la clarté de la peau et des cheveux, et présentent une véritable aberration lorsque la peau et les parties poilues sont en désharmonie de couleurs. Or, cette désharmonie de couleurs de l'iris avec la peau et les cheveux est très fréquente dans la série des assassins et apparaît quelquefois dans celle des voleurs. Je vais encore plus loin, car je pense que le pourcentage des iris vert-foncé que nous voyons chez les normaux portugais est un effet certain d'une pénétration de races opposées (ou variétés fixes), le pigment vert qui est étranger à la race pénétrée se mélangeant à l'élément pigmentaire typique du péninsulaire qui est le châtain plus ou moins foncé.

Cette dernière supposition a quelque fondement en présence de la forme *du profil nasal*. Nous trouvons chez les normaux portugais toutes les variétés présentées par Broca, la forme droite étant la forme typique avec 64 pour cent, qui a aussi le plus grand pourcentage chez les voleurs et chez les assassins; mais le nez aquilin et busqué n'appartient pas, cela est certain, à la race péninsulaire portugaise. Et comme le pourcentage des nez busqués est plus fort chez les voleurs et les assassins que chez les normaux, il est à supposer que la pénétration est moindre chez ceux-ci que chez ceux-là.

Cette proposition est encore plus confirmée par *les lèvres* qui ne nous apparaissent pas grosses dans la série des normaux, dont le type est celui des *lèvres fines* avec 60 pour cent, tandis que les voleurs ont un pourcentage de 20 pour cent de lèvres grosses et les assassins 7.7 pour cent, bien que toutes les séries oscillent dans le même pourcentage de lèvres moyennes. Et ce qui corrobore encore plus cette idée, c'est *l'inclinaison des lèvres* dont la plus grande partie, 88 pour cent, est droite chez les normaux, tandis que les voleurs et les assassins ont un pourcentage de 30 et quelques pour cent de *lèvres revirées en dehors*.

La grandeur des dents paraît contredire un peu ce que j'ai avancé, attendu que dans toutes les séries le type des dents moyennes a été confirmé, avec de légères oscillations, entre les dents grandes et petites.

L'inclinaison des dents incisives semble encore plus s'élever contre le plus fort pourcentage chez les voleurs et les assassins, car ces derniers ont les incisives verticales, et les voleurs les ont également verticales, avec une différence en moins de 4 pour cent, comme les normaux. Enfin, *la denture* vient encore en aide à la contradiction, attendu que le plus fort pourcentage de dentures mauvaises et très mauvaises appartient aux assassins, tandis que les voleurs et les normaux ont le plus fort pourcentage de dentures médiocres, bien qu'on note quelquefois chez eux des dentures bonnes et même très bonnes.

De toutes ces observations descriptives, nous concluons que la race portugaise paraît pénétrée d'une autre race à la peau très pigmentaire, comme le prouvent les cheveux, la barbe, les yeux, le nez, les lèvres et les dents, avec d'autres races intermédiaires; que la série des assassins, outre la pénétration, ont encore certains *signes d'aberration,* comme les yeux bleus ou vert-clair, les cheveux et la barbe noirs; enfin que les voleurs, sur une moindre échelle, participent des aberrations des assassins.

§·2.º — DONNEES ANTHROPOMETRIQUES

A — Tronc et Membres

Si, par la comparaison des séries, nous nous reportons aux données fournies par les mesures du tronc et des membres, nous voyons en premier lieu que les délinquants ne s'écartent en rien des normaux *par la hauteur,* parce que les moyennes s'équivalent; et il devait en être ainsi, puisqu'ils sont originaires d'une même race, bien que d'une race pénétrée. La série des noirs s'en écarte beaucoup et dònne une moyenne bien plus forte.

Nous voyons en second lieu que, dans toutes les séries *l'envergure* est supérieure à *la hauteur,* ce qui montre qu'à la race pénétrée appartient le qualificatif de bras longs (long armed). Si cet attribut organique est une imperfection, alors les assassins sont relativement les plus parfaits, parce qu'ils ont le plus grand pourcentage d'envergure plus courte que la hauteur (short armed); les normaux, les voleurs et les noirs ayant des pourcentages égaux et presque la moitié de celui des assassins, pourraient alors être qualifiés d'évolution identique, mais inférieurs aux assassins.

Après l'envergure se présente un autre fait, qui n'a pas moins d'importance selon moi. Les assassins ont le cou plus court que les normaux et les noirs, comme le démontrent les moyennes *du conduit auditif externe à l'acromion,* confirmées par *la distance de la fourchette du sternum au mamelon,* conservant tous presqu'au même niveau *le bord inférieur du menton.* Or, comme la face et le front sont, chez tous, approximativement identiques, comme on le voit par la mesure *du menton à la naissance des cheveux,* et dans toutes les mesures de la face, il est clair que la tête doit souffrir une certaine inclinaison en avant, ayant son point d'appui à l'articulation des condyles avec l'atlas. Cette inclinaison doit s'opérer soit aux dépens de la première vertèbre, soit aux dépens de l'axe de l'épine même, soit aux dépens du trou occipital, produisant un angle de Daubenton négatif, ou les angles basilaire et occipital de Broca très abaissés relativement aux normaux; mais l'inclinaison en avant de la tête fait avancer le front et retirer le menton, ce qui donne à la physionomie un aspect mélancolique parce que le globe oculaire s'écarte de l'axe visuel et, pour l'y ramener, il faut l'enclaver dans la voûte orbitaire en élevant la paupière supérieure et en détirant la paupière inférieure. Dans ces conditions le bord de la paupière supérieure coupe quelquefois l'iris dans la pupille et celle-ci, pour diriger horisontalement le rayon visuel, est vue en projection être tangente aux sourcils.

C'est l'aspect connue sous le nom de *regard chargé,* et que le vulgaire portugais appelle *olhar suino* ou *regard de porc.*

Avant d'aller plus loin, il convient de remarquer que cette constitution anatomique ne peut être révélée clairement et déduite avec certitude qu'après un examen anthropométrique fait avec des procédés très rigoureux et des mesures comparées avec précision. La preuve c'est que les délinquants, conformés comme je l'ai exposé plus haut, ne présentent rien d'anormal physionomiquement parlant, lorsqu'ils sont confondus ou même confrontés avec ceux qui n'ont pas la même constitution, comme je l'ai déjà dit. C'est l'anthropométrie que nous révèle cette intime conformation anatomique, et pour la découvrir avec certitude il faut que les individus examinés occupent sur la planche la position de prendre l'angle de Camper, afin que l'ensemble des mesures ne soit pas désharmonique dans la recherche de la vérité de ce phénomène. Quand l'individu est convenablement placé sur la planche pour prendre l'angle, l'observateur est aussitôt avisé de la présupposition du phénomène par l'aspect que présente l'individu examiné, comme je l'ai dit plus haut, aspect complètement différent de ceux qui n'ont point cette conformation anatomique.

Dans le vulgaire, nous trouvons avec plus ou moins de fréquence des individus qui manifestent naturellement l'aspect suillien dont je viens de parler. Cet aspect n'est pas dû à l'inclinaison de la tête et de la face, mais au développement et à la projection des sinus frontaux, qui entraînent avec eux le bord supérieur des orbites dont les voûtes sont plus creuses dans la partie supérieure, où ils accommodent et cachent une plus grande partie du globe oculaire, que chez ceux qui n'ont pas la même conformation. Il est clair que ce n'est pas de cet aspect suillien que je parle, mais de celui que l'anthropométrie révèle et manifeste naturellement à la vue de l'observateur.

Mon intention n'est point de prétendre que cette inclinaison de la tête soit un caractère spécifique des délinquants. Loin de moi une semblable idée, car il peut se trouver des hommes normaux et honorables qui aient ce caractère, sans que pour cela ils aient de mauvais instincts.

Mon seul but est de rendre bien patente la manière comme je conçois cette caractéristique et de décrire la façon dont elle peut être rencontrée, en signalant en même temps ce fait que je l'ai trouvée avec plus de fréquence dans la série des délinquants.

Cependant, ce qui rend ce phénomène plus curieux, c'est *la distance de l'acromion au mamelon* qui est, chez les délinquants en parfaite opposition avec *la distance du menton à l'acromion,* comparativement avec les normaux.

Chez les assassins, alors, la différence est presque de 22 millimètres en plus; cet excès de développement est assez grand à l'extrémité supérieure du tronc, excès qui existe aussi chez les voleurs et même chez les noirs. Notons que dans cet espace ou dans ce périmètre sont logés les organes de premier ordre pour la vie animale et physiologique; aussi j'appelle sur ce fait l'attention des anthropoligistes, afin qu'ils le vérifient dans d'outres séries et sur d'autres races, pour savoir s'ils obtiennent les mêmes résultats que ceux que j'ai trouvés dans la série et la race portugaise.

Voici un autre fait qui vient encore rehausser le phénomène qui nous occupe: chez les assassins, *la distance du mamelon à l'ombilic* est moindre que chez les normaux, en contradiction avec la mesure précédente. Et comme évidemment c'est dans ce périmètre que sont logés les organes les plus importants de la vie animale, il semble que les organes des assassins occupent des points un peu différents de ceux des normaux.

Si le mamelon et l'ombilic indiquent des points organiques de référence fixes relativement à la disposition symétrique de tous les autres organes thoraciques et abdominaux, il est certain que les assassins ne conservent pas cette relativité. Les voleurs et les noirs paraissent être plus cohérents dans les relations organiques, parce qu'ils continuent à avoir des mesures plus élevées, paraissant confirmer avec cohérence, sur les points les plus importants du tronc, l'anomalie du conduit auditif à l'acromion, relativement aux normaux.

A titre de véritable compensation, *la distance de l'ombilic au bord supérieur du pubis,* et *de celui-ci au raphé du perinée* est plus courte chez les voleurs, les assassins et les noirs que chez les normaux, avec cette exception que cette dernière distance est plus grande chez les noirs, ce qui confirme encore plus la discordance symétrique relative.

Par les mesures transversales antéro-postérieures et de circonférence, il est démontré que le tronc des assassins et des voleurs est volumétriquement bien plus grand. Cependant, la mesure maximum des deux trochanters est beaucoup plus petite dans ces deux séries que chez les normaux, de même que la clavicule est plus courte et la ceinture des voleurs plus étroite.

La moyenne de la *longueur claviculaire* moindre chez les délinquants que chez les normaux, tandis que la ligne entre les deux acromions est plus grande chez ceux-là, est un fait qui doit appeler l'attention de ceux qui s'occupent de criminalité; car l'excès de la distance entre les deux acromions doit être rempli ou par un prolongement plus grand de l'acromion après l'articulation de la clavicule, ou par une plus grande largeur du *manubrium* au niveau des articulations de la clavicule; on ne peut expliquer d'aucune autre manière cet écart excessif chez les délinquants. L'excès des épines et des crêtes iliaques des délinquants comparés aux normaux concorde avec l'excès entre les deux acromions, mais ne soutient pas la même relativité que les normaux, car chez ceux-ci les lignes sont moindres seulement de 10 millimètres. Les noirs ont aussi quelques oscillations, mais pas assez importantes pour qu'elles méritent une description spéciale relativement au volume du tronc qui, néanmoins, est évidemment plus petit.

B — Crâne et face

En jetant les yeux sur les mesures absolues des quatre séries comparées, nous voyons que les diamètres du crâne présentent des écarts, ou oscillations, qui ne méritent aucune mention spéciale; malgré cela, chez les voleurs le diamètre sus-auriculaire est très petit comparé à celui des normaux, au contraire des assassins qui l'ont beaucoup plus grand que ceux-là; mais le diamètre frontal minimum est chez ces deux beaucoup plus grand que chez les normaux. Ceci montre que la tête des voleurs rappelle la forme d'une poire, tandis que celle des assassins repose sur une base plus large.

Le diamètre antéro-postérieur des délinquants étant presque égal à celui des normaux, on pourrait croire que ses courbes inio-frontales sont aussi égales; c'est une erreur, car la moyenne chez les délinquants est bien supérieure à celle des normaux. Cela étant, il semblerait aussi que la moyenne de la courbe horizontale totale des délinquants devrait être plus grande que celle des normaux; autre erreur, car les assassins ont une moyenne bien plus faible; contrairement, les assassins, les voleurs et les noirs ont la courbe horizontale antérieure bien plus grande que les normaux, surtout chez les noirs et les assassins. Ce développement antérieur de la tête nous suggère *a priori* une idée contraire à ce qui est généralement admis au sujet de l'intelligence et des aptitudes des délinquants dont l'appréciation serait ici hors de propos.

Ce qui donne plus de force à l'idée ci-dessus c'est l'angle facial de Camper qui est supérieur à celui des normaux, surtout chez les assassins.

Par la largeur bi-zygomatique, les assassins et les voleurs démontrent qu'ils n'appartiennent pas à la race portugaise, dès que nous remarquons qu'ils l'ont égale à celle des noirs bien plus grande que celle des normaux; cette anomalie est atténuée par la longueur et la largeur du nez, dont les moyennes sont semblables à celles des normaux et bien inférieures à celles des noirs.

Les écarts notables ne se rencontrent que chez les noirs dans les moyennes de la longueur de la face; il en est de même pour les largeurs, à l'exception de la largeur bi-orbitaire qui est chez les délinquants plus grande que chez les normaux, ce qui est en relation avec leur diamètre frontal minimum et la largeur bi-zygomatique.

§ 3.º—DONNÉES OSTÉOMÉTRIQUES

Crâniométrie

Ayant à m'occuper de la partie crâniométrique opérée sur les délinquants que j'ai pu trouver pour faire sur eux mes études, je dois prévenir que j'ai confronté des types ethniques différents. Les oscillations grandes ou légères proviennent en grande partie de ce fait très important.

Si nous mettons de côté les moyennes des exemples du professeur Lombroso et si nous comparons celles des assassins portugais avec celles des contemporains de même nationalité, les oscillations passent presque inaperçues, à part une ou autre de peu d'importance, et celles-là même qui apparaissent sont pour protéger les assassins contre certaines accusations que quelques-uns leur ont faites.

Comme preuve de cette assertion, voici un exemple relativement à la mandibule.

La mandibule est considérée par tous les anthropologistes, même par les plus illustres et les plus réservés, comme étant plus volumineuse et plus pesante que celle des normaux, rangeant ce fait dans la catégorie des *atavismes*. Mais toutes les moyennes des mesures les plus importantes prises par moi, jusqu'à ce jour, sur des centaines de sujets portugais contemporains, sont plus grandes que les moyennes des assassins aussi portugais. Or si les mandibules des assassins sont plus petites, plus petits aussi doivent être leurs volumes et par conséquent leurs poids, à moins que nous n'admettions que leurs os soient plus compacts, ce qui serait alors une différence morphologique inacceptable pour manquer de preuve, ou que ces os soient plus épais sur quelques-unes de leurs parties composantes, chose que je n'ai jamais rencontrée quand je les ai comparés entre eux, conjointement aux crânes semblables en volumes auxquels ils appartiennent.

· Pour compléter et appuyer cette assertion, il conviendrait de demander ici si les exemplaires de *tous* les humains fossiles, ou très anciens, présentent des mandibules plus volumineuses et plus pesantes que celles des contemporains, et si les mandibules de *tous* les criminels sont uniformes dans cette anomalie. On pourrait demander encore si le nombre de mandibules volumineuses et pesantes d'individus connus, qui durant leur vie ont été honnêtes et probes, ne donnerait pas un pourcentage bien supérieur à celui des délinquants, observés chacun dans des séries qui aient le même nombre de cas *ceteris paribus*. On pourrait encore demander si le volume et le poids de la mandibule n'est pas plutôt lié au volume de la tête et de la face, à la grandeur des membres céphaliques ou podaliques, au volume du tronc, à la taille, à une simple anomalie individuelle, et enfin s'il n'aurait pas pour origine une variété fixe ou la race. . . Je pense qu'il serait difficile, pour ne pas dire impossible de répondre à ces questions, et si les réponses étaient possibles, peut-être seraient-elles contradictoires. Mais ces questions me prendraient plus de temps et d'espace que n'en comporte cet opuscule, et il n'est pas dans mon intention de les traiter ici.

Je ne terminerai pas ces légères considérations sur les mandibules sans parler de deux mesures qui s'écartent le plus dans les séries des délinquants comparés entre eux.

Chez les assassins portugais, la largeur bi-condylienne est bien moindre que chez ceux de Lombroso. L'excès de largeur que nous notons dans cette dernière série est dû uniquement à l'écart des branches, occasionné par la nécessité anatomique de les adapter aux crânes dont la base est plus large que celle des assassins portugais; dans ces derniers les écarts sont moindres pour des raisons entièrement opposées. Comme preuve directe, nous avons les diamètres bi-auriculaire et bi-temporal des deux séries comparées, surtout le diamètre bi-temporal; comme preuve indirecte, l'indice céphalique accusant une tête arrondie, chez ceux de Lombroso, et allongée chez les portugais.

Nous en concluons que cette différence ostéometrique est purement ethnique et non une anomalie, et ensuite le diamètre bi-condylien peut être plus grand avec des mandibules qui aient moins de volume et moins de poids que d'autres qui l'auraient plus petit.

L'autre mesure est celle de la courbe bigoniaque, également plus grande chez les délinquants de Lombroso que chez les assassins portugais. La différence de cette courbe peut se manisfester sans que la projection condylo-symphysienne ou mentonnière soit altérée, si nous nous rappelons que l'inclinaison des branches antéro-postérieurement est capable de la produire sans nécessité des bras du corps mandibulaire. C'est justement ce qui arrive dans la série des assassins portugais qui présentent l'angle mandibulaire de 23° plus grand et l'angle symphysien augmenté seulement de 7°. Sans doute que ces angles n'influent en rien sur le volume et le poids de la mandibule, mais ils ont une grande importance dans la différentiation ethnique; et comme j'ai parlé des angles, j'ajouterai quelques mots sur ceux du crâne.

L'angle de Daubenton est négatif chez les assassins de Lombroso, tandis que chez les portugais il est positif.

Pour vérifier ce fait, nous avons les angles basilaire et occipital de Broca, qui sont aussi plus petits chez les assassins de Lombroso que chez les portugais. Ces angles nous donnent le degré d'inclinaison du trou occipital avec le bord inférieur des orbites ou avec la racine du nez chez ceux de Broca. L'inclinaison du trou occipital, d'en avant en haut, oblige la tête et la face à pendre en avant et le menton en bas et même en arrière; de là la dislocation des orbites et enfin le regard suillien. Par cette analyse succinte, nous sommes portés à croire que l'aspect des délinquants de Lombroso devait être de physionomie plus chargée que celle des délinquants portugais que j'ai étudiés et comparés dans ces séries.

PARTIE IV

CHAPITRE I

ANTHROPOSOPHIE

§ 1°—CORRELATION GEOMETRIQUE ENTRE LES DEUX SEGMENTS
DE L'ORGANISME HUMAIN — Tronc et tête

Si nous laissons tranquillement reposer notre attention sur l'organisme humain, après l'avoir recomposé avec le même soin que nous avons mis à le décomposer pour l'étudier en détail, nous sommes légèrement mûs par une idée complètement neuve au sujet de son ensemble.

Nous remarquons, d'un côté, la corrélation et le recours mutuel d'un appareil à un autre, d'un organe à un autre, d'un élément à un élément; d'un autre côté, une rapide esquisse géométrique nous montre le tout divisé pour ainsi dire en deux grands segments semblables, liés entre eux par des éléments homogènes et des canaux communs à la vie de chacun d'eux. On dirait une dualité formant un tout vivant de réciprocité dont la résultante est ce que nous appelons la vie animale.

Tels sont le tronc et la tête.

En effet, personne ne concevra, dans l'état régulier de l'existence humaine, un cerveau vivant sans le secours du cœur, ni un cœur en mouvements intermittents sans le régulateur nerveux qui limite ses pulsations et en marque la cadence et le rithme; de la même manière, le cœur perdra corps et vie si les poumons ne lui fournissent pas le sang, qui remplit ses cavités, par la diastole, et, de leur côté, les poumons mourraient si le cœur, par la systole, ne leur transmettait point les résidus sanguins joints à ceux de nouvelle formation pour leur aliment intime; les poumons mourraient également si l'estomac et les autres viscères abdominales n'élaboraient et ne préparaient le chyle pour l'envoyer par endosmose dans le canal thoracique au moyen des veines... et ainsi nous trouvons dans cette dépendance réciproque, non seulement chaque organe, chaque appareil, mais encore le plus infime élément cellulaire sans qu'il y en ait un seul qui ne donne la vie ou ne la reçoive du tout, directement ou indirectement.

Cependant, en lançant un regard rapide sur le tronc et sur la tête, et en notant que chacun d'eux, dans son indépendance relative, élabore divers produits qui concourent au même objet, nous découvrons encore une légère similitude géométrique à l'extérieur et dans leurs cavités. Pour le démontrer, éliminons les organes qui y sont annexés et comparons les deux segments entre eux.

Pour plus de facilité, prenons le squelette de la tête et du tronc. De la tête retirons la face, et du tronc éliminons les clavicules, les omoplates et les bras.

Si nous plaçons le crâne de manière que le diamètre antéro-postérieur maximum soit vertical, comme un axe qui le traverse, cet axe correspondra à l'axe vertical du tronc; le plan qui passe par la glabelle et le basion correspondra au sternum; l'occiput à la concavité du bassin; la ligne de la courbe médiane antéro-postérieure à la partie antérieure de l'épine; les bosses pariétales correspondront au maximum transverse latéral toraco-abdominal, cette dernière partie supposée couverte par les parties molles, comme on le verra facilement par le

SCHEME

Ainsi considérée, la tête devient une partie de l'organisme bien plus importante parce qu'elle peut être directement comparée avec son homologue (?) du même organisme, bien que celle-ci soit de dimensions plus grandes et d'organes dissemblables, mais soupçonnés d'être des organes relatifs et correspondants.

Après avoir fait cette comparaison géométrique à grands traits, nous voyons s'ouvrir devant nous un nouvel et vaste horizon lumineux pour nos recherches anthroposophiques.

Par ce procédé simple et réel, nous transportons évidemment au tronc les points de repère les plus importants du crâne, commençant de cette manière à mettre en équation les problèmes de biologie les plus délicats, comme ceux qui traitent de la dépendance et de la filiation organiques.

Sans aucun doute, chacun de ces deux segments a la forme ovoïde, rhomboïdale vers la base, le plus petit superposé au plus grand et placé horizontalement sur un point mobile et avec une orientation identique suivant l'homologie (?) de leurs parties comparées; de manière que si

RAPPORTS

Du tronc et tête des portugais (réduits à la quatrième partie)

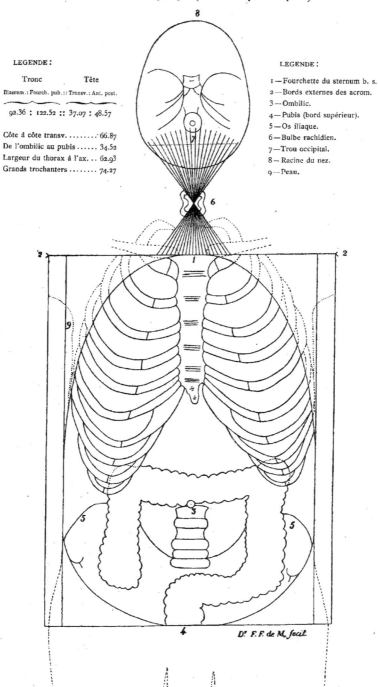

Dr F. F. de M. fecit.

nous relevons de 45° le plus petit qui se trouve horizontal par rapport au plus grand, tous les deux seront superposés en positions égales. La vérification de ce fait est facile à faire au moyen du *calvarium* propre d'un squelette articulé, comme je l'ai fait par le schème dans le modèle que j'ai donné des segments de l'organisme portugais.

Après avoir mis les deux segments en position, il est facile de comparer entre eux des lignes, des diamètres et même quelques courbes. Les mesures limitées que j'ai adoptées dans mes études ont été les suivantes qui sont présentées d'une manière provisoire:

Au diamètre antéro-postérieur maximum du crâne, correspond, dans le tronc, *celui de la fourchette du sternum à la partie supérieure du pubis; au diamètre transversal maximum* du crâne correspond *la ligne biacromiale; au diamètre vertical* du crâne correspond *celui de la partie inférieure du sternum à l'épine; au diamètre frontal minimum* du crâne correspond *celui de la largeur du thorax sub-axillaire.*

Avant d'aller plus loin, qu'on me permette une observation. La surface de *la ligne biacromiale* ne fait pas, en vérité, partie intime du tronc; mais c'est une espèce d'annexe complémentaire intégrant, au moyen duquel le tronc révèle sa largeur transversale maximum qui, combinée avec *la ligne furculo-pubienne*, nous donne l'indice du tronc toujours très rapproché de celui de la tête. Le véritable diamètre transversal du tronc est *le diamètre maximum d'une côte à l'autre*, transversalement, et qui est bien plus petit que la ligne biacromiale; mais comme sa combinaison avec *la ligne furculo-pubienne* ne m'exprimait qu'une relation de vingt unités en moins, à peu près, avec l'indice céphalique, je ne m'en suis pas servi pour la formation de l'indice, ni pour les comparaisons volumétriques entre les deux segments, comparaisons qui ne sont que fortuites attendu qu'elles sont loin d'exprimer la vérité, tout en fournissant des relations précieuses dont les écarts comparés de série à série nous permettent de tirer des conclusions inespérées.

Remarquons que le diamètre antéro-postérieur du crâne est très souvent augmenté de plus de 40^{mm} par l'extraordinaire développement de la glabelle et par un inion énorme, sans compter un très fort *endinion* et un grand développement interne des cavités frontales; ensuite, que le diamètre transversal de ce même crâne est pris quelquefois sur des lames osseuses qui n'ont pas même 3^{mm} d'épaisseur; d'autres fois, c'est le contraire qui arrive, surtout quand le diamètre transversal descend beaucoup vers la base.

Et bien, malgré cela, ces diamètres servent toujours pour l'indice céphalique et pour le volume approximatif. C'est m'appuyant sur cette observation que, pour l'indice et pour le volume approximatif du tronc, je me suis servi de la ligne biacromiale, dont la différence avec le diamètre côte à côte est relativement bien plus petite que celle qui existe entre les diamètres du crâne dans les cas que j'ai cités plus haut.

Comme on le voit, les approximations pour le moment sont en nombre assez petit, mais quand on les combinent et qu'on compare les résultantes du tronc avec celles de la tête, alors elles nous fournissent des indices précieux, selon moi, pour l'élucidation de plusieurs faits de premier ordre au sujet des relations géométriques des deux segments.

Comme, jusqu'à présent, l'étude du crâne a été complètement séparée de celle du tronc, parce qu'on présumait qu'il n'existait entre eux aucune relation géométrique, les éclaircissements profitables ont été bien faibles. C'est maintenant que je commence à découvrir quelques démonstrations de similitude, et que je trouve que la forme crânienne obéit naturellement à la forme du tronc et *vice-versa*.

C'est-à-dire, je découvre que le rapport des dimensions du crâne est le même que celui des dimensions du tronc, d'une manière, bien entendu, franchement générique, sans cesser d'être satisfaisante dans les cas typiques et non dans les cas tératologiques. Aussi, je prévois une nouvelle orientation dans les études naturelles de l'homme, et de nouveaux horizons qui vont tracer des problèmes d'une facile solution pour le progrès de la science humaine.

Par le procédé des indices, nous avons une preuve réelle de ce que j'avance. Malheureusement, cette preuve est peu praticable sur les squelettes, parce que, lorsqu'ils sont articulés, les relations déroutent fatalement; chez les vivants, chez lesquels elle est prompte et claire, elle a aussi un léger inconvénient facilement surmontable par l'habileté jointe à une grande probité. Avec ces deux auxiliaires, tout observateur arrivera aux mêmes résultats que ceux que j'ai obtenus sur la race portugaise, délinquants ou non.

Dans les observations présentées par moi, *l'indice du tronc accompagne celui de la tête avec de très rares oscillations ne dépassant pas quatre unités,* comme on le verra au tableau XXVI.

Tableau XXVI

Numéro de la série	Normaux Céphalique	Kormique	Numéro de la série	Voleurs Céphalique	Kormique	Numéro de la série	Assassins Céphalique	Kormique	Numéro de la série	Nègres Céphalique	Kormique
7	82.63	83.12	16	83.60	80.71	26	84.70	82.06	6	79.58	78.19
25	82.54	81.78	12	83.60	80.24	23	82.32	80.-	2	78.37	77.18
24	81.11	81.02	6	81.38	80.-	18	81.86	79.08	1	76.63	76.84
14	79.57	78.19	5	81.28	79.28	8	81.67	78.07	3	74.87	74.14
20	79.58	78.37	3	81.31	79.36	5	80.19	78.83	4	74.73	73.23
5	78.86	74.95	14	80.83	79.25	25	79.36	77.80	5	71.13	71.81
11	78.64	75.05	8	80.77	78.46	22	77.95	76.26			
6	78.53	77.78	9	80.20	80.13	1	77.-	76.51	**Négresses**		
18	78.37	77.19	11	79.90	78.11	6	76.44	74.28			
19	77.77	81.29	10	78.97	77.03	20	76.41	74.51			
12	77.32	79.71	17	78.94	77.35	15	76.26	75.70	3	81.14	79.02
13	76.84	76.39	25	78.06	77.08	7	76.26	77.76	1	78.69	77.41
15	76.14	75.05	23	77.66	76.52	14	75.84	76.72	5	77.53	76.82
16	76.02	76.39	22	76.59	75.25	4	75.84	73.49	2	75.70	75.-
9	75.91	75.05	19	76.38	75.35	3	74.95	73.12	4	70.74	71.89
8	75.40	75.26	7	75.35	74.41	12	74.49	72.66		76.66	76.05
10	75.37	73.77	4	75.13	74.66	21	74.37	72.88			
23	74.60	74.50	18	75.08	74.16	11	74.21	72.53	**Négrillons**		
22	74.21	73.87	20	74.62	74.23	13	74.-	73.47			
1	73.96	73.82	2	74.61	73.67	9	73.87	71.29			
21	73.84	76.34	13	74.37	73.61	19	73.13	75.55	1	79.77	77.71
2	73.65	75.61	1	74.09	74.12	2	73.13	72.23	2	75.74	76.74
4	73.-	74.18	15	72.37	72.08	24	73.09	71.85		77.78	77.22
17	71.29	71.29	21	72.07	71.95	16	72.63	73.06			
3	68.56	68.77	24	68.07	69.78	10	72.36	70.88			
						17	70.64	69.77			
Moyenne	77.80	75.38	Moyenne	77.-	76.20	Moyenne	77.56	75.03	Moyenne	75.86	75.19

Dans mes observations, j'en ai trouvé sept qui ont révélé dans les indices comparés une oscillation maximum de douze unités, observations que j'ai cru ne pas devoir présenter pour plusieurs motifs : 1°, pour ne pas interrompre la marche régulière de mon exposition; 2°, parce que je n'avais pas de confiance dans les nombres absolus anthropométriques, dont la moindre erreur conduit à l'extravagance immédiate; 3°, parce que je n'avais pas encore limité d'une manière précise les degrés maximum et minimum qui peuvent advenir entre les indices des deux segments avec des dimensions homologues si différentes; 4°, parce que je soupçonnais qu'il y avait, dans les tissus mous ou osseux de la tête ou du tronc, quelque altération qui pût vicier les nombres absolus... et pour d'autres motifs qui seront exposés et critiqués dans un travail spécial.

A ce tableau, j'en joins un autre, tout aussi important selon moi, pour ceux qui sont véritablement studieux, où je présente *l'indice kormique* des normaux comparé avec celui des voleurs, des assassins et des noirs. Pour plus de clarté, j'ai ajouté à l'indice et à chacune des séries les totaux trouvés par moi, en leur donnant les moyennes et *le rapport des écarts* à 100 de chacun, les normaux étant pris pour unité.

Enfin, j'ai additionné encore dix-sept indices du tronc et des membres, avec les totaux, les moyennes et les rapports des écarts à 100.

Par les écarts rapportés à 100, j'ai vérifié momentanément aux dépens de quelles dimensions du tronc et des membres l'indice oscille en plus ou en moins. Ainsi, nous voyons que *l'indice anti-brachial des assassins* (seize) est supérieur à celui des normaux de près de trois unités — 75.88 pour 78.83 — ; mais nous voyons aussitôt que cette différence est faite aux dépens de l'avant-bras, dont la différence est de 2.49 pour 1 des normaux, bien que l'écart du bras soit de moins 1.45 pour 1.

De cette manière on peut les comparer tous et trouver facilement la cause fondamentale de la différence des indices de l'un à l'autre, comme le montre le tableau XXVII.

Tableau XXVII	Totaux				Moyennes				Indices				Rapport des écarts à 100			
	Normaux	Valeurs	Assassins	Nègres	Normaux	Valeurs	Assassins	Nègres	Normaux	Valeurs	Assassins	Nègres	Normaux	Valeurs	Assassins	Nègres
1 { Ligne biacromiale..............	9236	9631	9848	2215	369.44	385.24	378.77	369.17	75.38	76.20	75.03	75.19	1	4.28	2.53	0.–
{ De la fourchette du sternum au pubis....	12252	12639	13125	2946	490.08	505.56	504.81	491.–					1	3.16	3.02	0.20
2 { Côte à côte transversalement..........	6687	6908	7590	1483	267.48	276.32	291.92	247.17	54.58	54.66	57.83	50.34	1	3.30	9.17	-7.59
{ De la fourchette du sternum au pubis....	12252	12639	13125	2946	490.08	505.56	504.81	491.–					1	3.02	3.02	0.20
3 { Du bas du sternum à l'épine..........	4915	5007	5429	1179	196.60	200.28	208.81	196.50	53.22	51.99	55.13	53.23	1	1.87	6.24	0.–
{ Ligne biacromiale..........	9236	9631	9848	2215	369.44	385.24	378.77	369.17					1	4.28	2.53	0.–
4 { Du bas du sternum à l'épine (sur plan)..	5484	5475	6027	(?) 1300	219.36	219.–	231.81	216.67	59.38	56.85	61.20	58.69	1	-0.16	5.70	-1.23
{ Ligne biacromiale..........	9236	9631	9848	2215	369.44	385.24	378.77	369.17					1	4.28	2.53	0.–
5 { Du bas du sternum à l'épine..........	4915	5007	5429	1179	196.60	200.28	208.81	196.50	73.50	72.48	71.53	79.50	1	1.87	6.24	0.–
{ Côte à côte transversalement..........	6687	6908	7590	1483	267.48	276.32	291.92	247.17					1	3.30	9.17	-7.59
6 { Du bas du sternum à l'épine (sur plan)..	5484	5475	6027	(?) 1300	219.36	219.–	231.81	216.67	82.01	79.26	79.41	87.66	1	-0.16	5.70	-1.23
{ Côte à côte transversalement..........	6687	6908	7590	1483	267.48	276.32	291.92	247.17					1	3.30	9.17	-7.59
7 { Du bas du sternum à l'épine..........	4915	5007	5429	1179	196.60	200.28	208.81	196.50	55.66	53.54	56.27	52.75	1	1.87	6.24	0.–
{ De la fourchette du sternum à l'ombilic..	8830	9352	9648	2235	353.20	374.08	371.08	372.50					1	5.91	5.06	5.46
8 { Du bas du sternum à l'épine (sur plan)..	5484	5475	6027	(?) 1300	219.36	219.–	231.81	216.67	62.11	58.54	62.47	58.17	1	-0.16	5.70	-1.23
{ De la fourchette du sternum à l'ombilic..	8830	9352	9648	2235	353.20	374.08	371.08	372.50					1	5.91	5.06	5.46
9 { Côte à côte transversalement..........	6687	6908	7590	1483	267.48	276.32	291.92	247.17	75.73	73.87	78.67	66.35	1	3.30	9.17	-7.59
{ De la fourchette du sternum à l'ombilic..	8830	9352	9648	2235	353.20	374.08	371.08	372.50					1	5.91	5.06	5.46
10 { De l'ombilic au pubis..........	3452	3297	3447	708	138.06	131.88	132.58	118.–	70.23	65.85	63.49	60.05	1	-4.49	-3.95	-14.53
{ Du bas du sternum à l'épine..........	4915	5007	5429	1179	196.60	200.28	208.81	196.50					1	1.87	6.24	0.–
11 { De l'ombilic au pubis..........	3452	3297	3447	708	138.06	131.88	132.58	118.–	51.62	47.73	45.42	47.74	1	-4.49	-3.95	-14.53
{ De l'ombilic transversalement..........	6687	6908	7590	1483	267.48	276.32	291.92	247.17					1	3.30	9.17	-7.59
12 { De l'ombilic au pubis..........	3452	3297	3447	708	138.06	131.88	132.58	118.–	62.95	60.22	57.19	54.46	1	-4.49	-3.95	-14.53
{ Du bas du sternum à l'épine (sur plan)..	5484	5475	6027	(?) 1300	219.36	219.–	231.81	216.67					1	-0.16	5.70	-1.23
13 { Du bas du sternum à l'épine..........	4915	5007	5429	1179	196.60	200.28	208.81	196.50	86.81	85.84	93.94	82.74	1	1.85	6.24	0.–
{ Du mamelon à l'ombilic..........	5602	5833	5779	1425	226.48	233.32	222.27	237.50					1	3.02	-1.85	4.87
14 { Du bas du sternum à l'épine (sur plan)..	5484	5475	6027	(?) 1300	219.36	219.–	231.81	216.67	96.86	93.86	104.29	91.23	1	-0.16	5.70	-1.23
{ Du mamelon à l'ombilic..........	5602	5833	5779	1425	226.48	233.32	222.27	237.50					1	3.02	-1.85	4.87
15 { Du mamelon à l'ombilic..........	5602	5833	5779	1425	226.48	233.32	222.27	237.50	84.67	84.44	76.14	96.09	1	3.02	-1.85	4.87
{ Côte à côte transversalement..........	6687	6908	7590	1483	267.48	276.32	291.92	247.17					1	3.30	9.17	-7.59
16 { De l'épicondyle à l'ap. styloïde du *radius*	5857	5961	6243	1518	234.28	238.44	240.98	253.–	75.88	77.80	78.83	74.30	1	1.78	2.49	8.83
{ De l'acromion à l'épicondyle..........	7719	7662	7920	2043	308.76	306.48	304.62	340.50					1	-0.74	-1.45	10.28
17 { De la ligne art. du genou au mal. interne	8689	8714	8991	2386	347.56	348.56	345.81	397.67	72.29	71.78	73.01	79.45	1	0.17	-0.38	4.11
{ De l'épine iliaque ant. sup. au genou..	12119	12140	12315	3003	480.76	485.60	473.65	500.50					1	-2.36	0.54	-3.65
18 { Circonférence *minimum* de la jambe..	5462	5333	5710	1263	218.48	213.32	219.62	210.50	60.99	64.08	62.62	61.94	1	-2.36	0.54	-3.65
{ Circonf. *maximum* de la jambe (mollet)..	8956	8322	9119	2039	358.24	322.88	350.73	339.83					1	-7.08	-2.08	-3.14

Je regrette bien sincèrement de n'avoir pas étendu mes études au delà de la race portugaise, purement dolichocéphale, non seulement comme vérification, mais encore comme contre-preuve d'un peuple brachycéphalique. La série des noirs que j'ai examinés, a été la première vérification confirmative; c'est donc une série très limitée et qui, de plus, est également dolichocéphale ayant en outre le même indice que les portugais. Bien que chez les normaux portugais il y ait des exemplaires des deux sexes brachycéphaliques, ils sont en si petit nombre qu'ils ne me laissent pas affirmer ma proposition et à l'étendre tous.

Nonobstant, malgré la limite de mes observations, je ne doute nullement que cette relation doit exister chez tous les humains et d'autant plus parfaite que la race ou le peuple, où on l'aura recherchée, sera plus parfait.

Ce n'est qu'après de longs essais que j'ai pu voir clairement presque, par la simple inspection du tronc, à quelle forme géométrique correspondait la tête, et réciproquement. Le fait est que, en négligeant quelques erreurs légères, tout observateur peut arriver à prédire la forme de la tête par l'inspection du tronc, avec la même facilité qu'un observateur habitué peut déterminer dans des cas typiques, et d'un seul coup d'œil, si un crâne appartient à l'ordre des crânes longs ou des crânes courts.

Ce qu'il y a d'étonnant, c'est que les membres n'influent en rien dans les indices et servent plutôt à nous induire en erreur.

Ainsi donc, le type commun ou général du tronc portugais est plus long que le tronc français, bien que les deux aient la même ligne biacromiale; et la ligne biacromiale du portugais est plus courte que celle du français, quand les deux troncs ont des lignes égales de la fourchette du sternum au pubis; dans les deux cas, la longueur des jambes et des bras n'influent en rien; la taille, non plus, n'a ni importance ni influence aucune.

Le tronc du brachycéphale est généralement large et court, s'approchant davantage de la forme cubique; au contraire, le tronc des dolichocéphales est étroit et long, s'écartant davantage de la forme cubique: le premier a le tronc solide, trapu; le second l'a élancé, flexible.

Tels sont à larges traits les caractéristiques du tronc chez les peuples de races distinctes: le français, l'allemand, le suisse ont la tête ronde, le tronc large et court; le portugais, l'espagnol, le noir ont le tronc étroit et long, la tête longue ou allongée. Les indices des deux segments doivent monter dans les premiers autant qu'ils descendent

dans les seconds. Il me semble que ce résultat doit arriver infailliblement chez tous les humains. Lorsqu'il se rencontre des exceptions du
type général d'un peuple que nous examinons, les individus qui présentent ces exceptions dans l'un des segments doivent les présenter
aussi dans l'autre; c'est-à-dire que l'indice exceptionnel d'un segment,
dans une race, doit avoir son homologue dans l'autre segment, s'écartant de l'indice du type général, comme cela est arrivé dans mes séries
de portugais où il y a des cas brachycéphaliques au milieu de plusieurs
dolichocéphaliques, chacun avec son indice segmentaire corrélatif correspondant.

A l'indice du tronc, j'ai donné le nom de *indice kormique* (de κορμός
— tronc du corps sans les membres).

De ce fait naturel, nous pourrions créer deux nouvelles dénominations, ou néologismes, pour distinguer les individus par le tronc, au lieu
de la tête; ainsi nous dirions: un *brachykormos,* au lieu d'un *brachycéphale,* c'est-à-dire un individu de tronc et de tête ronds; un peuple
doli'kormos, c'est-à-dire un peuple de tronc et de tête longs. En dernier
lieu, si l'expression n'a pas l'application directe que je lui destine, elle
aura du moins droit d'entrée légitime dans les descriptions spécifiques.

Par l'indice kormique on doit commencer à penser naturellement
que la forme géométrique de la tête humaine est un modèle, en petit,
du tronc, auquel elle appartient; or, comme c'est dans le tronc, sans
contestation, que réside la vie animale, il en résulte que la tête est un
segment plus passif qu'actif, c'est-à-dire qu'il est plus dominé que do-
minant.

Bien que l'énoncé paraisse un absurde, c'est pour moi une vérité
dont la démonstration sera faite autre part.

§ 2°—CORRELATION VOLUMETRIQUE ENTRE LES DEUX SEGMENTS
DE L'ORGANISME HUMAIN – Tronc et tete

Ce n'est pas seulement par la forme géométrique que la tête est
semblable au tronc, elle l'accompagne aussi dans la quantité volumétrique relative. Au plus grand tronc correspond un volume plus grand
de la tête et réciproquement. D'une manière générale, c'est cette loi
qui, sans aucune doute, donne le degré de variété de poids, outre celui
de volume, de l'encéphale humain.

Comme preuve de ce que j'avance, voici les volumes de deux segments trouvés par des procédés directs quand cela a été possible, et,

quand cela n'a pas été possible, substitués *par la méthode de l'indice cubique pour l'évaluation de la capacité des crânes,* que j'ai aussi appliqués au tronc d'une manière provisoire, uniquement par comparaison.

Etude des volumes et des capacités céphaliques et kormiques

(κορμός — TRONC DU CORPS SANS LES MEMBRES)

En désignant par *a, b, c,* les trois diamètres d'un crâne, que nous considérerons un ellipsoïde pour l'approximer de sa configuration, on aurait pour le

$$\text{volume} = \tfrac{4}{3}\,\pi\,a\,b\,c = \tfrac{1}{2}\,a\,b\,c \times 1{,}047 \ldots \ldots \ldots (1)$$

Et, puisque les diamètres intérieurs sont $\frac{1}{15}$ moins longs que les extérieurs, la capacité en serait

$$\tfrac{4}{3}\,\pi\,\frac{\left(a-\frac{a}{15}\right)\left(b-\frac{b}{15}\right)\left(c-\frac{c}{15}\right)}{8}$$

$$= \tfrac{1}{2}\,a\,b\,c \times \frac{22 \times 14^3}{21 \times 15^3} = \tfrac{1}{2}\,a\,b\,c \times 0{,}851 = \tfrac{1}{2}\,a\,b\,c \div 1{,}175 \ldots (2)$$

Néanmoins, le cubage d'un grand nombre de crânes ayant démontré que ce diviseur varie entre 1,02 et 1,20, dont la moyenne serait par approximation 1,12, l'équation (2) doit être modifiée par la suivante :

$$\text{capacité} = \tfrac{1}{2}\,a\,b\,c \div 1{,}12 \ldots \ldots \ldots \ldots \ldots (a)$$

Pour l'équation (1), on obtiendra la modification à introduire par la proportion suivante :

$$1{,}175 : 1{,}12 :: \tfrac{1}{1{,}047} : x = \frac{1{,}12}{1{,}175 \times 1{,}047} = 0{,}91 \therefore$$

$$\text{volume du crâne} = \tfrac{1}{2}\,a\,b\,c \div 0{,}91 = \tfrac{1}{2}\,a\,b\,c \times 1{,}1 \ldots \ldots (b)$$

Donc, dans des cas normaux :

Le volume du crâne est égal à la moitié du parallélipipéde de ses trois diamètres et plus le dixième de cette moitié; et

La capacité égale cette même moitié divisée par 1,12.

Ainsi, si *A* était ce mi-parallélipipède, le volume en serait

$$A + \frac{A}{10}$$

et la capacité

$$A \div 1,12$$

En divisant l'équation (b) par l'équation (a), on aurait

$$\frac{\text{volume du crâne}}{\text{capacité du crâne}} = \frac{abc \times 1,1}{2} \div \frac{abc}{2 \times 1,12} = 1,1 \times 1,12 = 1,232\ldots \quad (c)$$

Dès lors, le crâne dont la capacité serait A', aurait $A' \times 1,232$ pour son volume.

Si au lieu du volume ou de la capacité d'un crâne, on avait le volume moyen ou la capacité moyenne de n crânes, les formules à résoudre seraient:

$$\text{capacité moyenne} = \frac{t' + t'' + \ldots t^{n'}}{2\,n} \div 1,12 \ldots\ldots\ldots \quad (d)$$

$$\text{volume moyen} = \frac{t' + t'' + \ldots t^{n'}}{2\,n} \times 1,1 \ldots\ldots\ldots \quad (e)$$

t', $t''\ldots t^{n'}$ désignent les parallélipipèdes des trois diamètres de chaque crâne.

Ainsi, le volume moyen est égal au quotient de la somme de tous les parallélipipèdes par le double du nombre des crânes, multiplié par $1,1$; et

La capacité égale ce même quotient divisé par $1,12$.

Donc, en désignant par B la somme de tous ces parallélipipèdes, le volume moyen serait

$$\frac{B}{2\,n} \times 1,1$$

et la capacité moyenne

$$\frac{B}{2\,n} \div 1,12$$

En divisant l'équation (e) par l'équation (d), on aurait

$$\frac{\text{volume moyen}}{\text{capacité moyenne}} = \frac{2\,n\,(t' + t'' + \ldots t^{n'})\,1,1 \times 1,12}{2\,n\,(t + t' + \ldots t^{n'})} = 1,1 \times 1,12 = 1,232$$

Ainsi, *le rapport entre le volume moyen et la capacité moyenne est égal à celui du crâne pour sa capacité.*

(N. B. Ces formules sont dues à M. Ad. Andrade)

Les formules (a) et (b) sont également applicables à la résolution du volume et de la capacité de la tête et (provisoirement) du tronc, puisqu'ils peuvent être considérés comme des ellipsoïdes semblables à l'ellipsoïde du crâne.

En les employant pour les cas dont nous avons obtenu les diamètres, on aura :

Tableau comparatif des volumes				
	Capacité	Crâne	Tête	Tronc
	c. c.	c. c.	c. c.	c. c.
Normal portugais (25 cas)	1574,76	1929,81	1985,81	19737,79
Voleur portugais (25 cas).................	1539,81	1897,05	2015,23	21477,10
Assassin portugais (26 cas)........:.....	1565,67	1918,96	2099,96	21893,04
Noir (6 cas)	1496,00	1843,07	1923,00	19649,15
	6176,24	7588,89	8024,00	82757,08
Moyenne.............	1544,06	1897,22	2006,00	20689,27

On conclut de ce tableau :

1° Que la plus grande capacité crânienne appartient au normal et la plus petite au noir ; la moyenne étant représentée par celle du voleur ;

2° Que c'est le crâne normal qui est le plus grand et celui du noir le plus petit ; le moyen appartient également au voleur ;

3° Que c'est la tête de l'assassin qui est la plus grande et celle du noir la plus petite ; la moyenne appartient, de même, au voleur ;

4° Que le tronc le plus grand est celui de l'assassin et le plus petit celui du noir ; le moyen est représenté également par celui du voleur.

Bref, les parties du voleur tiennent la moyenne des oscillations.

Rapport du volume et de la capacité du crâne normal avec le volume et la capacité du crâne normal portugais

$3508^{cc},74$ étant le produit des trois diamètres d'un crâne normal — produit moyen des diamètres de 25 crânes normaux portugais —, la capacité de ce crâne serait, d'après la règle générale

$$\frac{3508,74}{2} \div 1,12 = 1566^{cc},40$$

Mais, comme à ce crâne, s'il était normal portugais, correspondrait la capacité de $1574^{cc},76$ — capacité moyenne du crâne normal portugais (494 cas) — on aura :

$$1574,76 : 1556 :: 1 : x = \frac{156,41}{1574,76} = 0,995$$

De même, en admettant qu'un crâne normal ait pour capacité $1574^{cc},76$ son volume serait, d'après la règle générale

$$1574,76 \times 1,232 = 1940^{cc},10$$

Mais, comme à cette capacité, si elle appartenait à un crâne normal portugais, correspondrait le volume de $1929^{cc},81$ — volume moyen du crâne normal portugais —, on aura :

$$1940,10 : 1929,81 :: 1 : x = \frac{1940,10}{1929,81} = 1,005$$

Tableau comparatif du rapport entre les mêmes parties				
	Capacité	Crâne	Tête	Tronc
Normal portugais......................	1,000	1,000	1,000	1,000
Normal...............................	0,995	1,005	–	–
Voleur portugais......................	0,978	0,983	1,015	1,037
Assassin portugais....................	0,994	0,994	1,057	1,114
Noir.................................	0,950	0,995	0,964	0,996
	4,917	4,937	4,036	4,147
Moyenne	0,983	0,987	1,009	1,037

Ce tableau confirme les déductions du tableau antérieur, ainsi que cette circonstance que la tête est la régulatrice du tronc. Ainsi, si elle est la plus grande, le tronc l'est aussi; de même, le tronc est le plus petit si elle est la plus petite, et moyen si elle est la moyenne.

Tableau comparatif des rapports entre les diverses parties				
Normal...............................	1,000	1,232	–	–
Normal portugais......................	1,000	1,225	1,261	12,533
Voleur portugais...	1,000	1,232	1,309	13,948
Assassin portugais....................	1,000	1,226	1,341	14,040
Noir.................................	1,000	1,232	1,286	13,314
	5,000	6,147	5,197	53,835
Moyenne........... ..	1,000	1,229	1,299	13,459

On infère de ce tableau, que, en rapport à la capacité crânienne :
1° C'est le crâne normal qui est le plus grand et le crâne normal portugais celui qui est le plus petit; le moyen appartiendrait au voleur;

2° C'est la tête de l'assassin qui est la plus grande et celle du normal portugais la plus petite; la moyenne appartiendrait aussi au voleur;

3° C'est le tronc de l'assassin qui est le plus grand et celui du normal le plus petit; le moyen appartiendrait au noir.

Tableau comparatif des rapports avec le volume du crâne				
	Capacité	Crâne	Tête	Tronc
Normal...............................	0,812	1,000	–	–
Normal portugais........................	0,816	1,000	1,029	10,231
Voleur portugais........................	0,812	1,000	1,063	11,403
Assassin portugais......................	0,815	1,000	1,094	12,276
Noir...................................	0,812	1,000	1,044	10,806
	4,067	5,000	4,230	44,716
Moyenne....	0,813	1,000	1,057	11,179

On infère de ce tableau, que, en rapport au volume du crâne:

1° C'est le normal portugais qui a la capacité crânienne la plus grande, celle de l'assassin venant après; celles des autres sont à peu près égales. Néanmoins c'est la capacité crânienne du voleur qui peut être considérée la moyenne, si on tenait compte des fractions négligées;

2° C'est la tête de l'assassin qui est la plus grande et celle du normal portugais la plus petite; la moyenne appartiendrait au voleur;

3° C'est le tronc de l'assassin qui est le plus grand et celui du normal le plus petit; le moyen serait également représenté par celui du voleur.

Tableau comparatif des rapports avec le volume de la tête				
Normal portugais........................	0,793	0,971	1,000	9,939
Voleur portugais........................	0,764	0,941	1,000	10,656
Assassin portugais......................	0,746	0,914	1,000	10,470
Noir...................................	0,778	0,958	1,000	10,353
	3,081	3,784	4,000	41,418
Moyenne..............	0,770	0,946	1,000	10,354

On infère de ce tableau, que, en rapport au volume de la tête:

1° C'est la capacité crânienne du normal qui est la plus grande et celle de l'assassin la plus petite; la moyenne appartiendrait au voleur;

2° C'est le volume du crâne du normal qui est le plus grand et celui de l'assassin le plus petit; le moyen appartiendrait aussi au voleur;

3° C'est le voleur qui a le tronc le plus grand et le normal le plus petit; le moyen appartiendrait au noir.

Tableau comparatif des rapports avec le volume du tronc				
	Capacité	Crâne	Tête	Tronc
Normal portugais.........................	0,080	0,098	0,101	1,000
Voleur portugais.........................	0,072	0,083	0,094	1,000
Assassin portugais........................	0,071	0,087	0,096	1,000
Noir....................................	0,075	0,093	0,097	1,000
	0,298	0,361	0,388	4,000
Moyenne.............	0,074	0,090	0,097	1,000

On infère de ce tableau, que, en rapport au volume du tronc:

1° C'est le normal qui a la capacité crânienne la plus grande et l'assassin la plus petite; la moyenne appartiendrait au noir;

2° C'est le normal qui a le volume du crâne le plus grand et le voleur le plus petit; le moyen appartiendrait aussi au noir;

3° C'est le normal qui a la tête la plus grande et le voleur la plus petite; la moyenne appartiendrait, de même, au noir.

Tableau comparatif des rapports avec la capacité crânienne normale portugaise				
Normal portugais.........................	1,000	1,225	1,261	12,533
Normal..................................	0,995	1,230	–	–
Voleur portugais.........................	0,978	1,205	1,280	13,003
Assassin portugais........................	0,994	1,219	1,333	13,960
Noir....................................	0,950	1,170	1,221	12,478
	4,917	6,049	5,095	51,974
Moyenne.............	0,983	1,210	1,294	12,994

On infère de ce tableau, que, en rapport avec la capacité crânienne normale portugaise:

1° C'est elle qui est la plus grande et celle du noir la plus petite; la moyenne appartiendrait au voleur;

2° C'est le normal qui a le crâne le plus grand et le noir le plus petit; le moyen appartiendrait aussi au voleur;

3º. C'est l'assassin qui a la tête la plus grande et le noir la plus petite; la moyenne appartiendrait, de même, au voleur;

4º C'est l'assassin qui a le tronc le plus grand et le noir le plus petit; le moyen appartiendrait également au voleur.

Tableau comparatif des rapports avec la capacité crânienne normale				
	Capacité	Crâne	Tête	Tronc
Normal...............................	1,000	1,236	–	–
Normal portugais........................	1,005	1,231	1,267	12,596
Voleur portugais........................	0,983	1,211	1,286	13,068
Assassin portugais.......................	0,999	1,225	1,340	14,030
Noir..................................	0,955	1,176	1,227	12,541
	4,942	6,079	5,120	52,235
Moyenne.............	0,988	1,214	1,280	13,059

On infère de ce tableau, que, en rapport avec la capacité crânienne normale:

1º C'est la capacité crânienne normale portugaise qui est la plus grande et celle du noir la plus petite; la moyenne serait celle du voleur;

2º C'est le crâne normal qui est le plus grand et celui du noir le plus petit; le moyen appartiendrait au voleur;

3º C'est la tête de l'assassin qui est la plus grande et celle du noir la plus petite; la moyenne appartiendrait au voleur;

4º C'est le tronc de l'assassin qui est le plus grand et celui du noir le plus petit; le moyen appartiendrait de même au voleur.

Cubage sur des exemplaires osseux		
	Capacité	Crâne
Assassin portugais (cubage direct—6 cas)................	1565,67	1918,96
Assassin français (cubage direct—41 cas)..................	1589,50	1958,26
Assassin de Lombroso (cubage calculé—13 cas)...............	1546,82	1905,68
	4701,99	5782,90
Moyenne	1567,33	1927,63
Voleur portugais (cubage calculé—25 cas).....................	1539,81	1897,05
Escroc de Lombroso (cubage calculé—9 cas)..................	1515,93	1867,63
	3055,74	3764,68
Moyenne.....................	1527,87	1882,34

11

Ces moyennes nous montrent que, si avec les éléments susdits nous eussions mis en ligne de compte les assassins de la collection Lombroso et les français, ainsi que les escrocs, ni pour cela les déductions découlées de l'examen des tableaux antérieurs auraient laissés de subsister avec la même régularité et précision.

En résumant:

1° Pour avoir le volume du crâne, de la tête ou du tronc, il faut multiplier la moitié du produit de ses trois diamètres par 1,1 (règle générale);

2° Pour avoir la capacité du crâne normal, il faut diviser ce demi-produit par 1,12 (règle générale):

a) Si ce crâne était normal portugais ou de l'assassin portugais, le diviseur serait 1,114;

3° Étant connue la capacité du crâne, on connaît le volume du crâne, de la tête et du tronc en la multipliant successivement par 1,232, 1,261 et 12,533 (règle générale):

a) Si ce crâne était portugais, le multiplicateur serait 1,225, pour le volume du crâne;

b) S'il appartenait au voleur portugais, les multiplicateurs seraient, respectivement, 1,309 et 13,948 pour le volume de la tête et celui du tronc;

c) S'il appartenait à l'assassin portugais, les multiplicateurs seraient, successivement, 1,226, 1,341 et 14,040;

d) S'il était du noir, les multiplicateurs seraient respectivement, 1,286 et 13,314 pour le volume de la tête et celui du tronc;

4° En absolu:

a) La capacité crânienne la plus grande est celle du normal portugais, celle du noir la plus petite, et celle du voleur la moyenne;

b) Le crâne le plus grand est celui du normal, celui du noir le plus petit, et celui du voleur le moyen;

c) La tête la plus grande est celle de l'assassin, celle du noir la plus petite, et celle du voleur la moyenne;

d) Le tronc le plus grand est celui de l'assassin, celui du noir le plus petit, et celui du voleur le moyen;

5° En égalité de la capacité crânienne:

a) Le crâne le plus grand est celui du normal, celui du normal portugais le plus petit, et celui du voleur le moyen;

b) La tête la plus grande est celle de l'assassin, celle du normal portugais la plus petite, et celle du voleur la moyenne;

c) Le tronc le plus grand est celui de l'assassin, celui du normal portugais le plus petit, et celui du noir le moyen;

6° En égalité du volume du crâne:

a) La capacité crânienne la plus grande est celle du normal portugais, celle du voleur la moyenne, et celles des autres sont à peu près égales;

b) La tête la plus grande est celle de l'assassin, celle du normal portugais la plus petite, et celle du voleur la moyenne;

c) Le tronc le plus grand est celui de l'assassin, celui du normal portugais le plus petit, et celui du voleur le moyen;

7° En égalité du volume de la tête:

a) La capacité crânienne la plus grande est celle du normal portugais, celle de l'assassin la plus petite, et celle du voleur la moyenne;

b) Le crâne le plus grand est celui du normal portugais, celui de l'assassin le plus petit, et celui du voleur le moyen;

c) Le tronc le plus grand est celui du voleur, celui du normal portugais le plus petit, et celui du noir le moyen;

8° En égalité du volume du tronc:

a) La capacité crânienne la plus grande est celle du normal portugais, celle de l'assassin la plus petite, et celle du noir la moyenne;

b) Le crâne le plus grand est celui du normal portugais, celui du voleur le plus petit, et celui du noir le moyen;

c) La tête la plus grande est celle du normal portugais, celle du voleur la plus petite, et celle du noir la moyenne;

9° En rapport avec la capacité du crâne normal:

a) La capacité la plus grande est celle du normal portugais, celle du noir la plus petite, et celle du voleur la moyenne;

b) Le crâne le plus grand est celui du normal, celui du noir le plus petit, et celui du voleur le moyen;

c) La tête la plus grande est celle de l'assassin, celle du noir la plus petite, et celle du voleur la moyenne;

d) Le tronc le plus grand est celui de l'assassin, celui du noir le plus petit, et celui du voleur le moyen.

Bref, d'ordinaire :

C'est le normal qui a la capacité crânienne la plus grande et le volume du crâne le plus grand ;

L'assassin est celui qui a la tête la plus grande et le tronc le plus grand ;

Le noir est celui qui a les parties les plus petites ; et

Le voleur est celui qui a les parties moyennes.

Tableau synoptique des rapports												
	Capacité			Crâne			Tête			Tronc		
Normal............	–	–	–	3 >	–	–	–	–	–	–	–	–
Normal portugais....	5 >	–	–	2 >	–	1 <	1 >	–	2 <	–	–	3 <
Voleur portugais......	–	4	–	–	4	1 <	1 >	4	–	1 >	3	–
Assassin portugais....	–	1	2 <	–	–	1 <	4 >	–	–	4 >	–	–
Noir...............	–	–	2 <	–	1	2 <	–	1	2 <	–	2	2 <

§ 3° CORRELATIONS SEGMENTAIRES ENTRE GEANTS
ET MICRO-ORGANISMES

Il est généralement admis que la taille d'un individu est l'unique indice capable d'influencer le volume encéphalique. Il me semble que c'est une manière erronée d'envisager ce phénomène naturel. Les membres inférieurs ne sont pas en relation avec le tronc, avec la même uniformité comme le tronc avec la tête ; il arrive même que dans les grands écarts du type, quand ils ne se manifestent que dans les membres, le tronc et la tête conservent la même relation régulière. La relation des segments va plus loin encore : les micro-organismes humains sont constitués par des troncs et des têtes qui se correspondent dans les relations. Voyons si l'observation vient corroborer ce que j'avance.

Nous trouvons vulgairement dans la société des individus d'une taille presque gigantesque, surmontés d'une tête en complète désharmonie avec cette taille. Ces individus, étudiés scrupuleusement dans leur vie privée et dans leur vie publique, ne manifestent jamais le plus léger indice de faiblesse psychique ; au contraire, quelquefois ils ont une puissance intellectuelle distincte et une enviable harmonie morale dans la société à laquelle ils appartiennent. Mais si nous étudions ces mêmes individus par les moyens anthroposophiques contemporains, les résultats que nous obtenons s'accordent à démontrer que la nature a erré dans ses procédés d'uniformité créatrice, manquant à toutes les règles de l'esthétique en les gratifiant d'une dose d'intelligence supérieure à la capacité de l'organe pensant, relativement au type commun. Mais, si nous poursuivons nos recherches nous nous convaincrons bientôt qu'il n'en est pas ainsi; car si nous éliminons la grande longueur des jambes, du périnée et du cou, il nous reste un petit tronc dont la *relation* géométrique et volumétrique avec la tête est mise en évidence; et de cette manière nous reconnaissons que la nature n'a pas erré et n'a pas transmis à une anomalie la forme régulière pour soutenir un absurde.

D'autre fois, nous rencontrons aussi fréquemment dans les rues et sur les places publiques des individus dont la taille n'arrive pas aux aisselles d'un homme de stature régulière, et qui sont surmontés d'une tête d'un volume égal à celle des normaux, quand il n'est pas supérieur. Beaucoup de ces individus ainsi constitués sont considérés et respectés pour leurs qualités morales et intellectuelles au milieu de la société où ils sont nés, où ils vivent, où ils peuvent exercer une fonction sociale de premier ordre, avoir une famille respectable et des enfants très dignes. Nous pensons que ces individus sont atteints d'une anomalie générale, ce qui n'est pas. Et cela n'est pas, car si nous mettons de côté les jambes, le périnée et maintes fois le cou incomplétement développés, il nous restera un tronc parfaitement développé, autant et peut-être plus que celui du géant dont je viens de parler et dont ils ont à peine la moitié de la taille. Et si nous cherchons les relations géométriques et volumétriques entre le tronc et la tête, nous trouvons une relation normale entre les deux segments, relation qui nous confirme dans l'idée que la nature n'a point erré dans son patron physiologo-psychique. Ces individus que nous nommons *nains* ont le tronc, réceptacle privilégié de la vie animale, avec les mêmes dimensions que les normaux, excepté les membres inférieurs dont le développement a été arrêté. Lorsque les nains sont assis à côté d'hommes de taille régulière, on ne remarque point le manque de développement de leurs membres inférieurs, parce que leur tête et leurs épaules se trouvent sur une même ligne de niveau avec les autres.

En portant un peu plus loin cette question, je rappellerai à ce sujet un fait assez curieux.

Il y a bien des années qu'on rencontraît, dans les rues et places de Lisbonne, une femme portant sur ses bras un fils de vingt et quelques ans, mais qui n'avait de naissance que les deux segments, c'est-à-dire tronc et tête régulièrement développés et proportionnés. Eh bien! cette *moitié d'homme commun* portait une physiologie relative et des facultés psychiques aussi régulières et normales qu'un autre individu quelconque qui eût eu les membres céphaliques et podaliques normalement développés au delà de proportionnels. Il parlait sans entraves d'aucune espèce, il s'amusait, il lisait, il écrivait avec la bouche en comprimant la plume avec les dents, etc.

Voilà un fait naturel typique qui vient en aidé à l'idée que les bras et les jambes n'ont aucune influence sur la vie animal et psychique, pourvu que certaines *actions mécaniques* soient suppléées par les appareils d'autres individus, comme la marche, etc.

Mais encore, dans les cas d'ablations adventices des dits membres, ces cas multiples donnent les mêmes résultats ci-dessus, dès que les deux segments basiques conservent leurs relations et proportions normales.

Déjà ces lignes étaient écrites, lorsque je lus avec une joyeuse surprise, dans les *«Bulletins de la Société d'anthropologie de Paris,* tom. 1°, 4ᵉ série, pag. 802, 809, séance du 6 novembre 1890»* que Monsieur le Colonel Duhousset, à propos du procès verbal, avait dit, avec autant de simplicité éloquente que de sens pratique et observatif, ce qui suit:

«Ayant fait quelques remarques sur de nombreux contingents, j'ai constaté, ainsi que tout le monde peut s'en rendre compte, que l'homme, à l'état de bon fonctionnement vital pouvait avoir une bonne santé, être aussi très robuste, sans que l'harmonie et surtout la longueur des membres dût coopérer à ce résultat...

«... Je dirai que j'ai constaté, ces jours-ci, entre deux hommes bien portants et comparables par l'âge, un écart de près de 30 centimètres, étant debout, lorsque la position assise ne différait que de 10 centimètres.

«A chaque instant, on voit la taille offrir peu de variations sur les banquettes de bois de l'impériale des tramways, où hommes et femmes posent uniformément sur les ischions, et, si l'on pressait sur tous les vertex une légère bande de plomb, on n'aurait certainement que de faibles ondulations pour des hauteurs bien différentes lorsque les voyageurs se lèvent, de façon à les comparer entre eux.

«Sur des chevaux de troupe, assujétis à être à peu près de même taille, les cavaliers d'un peloton ont sensiblement tous la tête à la même hauteur; il en est ainsi lorsque plusieurs personnes adultes sont assises

autour d'une table, mais que l'homme ou l'amazone descende de cheval et que les convives des deux sexes se lèvent, la longueur des membres inférieurs se fait fortement sentir pour changer les niveaux d'une
quantité très appréciable.»

De ce qui vient d'être exposé, je le répète, il faut conclure que la
longueur ou la petitesse des membres inférieurs n'a aucune influence
directe: 1°, sur la vie physiologique; 2°, sur la vie psychique; 3°, sur
le volume et la capacité céphaliques; 4°, et qu'elles n'ont aucune relation avec la taille.

Les tableaux XXVIII et XXIX, qui suivent, éclaircissent mieux ce
dernier fait.

La longueur ou la petitesse des membres céphaliques jouit de la
même propriété que les membres inférieurs.

La loi de relation entre le tronc et la tête ne concerne pas seulement
les individus chez lesquels se manifeste la longueur et la petitesse des
jambes et des bras; elle s'étend avec la même régularité aux individus
en miniature, c'est-à-dire à ceux qui présentent un organisme de dimensions réduites en proportion uniforme — les micro-organismes humains.

Je dois dire que je ne parle pas ici de monstruosités ou de tératologies, mais d'individus très petits, proportionnés, pleins de vie, d'activité, de bon sens, ayant même quelquefois certaines aptitudes artistiques. En présence de ces êtres, l'observateur suppose être en face d'une
aberration des lois organiques, attendu qu'il observe un cerveau très
petit qui élabore des combinaisons et donne des résultats psychiques,
à l'image presque d'un encéphale normal. Ainsi nous parlons d'un homme âgé de plus de vingt-cinq ans, ayant soixante et quelques centimètres de hauteur, portant d'épaisses moustaches et un énorme cigarre entre les lèvres, maniant habilement un long fouet dans un vaste cirque
où il dirige un cheval en liberté, qu'il a dressé lui-même; ce pygmée parle
plusieurs idiomes, possède quelques connaissances de géographie, de
musique et de mathématiques; il vit maritalement avec une femme de
sa taille; il a du bon sens, un véritable enthousiasme pour l'art hippia-
trique et se montre capable de se diriger et de vivre, au prix de son
travail, au milieu de la société humaine... et tout cela est produit par
un soupçon de tronc, par une *pincée d'encéphale!!!...*

Comment expliquer ce phénomène? Comment expliquer que 500
grammes d'encéphale, c'est à peine si celui de notre pygmée aura ce

Tableaux XXVIII — La hauteur comparée avec d'autres mesures segmentaires

Normaux

Numéro de la série	Taille	Du poids au sol	De la fourchette du sternum au poids	Ligne bicrurale	Du sternum à l'épine (sur pubis)
3	1725	910	570	392	200
12	1695	881	483	385	182
15	1680	850	513	385	191
14	1678	854	509	398	180
16	1678	868	504	385	200
25	1678	893	472	386	202
17	1672	852	533	380	225
9	1668	860	501	366	196
2	1667	990	488	369	212
22	1657	851	509	376	192
5	1650	820	515	386	230
6	1650	888	468	364	197
19	1641	800	433	352	215
4	1640	854	488	362	174
13	1638	855	487	372	181
1	1630	815	489	361	177
11	1630	811	489	367	183
10	1610	790	488	360	220
7	1607	837	468	388	218
23	1606	798	502	374	183
20	1603	770	504	395	180
8	1594	830	485	362	185
24	1589	838	432	350	170
18	1555	812	456	352	202
21	1555	812	448	342	220

Voleurs

Numéro de la série	Taille	Du poids au sol	De la fourchette du sternum au poids	Ligne bicrurale	Du sternum à l'épine (sur pubis)
18	1765	912	538	509	204
20	1729	882	524	389	191
15	1729	893	530	382	205
21	1711	863	510	367	185
23	1709	862	511	391	220
2	1694	843	524	387	237
25	1693	880	506	390	183
24	1688	837	536	374	233
12	1669	860	491	394	190
1	1660	867	483	358	190
10	1658	851	505	389	192
5	1651	851	502	398	197
17	1631	809	499	386	208
13	1629	802	523	385	174
7	1620	798	512	381	187
4	1605	815	509	380	203
22	1604	793	509	383	204
8	1600	788	506	397	193
11	1597	820	498	389	217
6	1595	800	485	368	181
14	1595	806	482	382	218
19	1595	772	507	382	205
3	1573	779	492	395	212
16	1570	805	482	389	195
9	1530	757	468	375	183

Assassins

Numéro de la série	Taille	Du poids au sol	De la fourchette du sternum au poids	Ligne bicrurale	Du sternum à l'épine (sur pubis)
4	1809	961	528	388	210
21	1723	888	520	379	180
13	1710	880	524	385	232
3	1681	844	532	389	205
5	1679	863	503	394	200
19	1672	887	503	380	193
18	1671	856	502	397	200
6	1667	872	486	361	225
7	1667	846	488	378	203
2	1661	823	532	385	206
20	1657	830	518	386	251
17	1653	831	523	365	201
15	1652	826	502	380	205
9	1638	826	505	360	210
10	1632	822	522	370	237
22	1617	819	497	379	180
26	1614	830	485	398	210
12	1607	764	534	388	231
1	1602	808	498	381	196
24	1600	809	497	372	203
16	1600	805	490	358	225
25	1595	820	482	375	195
11	1583	777	506	367	182
23	1582	803	470	376	205
8	1578	768	497	388	192
14	1550	756	481	369	209

Nègres

Numéro de la série	Taille	Du poids au sol	De la fourchette du sternum au poids	Ligne bicrurale	Du sternum à l'épine (sur pubis)
4	1770	972	493	361	205
2	1741	975	482	372	200
6	1723	946	509	398	213
3	1688	918	495	367	211
1	1612	870	449	345	183
5	1560	809	518	372	167

Négresses

Numéro de la série	Taille	Du poids au sol	De la fourchette du sternum au poids	Ligne bicrurale	Du sternum à l'épine (sur pubis)
5	1532	807	420	315	178
3	1503	840	440	338	203
4	1484	743	448	354	170
1	1463	783	434	312	183
	1391	687	425	329	167

Négrillons

Numéro de la série	Taille	Du poids au sol	De la fourchette du sternum au poids	Ligne bicrurale	Du sternum à l'épine (sur pubis)
2	1210	690	374	287	163
1	1257	643	359	279	151

Tableau XXIX

La taille divisée en deux segments — longueur des membres podaliques

Numéro de la série	Normaux – Du vertex à l'épine iliaque antéro-supérieure	De l'épine iliaque au sol	Indice	Numéro de la série	Voleurs – Du vertex à l'épine iliaque antéro-supérieure	De l'épine iliaque au sol	Indice	Numéro de la série	Assassins – Du vertex à l'épine iliaque antéro-supérieure	De l'épine iliaque au sol	Indice	Numéro de la série	Nègres – Du vertex à l'épine iliaque antéro-supérieure	De l'épine iliaque au sol	Indice
3	753	972	77.74	18	757	1008	74.90	4	778	1031	75.46	4	739	1031	71.18
12	730	965	75.65	20	778	951	81.81	21	733	990	74.04	2	741	1000	74.10
15	720	960	75.–	15	773	956	80.86	13	742	968	76.65	6	723	1000	72.30
14	728	950	76.63	21	701	1010	69.41	3	758	923	82.12	3	708	980	72.24
16	726	952	76.26	23	782	927	84.36	5	739	940	78.62	1	673	939	71.67
25	739	939	78.70	2	757	937	80.79	19	721	951	75.81	5	672	888	75.68
17	732	940	77.87	25	749	944	79.34	18	726	945	76.83				
9	728	940	74.45	24	750	938	79.96	6	721	946	76.22		**Négresses**		
2	662	1005	65.87	12	764	905	84.42	7	726	941	77.15				
22	709	948	74.74	1	703	957	73.46	2	768	893	86.–				
5	730	920	79.35	10	745	913	81.60	20	622	935	66.52				
6	822	828	99.28	5	730	921	79.26	17	738	915	80.63				
19	741	900	82.33	17	726	905	80.22	15	756	896	84.38	2	621	911	68.17
4	725	915	77.23	13	737	892	82.62	9	743	895	83.02	5	608	895	67.93
13	703	935	75.19	7	708	912	77.63	10	719	913	78.75	3	653	831	78.58
1	734	896	81.92	4	701	904	77.54	22	752	865	86.95	4	601	862	69.72
11	712	908	71.41	22	734	870	84.37	26	723	891	81.14	1	646	745	86.71
10	735	875	84.–	8	735	865	84.97	12	739	868	85.14				
7	682	925	73.73	11	662	935	70.80	1	717	885	81.12				
23	724	882	82.09	6	717	878	81.66	24	697	903	77.19		**Négrillons**		
20	728	875	83.20	14	715	880	81.25	16	733	867	84.54				
8	699	895	78.10	19	728	847	85.95	25	700	895	78.21				
24	694	895	77.54	3	693	880	78.75	11	720	863	83.43				
18	671	884	75.90	16	695	875	79.43	23	688	894	76.96	2	575	735	78.23
21	660	895	77.74	9	682	848	80.42	8	730	848	86.08	1	552	705	78.30
								14	711	839	84.74				

poids, produisent presque les mêmes effets psychiques qu'un encéphale de 1500 grammes? Comment la microcéphalie pure peut-elle se dédoubler en action mégalocéphalique?...

Les théistes tranchent facilement le nœud gordien en disant que c'est un prodige divin; ils ont ainsi satisfait leur curiosité, s'ils en ont, et jugent ainsi que le problème est résolu, pour les autres, largement et clairement. Le charlatan et l'homme superficiel tranchent la question par quelques phrases à effet, saupoudrées de quelques lois naturelles qu'ils savent par cœur, et qu'ils tiennent toujours prêtes à la disposition de ceux qui les interrogent sur une question de premier ordre, comme celle-là. Mais pour celui qui tient à son nom et à sa réputation, le cas change de face, et, dans de pareils cas, il se borne tout simplement à dire : — je ne sais pas.

Il est clair que cette dernière réponse ne résout pas le problème, qui, cependant, doit avoir une solution claire et précise. Sera-t-il possible de la trouver?.. C'est ce que nous allons examiner.

L'organisme humain, comme je l'ai déjà dit, se compose de deux segments semblables géométriquement, et de relations précises volumétriquement, tous deux alimentés par des échanges plastiques et dynamiques réciproques; au plus gros segment appartient la plastique spécialement, au plus petit la dynamique. La vie matérielle ou animale appartient exclusivement au tronc, la vie intellectuelle à la tête. Le tronc fournit la matière; l'encéphale lui imprime médiatement, au moyen de la moëlle, l'impulsion rythmique et régulière et régularise les mouvements désordonnés. Si les éléments matériels sont en excès, il est clair que l'encéphale sera dominé par eux, et son action deviendra insuffisante ou impuissante pour les utiliser, ou pour les diriger avec harmonie; c'est le cas de la microcéphalie, ou d'un organisme ayant un tronc de grandeur ou de volume *excessif* avec une tête *excessivement petite.*

Si les éléments matériels, au contraire, sont insuffisants, c'est-à-dire moindres que la quantité qui est nécessaire à l'encéphale pour son alimentation et l'emploi impulsif dynamique, alors survient immédiatement une autre désharmonie fonctionnelle, statique ou dynamique; c'est le cas de la mégalocéphalie, peut-être de certaines manies, de l'imbécillité, ou de la folie, peut-être de certains suicides et de certains crimes.

Nous connaissons peu d'infirmités par altération des éléments circulants, comme l'anémie; nous en connaissons d'autres par excès histochimique des mêmes éléments comme la pléthore; d'autres par intoxication des mêmes éléments, comme la rage; mais celles que nous connaissons peu, ce sont les infirmités qui proviennent d'un manque de proportionnalité basique ou intime de ces éléments [1]; et finalement, nous connaissons encore moins l'étiologie d'un certain ordre de mala-

---

[1] **Le nègre aux gencives bleues**—Nous lisons dans un journal de New-York: Il existe dans le Sud une vieille tradition d'après laquelle la morsure d'un nègre aux gencives bleues est aussi dangereuse que celle d'un serpent à sonnettes. On a cité à plusieurs reprises des cas de mort presque foudroyante causés par la morsure des nègres de cette espèce particulière. Néanmoins jamais les faits que l'on citait n'ont été clairement élucidés, et l'existence même du nègre aux gencives bleues était considérée comme très douteuse par de nombreuses personnes. Mais une dépêche de Warren (Arkansas) annonce que l'on vient de constater of-

dies nerveuses, comme l'épilépsie que nous classons un peu partout dans le but de satisfaire un instant notre amour pour la science.

Pour moi, je pense qu'il doit exister beaucoup plus d'infirmités, que celles que nous connaissons, qui naissent de la disproportion dans le dosage des éléments vitaux, soit par excès fonctionnel, imperceptible et intermittent, d'un organe qui fournit plus de produits qu'il ne devrait en fournir, soit par fonctionnement opposé, dans les mêmes circonstances, donnant une quantité de produits moindre que celle qui est nécessaire.

Si l'insuffisance des éléments qui sont fournis à l'encéphale par tous les organes du tronc, est générale et proportionnée, l'individu bien certainement, s'il vit, doit révéler une altération fonctionnel *sui generis*, sur laquelle l'attention n'a pas encore été dirigée et dont la qualité des symptômes n'a pas encore été même soupçonnée.

Mais si les organes appartiennent à un tronc petit, fabriquant dans leur fonctionnement physiologique autant qu'il est nécessaire pour alimenter un encéphale de volume proportionnel au tronc, dans ce cas l'élaboration s'accomplira complètement et librement, en irradiant les produits dynamiques avec profit et en proportion convenable, en échange des produits plastiques qu'il reçoit.

C'est le cas des micro-organismes humains.

L'anthropométrie nous montre que la tête a une forme semblable à celle du tronc, et que son volume est aussi en relation comme chez les normaux. Voila pourquoi les produits psychiques des micro-organismes humains sont harmoniques et manifestés avec *l'intensité relative*. L'harmonie psychique provient de la physiologie identique aux orga-

---

ficiellement, dans cette localité, l'existence du nègre en question, et l'histoire est des plus dramatiques.

Un jeune nègre, appartenant à une pauvre famille demeurant sur les bords de la rivière Saline, s'est pris de querelle récemment, à un bal, avec un de ses camarades et l'a mordu à la main. Celui-ci s'est affaissé aussitôt et est mort au bout de trois heures de souffrances affreuses. Le nègre a été arrêté et a mordu également les deux constables qui le conduisaient en prison. Les deux constables sont morts à leur tour, quatre heures après avoir été mordus. Or la dépêche de Warren affirme qu'à l'enquête qui a eu lieu sur ce terrible drame on a découvert que le nègre avait les gencives bleues et que le fait a été officiellement constaté.

Détail à noter, les parents du nègre sont considérés comme de braves gens dans la région; ils n'ont jamais eu la moindre difficulté avec aucun de leurs voisins, et ils montrent leurs gencives à qui veut les voir pour bien prouver qu'elles ne sont pas bleues.

Mais leur fils a toujours été un mauvais sujet; il a eu fréquemment maille à partir avec la police, et, avant le drame que nous venons de raconter, il passait déjà dans la région pour un dangereux maraudeur.—*Le Siècle*, 25 Mai 1892.

nismes complexes, fournissant des produits histo-chimiques élémentaires et en proportions égales.

La contre-preuve de ce que nous venons d'avancer apparaît clairement aussitôt que le micro-organisme s'écarte de cette relativité; alors, il se dédouble en un monstre matériel et psychique.

§ 3º — COMPARAISON DE L'ORGANISME HUMAIN, PHYSIQUEMENT, PHYSIOLOGIQUEMENT ET PSYCHIQUEMENT, AVEC UN OBJET D'ART

J'éprouve le plus grand désir à faire passer dans l'esprit de mes lecteurs, avec toute la clarté possible, les idées dont je suis possédé sur les étroites relations qui lient les deux segments organiques, et sur l'égalité suffisante ou compensatrice dans l'échange de produits plastiques et dynamiques qui doit exister entre les deux segments humains; j'ai aussi le plus grand intérêt à leur faire comprendre l'importance que je donne au déséquilibre dosimétrique plastique qui doit modifier l'équilibre dynamique, dans l'échange réciproque compensateur d'un segment à l'autre, parce que je pense qu'un grand nombre de phenomènes anormaux des organes doit avoir son origine dans ce déséquilibre.

Dans ce but, qu'on me permette une comparaison grossière, il est vrai, mais qui me paraît jeter quelque lumière sur l'objet en question.

Supposons l'organisme humain comparé à une montre. Nous diviserons le mécanisme de la montre en deux segments: le premier comprendra tous les engrenages jusqu'à la dernière roue — roue d'échappement —; le second comprendra tout le cylindre, y compris l'ancre.

Le premier segment de la montre représentera le tronc, avec toutes ses viscères thoraciques et abdominales, y compris la moëlle; le second représentera la tête, y compris le bulbe rachidien.

Le ressort principal fera les fonctions de l'estomac; la série des roues engrenées les unes aux autres, jusqu'à la dernière, sera la série des vaisseaux, nerfs, moëlle et viscères thoraco-abdominales; le marteau, ou ancre, sera le bulbe rachidien, le cylindre sera le cerveau, et la spirale, le cervelet.

Les remontages représenteront les réfections; le mouvement régulier des roues engrenées sera le travail physiologique thoraco-abdominal; le mouvement intermittent de la roue d'échappement sera le mouvement de systole et de diastole du cœur; le mouvement oscillatoire que l'ancre reçoit de la dernière roue, représentera les impressions physiologiques des viscères, et les impressions sensibles périphériques transmises au cerveau et au cervelet par le bulbe, ainsi que la circulation à travers les mêmes points et d'autres.

Le mouvement agité, constant, oscillatoire du cylindre, qui le reçoit de l'ancre, représentera dans le cerveau, dans le sens *dextrorsum,* l'ébranlement causé par les impressions, et dans le sens *sinistrorsum* les actes reflexes en échange des impressions. Le mouvement haletant de la spirale, limité aux expansions oscillatoires du cylindre, représentera aussi l'ébranlement des impressions dans le cervelet en solidariété avec le cerveau, mais en régularisant les expansions de celui-ci et en neutralisant les excès impressifs.

Les aiguilles seront les bras; le cadran sera la face; les heures seront les actions externes; les registres seront les appareils des sens, et la caisse sera l'enveloppe organique.

En comparant l'être humain, sa forme plastique avec celle d'un objet d'art, et sa force dynamique avec la force dynamique du même objet, je crois qu'il est facile de découvrir la source originaire de certains désordres, ou irrégularités, qui peuvent advenir dans l'être humain, par l'intermédiaire de l'objet d'art. Dans une analyse rapide, nous allons en rappeler quelques-uns des plus fréquents.

Si le ressort d'une montre a une tension telle que le mouvement impulsif transmis soit supérieure à la tenacité élastique de la spirale; en d'autres termes, si l'impulsion du ressort par les engrenages surpasse la résistance de la spirale, alors le cylindre exagère ses oscillations de un demi-tour de plus qu'il n'est suffisant pour la marche régulière de la montre; et quelquefois, l'impulsion est telle que le pivot se brise. Dans ces cas, ou la montre se casse, ou elle s'arrête, ou, si elle continue à marcher c'est pour marquer le temps d'une manière désordonnée, jusqu'à ce qu'on ait remplacé le ressort par un autre d'une tension relative à celle de la spirale, ou la spirale par une autre de tension relative à celle du ressort.

Appliquant ce fait à l'être humain, nous trouvons que la pléthore est un phénomène semblable, produisant des résultats identiques—alimentation avec assimilation exagérée; excès de richesse dans les éléments circulatoires, mûs avec une force supérieur à celle qui est nécessaire; enfin, excès de vie qui ou tue, ou trouble la régularité des fonctions.

Voici une autre comparaison: un encéphale insuffisant pour recevoir les impulsions d'un tronc excessivement grand. Dans ce cas se trouvent les microcéphales, et par une hypothèse, pas trop hardie, nous pourrons ajouter, toutes les espèces zoologiques inférieures — tronc énorme avec un encéphale très petit.

Si, en sens contraire, le ressort de la montre a une tension insuffisante pour vaincre la résistance de la spirale, alors ou la montre s'arrête, ou le mouvement du cylindre est d'une lenteur incapable de vaincre le mouvement du temps combiné entre nous.

Appliquant ce fait à l'être humain, nous voyons qu'il ressemble à une atonie gastro-intestinale, ayant pour résultat une anémie avec ses conséquences fatales de langueur fonctionelle, perturbations encéphaliques et mort.

Voici une autre comparaison: un cerveau énorme avec un tronc très petit, ne pouvant recevoir de celui-ci les éléments suffisants pour en régler les impulsions et le pousser à la réaction.

Si, dans une montre, les pièces ont été changées pour d'autres de grandeurs différentes, la montre marchera toujours d'une manière irrégulière.

Il en est de même de l'organisme tératologique.

Si le corps du cylindre est dans un plan irrégulier, ou si ses rayons ne sont point rectilignes et égaux, alors ses oscillations seront d'une intermittence à rythmes mixtes, manifestant dans ses diverses oscillations des excès ou des diminutions dans son parcours rotatoire.

Tel est l'encéphale avec anomalies dans les circonvolutions, révélées dans leurs conséquences fonctionnelles.

Si la spirale d'une montre n'a pas une épaisseur homogène, ou si sa courbe concentrique caractéristique n'a pas une continuité homogène, ou si la spirale est trop courte ou trop longue, alors le mouvement rythmique du cylindre se fait dans des temps inégaux et vacillants, et sa marche est désordonnée.

Tel est l'organisme dont le cervelet est affecté, et cette affection nous est révélée par l'irrégularité de la marche — ataxie — et par de graves désordres dans la vision, affections psychiques, paralysies du globe oculaire moteur, etc., etc., moyens uniques que nous possédons pour dyagnostiquer les maladies du cervelet.

Une montre en miniature, mais dont le fonctionnement est aussi complexe et utile que celui d'une montre de grandeur ordinaire, grâce à ses pièces corrélatives, rappelle parfaitement un micro-organisme humain avec organes corrélatifs et fonctions normales.

Une vis lâche, une roue mal polie, une dent mal limée, une aiguille trop serrée, une secousse, l'action du temps, un grain de poussière, un rien... et voila une montre qui marche irrégulièrement ou s'arrête.

Il en est de même dans l'organisme humain : une légère indigestion, un faible excès de bile, un faux pas, un chagrin moral, une piqure d'épingle, la destruction d'une cellule, un rayon de soleil, un coup d'air, un choc, un rien... et voila un organisme secoué, irrité, malade, mort!...

Je termine ces rapprochements comparatifs, qui sont loin d'être épuisés, pour laisser aux intéressés le soin de les continuer d'une manière plus parfaite, et je prie qu'on veuille bien m'excuser si je n'ai pas atteint le but que je me proposais.

§ 4°—VALEUR DES APPAREILS DES SENS LEUR VALEUR ET LEUR EMPLOI
PROCHES OU ELOIGNES

On a dû remarquer que je semble attacher une très mince importance aux organes annexés au tronc et à la tête; ceux qui ont pensé ainsi se sont trompés, comme je vais chercher à le montrer.

Les jambes, les bras, les maxillaires supérieurs et les mandibules, le palais, le nez, les yeux et les oreilles, méritent tous nos soins et toute notre attention. Cela posé, je commencerai par quelques réflexions pour éclaircir certains points qui me paraissent un peu obscurs pour l'ébauche rapide que je vais essayer.

Les jambes sont, à juste titre, considérées par tout le monde comme des appareils de locomotion; les bras sont appelés appareils d'appréhension; les maxillaires supérieurs et la mandibule, appareils de mastication; le palais, appareil de gustation; le nez, appareil d'olfaction; les yeux et les oreilles appareils de vision et d'audition.

Nous devons noter que ces appareils sont annexés, par séries, aux deux segments : les bras et les jambes, qui forment la première série, appartiennent au tronc; les autres, qui forment la second série, appartiennent à la tête. Notons, en outre, que tous ces appareils sont des instruments destinés spécialement à recevoir les impressions périphériques, et dont se servent les segments pour les assimiler sous la dénomination d'impressions sensibles, d'où la classification d'organes ou appareils des sens, dont on excepte, à tort, selon moi, les jambes.

Et je dis que les jambes et les pieds sont, à tort, éliminés des appareils sensibles, par la raison suivante: — Les premiers rudiments locomoteurs de l'enfant sont exécutés avec le secours de plusieurs facteurs qui concourent au même but: 1º le secours des mains et des pieds; 2º de la vue, impressionnée par l'exemple des semblables plus grands; 3º de l'ouie qui reçoit les exhortations pour s'aventurer à la pratique de l'acte; 4º du tact par lequel il recontre la fermeté du sol sur lequel il s'appuie... etc.

Après les premiers essais sur quatre points d'appui, l'enfant arrive à effectuer la locomotion sur deux points d'appui seulement, imitant ceux qui l'entourent; mais nous devons noter que les pieds commenceront à exécuter une triple fonction, se soutenir, explorer et marcher; mais il marche d'une manière très imparfaite, car, au moindre embarras, il emploiera immédiatement le secours des mains. Aussitôt que les pieds soutiennent bien le corps, ils tatonnent le sol d'une manière spéciale, en s'aidant de la vue, mais ils ont le soin de distinguer la tenacité des corps qui peuvent soutenir l'organisme, soin qui se dédouble en un acte commun, et les pieds arrivent à marcher par un acte automatique. Ainsi donc, les jambes et les pieds sont des appareils destinés à la tactilité du sol, fixe et statique, si je puis m'exprimer ainsi; les bras et les mains sont des appareils identiques aux jambes et aux pieds, mais destinés à procurer et à recevoir, outre ces mêmes impressions, d'autres impressions de passage et de difficile recherche.

Ainsi donc, les sens ont des appareils réceptifs dans les deux segments, dont les impressions sont transmises à l'encéphale d'une manière immédiate et médiate. Dans le premier se trouve le sens spécial du tact, avec ses modulations, comme les degrés de température — chaleur, froid, etc. —, les degrés de densité — dur, mou, etc. —, les degrés de résistance — élastique, flexible, etc. —, et autres propriétés inhérentes aux corps; avec cette remarque que toute la superficie du corps constitue le grand appareil de ce sens, où viennent s'épanouir les trente-et-une paires de racines des nerfs rachidiens postérieurs, mais que l'extrémité des bras — mains et doigts — sont considérées comme les points les plus sensibles du grand appareil tactile.

Dans le second segment sont les quatre autres sens dont les appareils sont présidés par les nerfs des douze paires encéphaliques, bien que l'on pense que les nerfs de deux de ces paires prennent leur origine dans la moëlle, et les deux autres au centre encéphalique dans leurs prolongements. Quoi qu'il en soit, les nerfs du sens tactil de l'olfaction (1er paire), de la vision (2ème paire), de l'audition (8ème paire), de la gustation (9ème paire), transmettent directement à l'encéphale les impressions reçues, sans trajet préalable à travers la moëlle, au contraire de ceux de la tactilité du tronc.

De là, cette observation importante que chacun des segments a des appareils propres pour recevoir les impressions périphériques, et que ces appareils sont: pour le tronc, toute la superficie et, spécialement, les pieds, les mains et les doigts; pour la tête, la langue, le palais et le pharynx, le nez, les yeux et les oreilles.

Ces appareils reçoivent aussi les impressions, de deux manières, médiatement et immédiatement. Ainsi, l'appareil tactil du tronc peut recevoir des milieux ambiants les impressions de froid, de chaleur, d'humidité et de sécheresse, ou directement des corps solides par contact; il peut aussi recevoir ces impressions du sens de la vue et de l'audition, comme, par exemple, le torrent d'un liquide, vu ou entendu, éveille en nous l'impression idéale de l'humidité; la vue de la flamme ou le bruit de son crépitement, éveille en nous l'impression de la chaleur, etc.

Comme ceux du tronc, seuls deux appareils tactiles de la tête peuvent recevoir des impressions directes des corps, comme celles du goût, de l'odorat; par analogie, tous les quatre peuvent recevoir des impressions réciproques qu'il serait trop long d'énumérer; trois d'entr'eux peuvent recevoir des impressions médiates, comme la vue par l'ouie, l'olfaction par la vue ou par l'ouie et réciproquement.

De ce rapide exposé, nous tirons cette conséquence que les appareils des sens sont les réceptacles contentifs ou protecteurs aux points extrêmes des projections des centres sensibles, *terminus* de projections qui servent de guides à ces centres.

L'appareil qui se projette médiatement le plus au loin est celui de la vision, puis vient celui de l'audition, puis celui de l'olfaction, celui de la tactilité proprement dite et enfin celui du goût.

Pour conclure: *les appareils des sens ne sont que des tentacules des deux segments organiques;* les jambes et les bras sont les tentacules spéciaux de la moëlle, les yeux et les oreilles sont les tentacules spéciaux de l'encéphale.

Je ne pense pas que, chez les humains, le plus ou moins grand développement de ces appareils tentaculaires, ou de quelqu'une de ses

12

parties actionnelles, puisse avoir quelques degrés de relation évolutive avec les centres dont ils sont les agents directs. Si cela était, je serais d'avis que les appréciations ont été faites en sens opposé à celui dans lequel elles devaient raisonnablement être faites, c'est-à-dire que : la plus grande mandibule et les plus grands bras humains, par exemple, devraient appartenir à des centres nerveux plus parfaits que d'autres organismes, avec un volume et des dimensions semblables, qui auraient ces appendices organiques petits ou moindres que ceux que l'on compare. Et c'est justement tout le contraire que tous les anthropologistes s'efforcent de démontrer, je ne sais si avec raison ou à tort. Pour moi, après avoir parcouru une longue série d'observations, propres à éclaircir le fait de l'influence des grands appendices organiques, non monstrueux, je suis arrivé à me convaincre que la grandeur de ces appendices n'exerce aucune influence sur les résultantes psychiques et sociologiques, attendu qu'ils se présentent indistinctement dans les organismes avancés ou non, sans proportions définies avec les deux segments basiques. Ceci dit, toutefois, en relation à la race portugaise.

Et comme complément de ce que j'ai avancé ci-dessus, j'ajouterai que l'observateur qui dira avoir encontré, dans la haute et dans la basse société portugaise, 10 pour cent de mandibules et de bras presque *anthropoïdiens,* et des troncs de *négroïdes,* celui-là ne mentira pas; mais il accompagnera cette observation d'une autre corrélative, non moins importante, qui est que : 90 pour cent de ces exemplaires appartiennent à des individus de la plus haute respectabilité morale, et 30 pour cent occupent de brillantes positions d'hommes d'état et même de sciences. A côté de ces individus, l'observateur en trouvera d'autres, en série égale, ayant la tête et la peau caucasiennes, la mandibule très petite, et les bras courts, qui forment avec les autres un véritable contraste dans les mêmes proportions; non seulement, ils sont vicieux et aberrants dans leurs habitudes, mais encore ils sont stupides et incapables de soutenir la dignité sociale à laquelle ils ont été appelés.

§ 5º — ANGLES DU CRANE, ÉPAISSEUR ET POIDS DES OS
PROJECTIONS, COURBES ET LEURS RELATIONS RAPPORTEES A 100

Les angles du crâne et de la face, par exemple, ont mérité de tous les anthropologistes une attention spéciale, et ils en ont tiré des conclusions un peu extemporanées, car il me semble qu'elles ne concordent pas avec les faits positifs basés sur une observation sans prétention, et que même quelquefois elles sont en contradiction avec ce qu'ils soutiennent.

L'épaisseur des os de la boîte crânienne, qui semblait jeter quelque lumière sur la question de savoir si les lames et le tissu spongieux de cette partie organique se développeraient davantage dans l'une ou l'autre race, ou chez les représentants des races primitives ou antiques, ou en séries d'individus délinquants, nous montre qu'il n'y a entre eux aucune différence dès qu'ils ne sont point pathologiques, anormaux ou tératologiques.

La hauteur des fosses nasales et la longueur de l'apophyse basillaire, sont dans le même cas que l'épaisseur des os.

Les projections de la base du crâne — antérieur, postérieur et total — nous fournissent peu ou rien d'important, à moins que, plus tard, on ne les compare avec celles du tronc d'un même individu, en cherchant les relations qui existent entre les deux segments organiques individuels, de race et de peuple.

Le poids des os varie d'un individu à un autre et doit être en parfaite harmonie avec le dévoloppement congénère du tronc, excepté les membres.

Pour rendre plus clair ce que j'avance et pour que les gens studieux, dans leurs moments de loisir, puissent en tirer des séries de déductions, je présente ici les assassins portugais et ceux de Lombroso, comparés avec plusieurs séries anciennes et modernes dont j'ai étudié les angles du crâne et de la face, l'épaisseur des os, la hauteur des fosses nasales, la longueur de l'apophyse basilaire, les projections, et, dans deux séries, le poids des os. Vide tableau XXX.

Tableau XXX

Crâne et face—angles, épaisseur osseuse, poids, etc.

| | NUMERO DES CAS | Orbito maxillaire | ANGLES DU CRANE ET DE LA FACE | | | | | | | | | | | | EPAISSEUR OSSEUSE A LA BOITE CRANIENNE | | | | | | | HAUTEUR DES FOSSES NASALES | LONGUEUR DE L'APOPHYSE BASILAIRE | POIDS OSSEUX MOINS LES DENTS | | |
			Frontal	Pariétal	Sus-occipital	Cérébelleux	Cérébral	Facial	Sphénoïdal	De Landzert	Des condyles d'Ekler	De Daubenton	Occipital de Broca	Basilaire de Broca	Au Bregma	A la suture sagittale Maximum	Minimum	Moyenne	Au Lambda	A l'Inion	A l'Astérion			Crâne	Mandibule	Total
Assassins portugais	6	–	–	–	–	–	–	–	–	–	–	–	–	–	–	–	–	–	–	–	–	–	–	618.–	73.–	691.–
Portugais contemporains	100	52.42	52.44	60.50	37.94	38.24	149.10	72.80	131.59	123.77	123.80			2.40	16.18	21.28	7.08	8.48	5.80	6.61	8.14	15.96	6.12	45.32	46.38	651.94	77.45	729.39
Portugais de l'époque romaine	7	56.–	50.50	57.50	32.–	28.50	140.–	–	131.50								5.80	9.17	6.67	7.92	8.17	15.–	6.14	51.–				
Gallegos contemporains	10	51.70	54.50	58.70	40.20	27.10	153.40	76.10	–	–	–	–0.60	12.70	18.–											675.10	57.–	732.25

| | | | | | | | | | | | | | | | | | | | | | | | PROJECTION | | |
																								Ant.	Post.	Tot.
Mexicains	2	54.–	49.50	55.–	41.–	23.50	145.50	73.–	–	–	–	–	–	–	–	–	–	–	–	–	–	–	–	–	–	–	–
Gallo-romains	10	53.17	52.57	61.14	37.14	27.25	150.85	74.33	142.–	–	–	9.50	23.50	31.50	–	–	–	–	–	–	–	49.–	–	95.–	101.75	196.75
Fuégiens	2	58.–	46.50	61.50	35.–	39.–	144.–	67.–	–	–	–	7.50	19.–	25.–	–	–	–	–	–	–	–	–	–	111.–	97.–	208.–
Etrusques	2	56.–	50.50	64.50	35.50	27.–	150.50	74.20	133.–	126.–	124.–	0.80	13.–	19.–	–	–	–	–	–	–	–	45.60	48.–	97.–	94.–	196.–
Grecs (Ile de Samos)	7	49.43	54.–	60.29	39.71	36.–	154.–	73.71	133.71	119.71	124.57	0.43	12.43	18.43	–	–	–	–	–	–	–	46.–	45.57	96.57	98.14	194.71
Pampéens (République Argentine)	10	54.40	46.30	55.20	36.80	37.40	138.30	73.18	134.89	131.33	132.33	–0.80	11.70	17.40	–	–	–	–	–	–	–	–	44.–	102.70	88.70	191.40
Age du fer (Têne)	3	50.–	57.–	53.–	30.33	28.50	140.33	74.–	128.–	117.–	137.–	–7.–	5.–	8.–	–	–	–	–	–	–	–	47.–	41.–	97.–	90.–	187.–
Indigènes du Brésil Botocudos	18	57.12	51.70	59.24	34.65	26.59	145.59	74.29	143.35	136.18	126.82	4.53	16.24	22.65	7.67	9.06	6.50	7.78	8.–	–	7.39	43.88	41.94	100.35	96.47	196.82
Indigènes du Brésil Sambaquis	7	60.–	49.14	54.29	38.–	28.86	141.43	72.11	149.–	143.50	131.75	5.14	17.86	23.86	8.50	9.62	7.–	8.31	9.15	17.71	9.87	47.–	43.50	104.71	102.86	207.57
Indigènes du Brésil Cavernes	8	58.62	52.25	56.50	35.71	27.43	144.71	73.62	136.62	127.50	127.50	5.75	17.62	24.37	6.62	7.50	6.–	6.75	6.87	13.–	6.57	47.–	43.25	99.–	100.–	199.29
Momies d'Egypte (Geneve)	3	52.67	54.33	63.67	37.–	24.–	155.–	76.–	140.50	122.50	129.50	–0.33	12.–	16.67	–	–	–	–	–	–	–	42.–	–	94.67	96.33	191.–
Prénéolitiques	2	–	–	–	–	–	76.–	–	–	–	–	1.–	13.–	20.–	–	–	–	–	–	–	–	–	–	–	–	–
Collection Lombroso Assassins	13	53.51	53.15	59.85	36.77	30.92	149.38	75.85	132.54	122.75	127.37	–0.77	12.–	19.25	6.33	8.77	4.62	6.69	6.15	13.77	4.38	47.69	46.–	95.–	94.08	189.08
Collection Lombroso Voleurs	25	–	–	–	–	–	76.88	–	–	–	–	–3.08	10.24	15.86	6.64	9.08	5.80	7.24	7.04	15.28	4.88	48.20	–	91.44	92.48	183.92
Collection Lombroso Escrocs	9	–	–	–	–	–	75.89	–	–	–	–	–3.78	8.44	13.44	6.55	9.33	5.56	7.44	6.67	14.89	4.78	45.22	–	97.22	88.89	186.11
Collection Lombroso Total	47	–	–	–	–	–	76.40	–	–	–	–	–2.75	10.38	15.89	6.55	9.04	5.21	7.13	6.72	14.70	4.72	47.49	–	93.53	92.23	185.74
Assassins portugais	6	52.–	51.50	63.50	34.33	28.17	149.33	75.33	137.17	118.83	193.67	3.60	15.20	19.80	6.33	–	–	8.33	7.50	–	6.83	46.33	44.–	96.17	105.17	201.33

Le docteur Bordier *(Etude anthropologique sur une série de crânes d'assassins)* a présenté deux tableaux, l'un de *mesures absolues des courbes,* l'autre de *mesures relatives partielles* des assassins qu'il a étudiés, comparant les moyennes avec neuf séries d'exemplaires anciens, d'où il a tiré des conclusions véritablement extraordinaires, de telle manière qu'elles m'ont obligé à refaire une vérification qui est non seulement difficile, mais encore désagréable et ennuyeuse. Une fois les difficultés observatives surmontées, sans préjugé ni parti pris, j'arrivai à cette conclusion, que je n'avais pas fait un pas sûr dans cette question qui m'absorbait depuis plusieurs mois. La conclusion est triste, mais comme elle est vraie j'ai tenu à la présenter.

Ainsi donc, en joignant aux tableaux du docteur Bordier un grand nombre de séries modernes et antiques, étudiées avec le plus grand scrupule et par les mêmes procédés qu'il avait employés, je vis que les écarts des courbes ne s'appliquaient qu'à la partie géométrique organique de la race à laquelle appartiennent les exemplaires, et à des développements partiels ethniques, et ne sont jamais liés à la pathologie native ou adventice extra-crânienne par des développements naturels de divers os du crâne, comme les pariétaux, les temporaux, etc., fournissant aux courbes des longueurs plus grandes ou plus petites.

Je ne m'étendrai pas sur des considérations ennuyeuses, attendu que tout ce que je viens d'avancer peut être vérifié facilement par ceux que la question intéresse au sujet des délinquants portugais et de ceux de Lombroso, que je compare à plusieurs séries dans le tableau XXXI.

Tableau XXXI Rapports comparatifs de mesures absolues, des courbes et de mesures relatives partielles

	NUMÉRO DES CAS	OBSERVÉS PAR LE DOCTEUR A. BORDIER								OBSERVÉS PAR LE DOCTEUR F. FERRAZ DE MACEDO											

δ

OBSERVÉS PAR LE DOCTEUR F. FERRAZ DE MACEDO

Comme complément d'étude sur les os, je joins *les écarts des courbes rapportés à 100*, d'individus vivants, en prenant pour unité les normaux portugais, et en les confrontant avec les voleurs et les assassins portugais étudiés par moi, et en y ajoutant en plus la série des noirs. Tous sont accompagnés de l'indice nasal et de l'indice facial, se qui fera clairement distinguer les races.

Nous verrons, par ce rapprochement, la confirmation de la vérité que j'ai exposée ci-dessus, quand je me suis référé à la partie osseuse. On ne voit pas autre chose, chez tous, que des oscillations variables, jamais fixes.

Cela se voit facilement dans le

Tableau XXXII

		Normaux 25 cas	Indices	Voleurs 25 cas	Indices	Assassins 26 cas	Indices	Nègres 6 cas	Indices
Rapport à 100 des écarts des courbes	Sous cérébrale antérieure...	1.–	8.39	5.52	7.86	–1.19	8.53	–1.57	8.31
	Inio frontale totale.........	1.–		3.92		3.66		–1.05	
	Frontale totale............	1.–	36 57	–0.75	34.93	0.52	35.46	8.19	39.86
	Inio frontale totale.........	1.–		3.92		3.66		–1.05	
	Horisontale antérieure......	1.–	47.60	2.57	48.44	6 07	53.52	8.48	52.45
	Horisontale totale . ..,.....	1.–		0.78		–5.67		–1.48	
	Horisontale postérieure.....	1.–	52.40	–0.84	51.56	–12.98	46.48	–10.66	47.55
	Inio frontale totale.........	1.–		0.78		–1.82		–1.48	
	Occipito-pariétale..........	1.–	63.43	6.61	65.07	·9.69	64.54	–5.89	60.14
	Inio frontale totale.........	1.–		3.92		7.81		–1.05	
Rapport à 100 des écarts des diamètres	Vertical auriculaire........	1.–	vertical 64.62	1.60	vertical 65.08	2.41	vertical 66.28	2.–	vertical 67.34
	Antero-postérieure	1.–		0.89		–0.14		–2.11	
	Frontal *minimum*..........	1.–	frontal 69.11	6.52	frontal 72.48	5.12	frontal 71.73	–1.51	frontal 70.02
	Transverse *maximum*	1.–		1.56		1.29		–2.89	
Rapport à 100 des écarts des lignes	Largeur du nez............	1.–	nasal 67.14	4.81	nasal 70.59	1.35	nasal 67.88	27.14	nasal 102.36
	Longueur du nez...........	1.–		–0.32		0.25		–14.64	
	Longueur totale de la face..	1.–	facial 71.54	2.01	facial 70.18	–0.23	facial 68.69	–8.41	facial 62.77
	Diamètre bizygomatique....	1.–		3.98		3.92		4.39	

§ 6° — COMPARAISON ENTRE LES PEUPLES SAUVAGES
ET LES PEUPLES CIVILISES, CAUSES COSMIQUES DE LA BARBARIE ET DE LA CIVILISATION

C'est depuis les premières études anthropologiques que les confrontations anthropométriques et géométriques entre races distinctes ont reçu une large application; mais avec insuffisance, selon moi, d'éléments physiologo-psychiques concomittants pour une élucidation certaine dans les écarts de tracés, ou dans les différences numériques absolues et combinées. Nous trouvons, par exemple, une différence numérique notable entre la ligne bi-malaire du noir du Congo ou d'autres, et celle du parisien moderne accompagnée d'un crâne long, d'un développement énorme de sinus frontaux et d'une grande projection des maxillaires supérieurs et d'un recul du menton, traits qui forment un parfait contraste avec ceux du parisien dont la ligne des bosses au menton est ondulée avec une légère inclinaison.

Ils ont noté, en outre, que, chez un grand nombre, le cerveau avait des circonvolutions peu profondes et que les sutures du crâne étaient en grande partie synostosées, même avant l'âge de trente ans. Ces deux faits anatomiques étaient en parfaite harmonie avec le peu d'activité, le degré de perception presque nul et l'inaptitude pour assimiler des produits artistiques ou scientifiques.

Les principes anatomiques qui ont pour base la science anthropologique sont d'une vérité et d'une pureté indiscutables pour moi; car pendant six ans, dans la salle anatomique de l'école de médecine de Rio de Janeiro, je les ai vérifiés un à un, sur des centaines de sujets, non seulement du Congo, mais encore de Mozambique, de Côte-des-Minas, de Benguella, de Loanda et de plusieurs autres terres africaines. Mais, je regrette aujourd'hui de ne pas avoir pris une longue série de notes et de dessins pour montrer que les grandes oscillations, dans les variétés typiques sus-énoncées, sont produites par des écarts identiques à ceux qui adviennent dans les races blanches.

Après avoir reconnu cette différence numérique et géométrique, les observateurs ont cherché à rapprocher la puissance intellective de l'un de celle de l'autre, pendant la vie, et ont remarqué que le noir du Congo était d'autant plus éloigné des connaissances naturelles que possède le parisien, que son prognatisme est plus grand et le recul mentonnier plus sensible, etc. Ils ont remarqué aussi que l'ignorance du noir est si grande qu'il méconnaît les plus simples rudiments artistiques pour l'amélioration de son bien-être; qu'il ignore complètement les substances élémentaires qui pourraient facilement, dans une maladie connue, le sauver d'une mort inévitable; qu'il n'a pour se gouverner aucune loi stipulée ou écrite; qu'il vit sans langage écrit, sans règlements sociaux déterminés, sans code, sans lois, sans rien. De tout cet ensemble de faits individuels, familiers et sociologiques, scrupuleusement examinés et comparés, ils ont conclu que les habitants du Congo ont l'évolution psychique d'accord avec la constitution anatomique cranio-faciale, révélée par des traits externes anthropoïdéens, visibles et mensurables.

Pour avoir une confirmation plus complexe du fait, ils ont été plus loin dans leur investigation. Ils ont observé l'évolution organique et psychique de divers individus de la même origine, soit *in loco,* soit après avoir quitté leur lieu d'origine.

De l'un à l'autre ils ont noté une évolution identique et des résultats anatomiques communs à tous, bien qu'absents du milieu originaire, comme je l'ai dit.

Bien que les observations anatomiques des races africaines soient magistralement décrites par les observateurs européens, l'étude de la capacité évolutive de ces races n'est même pas encore arrivée aux prolégomènes. Les indications fournies par les voyageurs et par les explorateurs sont aussi véridiques que les faits anatomiques *post mortem,* et que les évolutions anatomo-psychiques des sujets qui viennent en Europe et y meurent; mais ce n'est point par ces procédés que les observations doivent être faites parce qu'elles ne donnent pas des résultats qui permettent de tirer des conclusions sérieuses. En voici les motifs en deux mots.

Les sujets africains, et je prendrai pour exemple encore les noirs du Congo, qui sont enlevés de leur pays natal en arrivent tous avec un développement anatomique plus ou moins avancé. Ils arrivent en Europe, ou dans un pays civilisé quelconque, étant déjà dans l'impossibilité évolutive de se modeler aux exigences violentes imposées par un vaste bagage de connaissances que le fils de l'européen commence à assimiler dès son berceau. Par consequent, son encéphale ne s'écarte plus de la trajectoire marquée et fixée depuis son enfance, et le squelette crânien l'accompagne dans ce trajet; c'est-à-dire que le crâne laisse obstruer ses trous parce qu'il ne trouve rien qui l'oblige à les soutenir avec les bords séparés par l'accroissement graduel de la masse interne, ou par le développement volumétrique des cellules sensibilisées, auxquels il sert d'appareil contentif. De là vient que l'encéphale des noirs, observés dans les conditions ci-dessus, *est petit, en harmonie avec le tronc,* et que ses circonvolutions sont peu profondes relativement à celles des européens, et que les sutures crâniennes sont synostosées très tôt.

Le fils du Congo, développé anatomiquement, qui va dans un pays civilisé, éprouve presque l'impression d'une nouvelle naissance, d'une nouvelle nature, par le *nouveau milieu cosmique* durci par le milieu sociologique.

Son organisme est excité par des habitudes étrangères, par une alimentation nouvelle, par un ambiant antipathique à sa constitution, isolé au milieu d'une race de couleur et d'aspect différents des siens; il vit sans instigateurs physiologiques propres, sans société homogène, sans famille, sans parents, sans amis, sans expansion, sans liberté, sans mouvements propres, enfin sans expression, sans vie spécifique. Dans ces conditions, il s'étiole, se concentre dans sa propre nostalgie, révélant une existence d'expansions si limitées qu'elle rappelle celle d'animaux inférieurs aux humains. Son travail se borne aux choses les plus impérieuses, les plus nécessaires à la vie animale, liant peu d'importance aux connaissances intellectuelles qu'il cultive très peu, bien que toujours un peu plus que dans sa terre natale. Il est donc naturel de penser, en vue de ces exemples constants, que les noirs sont incapables d'une évolution intellectuelle aussi vigoureuse et variée comme les européens civilisés.

D'un autre côté, la description des voyageurs et des explorateurs vient corroborer cette manière d'apprécier le peu d'intelligence de l'homme noir. Il est un fait, c'est que les descriptions *in loco* des sujets africains, faites modernement, épouvante l'individu qui les lit, s'il n'est pas préalablement prévenu par des observations et des expériences tendant à éclaircir la question d'une autre manière.

Dans le continent africain, les habitants vivent sous des formes si opposées à la vie européenne qu'on en est à se demander si *le noir ne serait pas d'une autre espèce humaine*. Dans les sociétés africaines de l'intérieur, les sciences naturelles et leurs lois sont complètement inconnues théoriquement et pratiquement; les sciences sociologiques et les arts libéraux sont à peine ébauchées; les principes du droit naturel (?) des gens sont soumis à l'arbitrage ou au bon vouloir de ceux qu'ils ont choisis pour chefs de tribus, en grande partie semi-nomades; la famille vit suivant les désirs spéciaux de chacun de leurs représentants, sans règlements fondamentaux qui les lient; les enfants appartiennent autant à leurs pères qu'aux chefs des tribus qui peuvent s'en servir comme domestiques ou comme esclaves; les pénalités pour les délits suivent les lois de la *peine du talion* ou de *châtiments expressifs*, sans équité, sans relation avec la faute commise; enfin l'individu vit, soit de pillages sur les tribus ennemies ou sur les étrangers, soit de la chasse, de la pêche ou d'une agriculture faite à la mode préhistorique.

Voilà, en quelques mots, ce que disent les voyageurs et les explorateurs qui passent et vivent quelques temps au milieu des sociétés africaines centrales, et ce qui est confirmé par tous.

Eh bien, après avoir cité ces diverses observations, je demande la permission d'en présenter quelques-unes faites par moi et de les accompagner de certaines réflexions dans le but de rechercher les causes de l'ignorance du sauvage et du savoir de l'homme civilisé. Ces réflexions tendront à prouver que le milieu cosmique est la véritable cause de l'évolution psychique chez les civilisés, et non la différenciation anatomique du noir ou de l'indigène africain et américain.

La première observation d'un caractère générique, qui n'a jamais, que je sache, été consignée jusqu'à ce jour, est la suivante:

Les habitants des pays chauds sont forcément, *à cause de leur propre climat,* indolents, paresseux et incapables d'activités mentales persistentes et profitables. Cette caractéristique est manifeste chez les peuples qui sont nés ou qui vivent dans les *régions intertropicales.* Leur avancement propre dans les sciences, dans les arts, dans l'industrie, dans l'agriculture et dans d'autres branches des connaissances humaines, est presque nul, quand on le compare avec celui des peuples qui habitent en dehors des tropiques. Ils ne créent rien par eux-mêmes, et les progrès qu'ils paraissent faire ne sont pas les leurs; ils proviennent d'émigrants qui les ont transmis à la race par croisement, et les générations ainsi pénétrées donnent encore à ces progrès une marche manifestement rétrograde. L'Amérique du Sud depuis le Brésil jusqu'au Mexique, le nord de l'Australie, les Indes, l'Abyssinie, la Sénégambie, etc., etc., peuvent fournir de nombreux éléments pour vérifier ce que j'avance.

Il est naturel de demander: Quelle est la raison de cette différence psychique, attendu qu'elle n'a point son origine dans une cause organique?.. Et la réponse est simple et claire: *la cause, est* proprement *du milieu climatérique.*

La flore et la faune des zones intertropicales habitées sont très riches. Cette richesse provient d'abord de la distribution spéciale orographique et hydrographique; en second lieu de la chaleur solaire constante; enfin de la purification de l'air ambiant par des combinaisons de courants électriques fréquents et par des pluies torrentielles périodiques. Les habitants de ces points typiques ont leur alimentation propre et variée sans qu'ils aient besoin pour se la procurer, de faire des efforts physiques et intellectuels, parce que partout ils la trouvent en abondance. Les fruits pendent des arbres à la portée de la main, ou faciles à cueillir, fruits succulents, résineux, mûrs ou secs, déhiscents ou indéhiscents, et dans une variété dont la nomenclature fatigue l'imagination; la chasse et la pêche y sont aussi très abondantes, d'excellente qualité et d'une facilité incroyable; les boissons fermentées s'y trouvent naturellement et les habitants en usent à leur bon plaisir; comme ils n'ont pas à redouter les rigueurs du froid, leurs vêtements sont des plus primitifs et leurs maisons de simples huttes couvertes de paille; ils n'ont qu'une pensée fixe:—l'alimentation, le repos, la satiété des plaisirs génésiques, et *l'attaque violente jusqu'à la mort de quiconque essaie d'interrompre ou de troubler leur bien-être,* fin unique de leurs désirs et de leurs expansions pendant l'existence; la société réglée par des lois leur est inconnue et quand ils la mettent en pratique ce n'est pas en communauté, car même ainsi, ils ne vivent pas d'accord, s'attaquent mutuellement et s'entretuent.

Comme conséquence infaillible de *l'abondance naturelle des objets d'alimentation,* ils non pas besoin de grands efforts d'intelligence pour se procurer les fruits des végétaux, ou les produits de la chasse et de la pêche; ils n'ont pas besoin non plus d'inventer des machines pour fabriquer leurs tissus, ni des instruments et des lois physiques pour construire leurs habitations; livrés à *l'isolement de la famille,* ils n'ont pas besoin de lois pour reprimer la violence, car chez eux la force prime le droit et le faible est obligé de se soumettre au fort, qu'il ait tort ou raison.

De cet ensemble de faits et de bien d'autres encore, résulte une absence presque complète de travail encéphalique, et il en est presque de même pour le travail musculaire, d'où résulte un très faible développement de l'encéphale et des muscles, révélé par l'ignorance, l'inactivité, l'indolence et la paresse.

Les cellubes encéphaliques, non excitées par des nécessités vitales, cessent de se développer parce qu'elles ne reçoivent pas de secousses impressives, et, par conséquent, un grand nombre d'entre elles conservent leur volume embryonnaire, et cela jusqu'à la mort de l'individu; les muscles qui ne sont pas stimulés par les efforts ont des fibres faibles qui, comme les cellules nerveuses, se conservent presque à l'état embryonnaire, sans résistance contractile, ressemblant à une atrophie; et comme contre-preuve de cette vérité, nous voyons les muscles de la mastigation, les temporaux et leurs dépendances, acquérir un volume bien plus grand en raison de leur alimentation végétale.

L'examen de ces encéphales montre la même distribution anatomique, hysto-chimique et géométrique, que celle des européens civilisés, avec proportions égales du tronc, mais le volume et le poids des encéphales sont considérablement moindres. Les muscles inactifs fournissent les mêmes résultats, en circonstances identiques d'observation et de comparaison.

L'habitant extra-tropical, stimulé par le froid (et je ne parle pas ici du froid polaire qui tue) et par la nécessité d'alimentation, commence tout d'abord par exercer ses facultés intellectuelles pour se livrer, autant que possible, du froid et de la faim. Aussi, met-il en jeu et en activité ses cellules nerveuses pour observer de quelle manière la terre pourra donner ses fruits en plus grande abondance et comment il pourra combattre le froid. Après avoir obtenu par son intellect la manière de subvenir à ces nécessités, il met ses muscles en exercice pour défricher le sol et construire des abris, connaissances et pratique qu'il transmet à ses enfants. De cette manière, il augmente le volume de ses éléments encéphaliques et musculaires, et se distingue même bientôt de ses propres compagnons qui n'ont pas, comme eux, accompli les mêmes efforts physiques et intellectuels. De là aussi des variétés dans la même race.

§ 7° — CAUSES D'APPARENTE REGRESSION ORGANIQUE
CHEZ DES PEUPLES CIVILISES

Si nous poussons un peu plus loin nos observations ethnographiques, nous arriverons à reunir des faits d'une valeur élucidative de premier ordre, sur le sujet qui m'occupe en ce moment.

Les peuples des climats froids et même tempérés, mal ou médiocrement pourvus des ressources naturelles du sol, et qui, par leurs efforts intellectuels propres, ont demandé à la nature d'autres éléments pour les opposer à ceux qui étaient contraires à la satisfaction de leurs nécessités vitales, ces peuples, après avoir obtenu des moyens sûrs de subsistance et avoir accumulé de grandes réserves contre de futures et prochaines adversités, suspendent leur activité et leurs désirs évolutifs et paraissent se reposer à l'abri des provisions accumulées. Ils vont ainsi, avec le temps, absorbant les produits qu'ils possèdent et laissant stationner leurs connaissances intellectuelles que jusque là ils avaient réunies et exercées; ils oublient que d'autres races, ou nations collatérales successives, qui étaient dans la même pénurie que la leur primitivement, se trouvent maintenant pourvues d'évolution intellectuelle qu'ils leur ont transmise avec les bénéfices matériels rencontrés encore intacts, et que dans un court délai, ces races les ont supplantés d'une manière irrésistible. Dans un champ plus restreint, nous trouvons de semblables exemples dans des familles dont les chefs, d'une origine très humble deux ou trois générations avant, ont développé d'une manière extraordinaire leur activité physique et intellectuelle, ramassant une grosse fortune, mais qui ont oublié de faire observer à leurs enfants les mêmes procédés d'activité double, d'où fatalement ont résulté la stupidité et la pauvreté. A côté d'eux, d'autres, de même origine, les ont supplantés, parce que chez eux c'est une loi courante et pratique que, seul, le travail double — physique et psychique — peut procurer l'indépendance et le bien-être dans la société civilisée. La noblesse des aïeux dans son aspect regressif, les descendants de maisons riches devenus pauvres, fournissent des exemples sans fin de ce fait; ce sont comme des couches sociales dans une successive oscillation progressive et regressive.

Relativement aux peuples civilisés, historiques et même modernes, le fait dont je viens de parler est manifeste depuis la France jusqu'aux hordes sauvages.

Sans aller plus loin, je présenterai comme exemple le Peuple lusitain.

Ce petit peuple, alors qu'isolé et presque inconnu dans le concours humain, se rend illustre par la valeur et l'heroïsme qu'il déploie pour sa liberté au temps des Romains; après avoir secoué le joug des Romains, il emploie toute son activité guerrière à établir son indépendance et son hégémonie nationale, brisant tous les obstacles qui s'opposaient à ses fins; plus tard, devenu royaume de Portugal, il refoule l'invasion des arabes, les expulse de son domaine, et, par sa tenacité et sa bravoure incroyables, il s'oppose, barrière infranchissable, à une invasion générale de l'Europe.

Ensuite, viennent le quinzième et le seizième siècle; une poignée de braves, commandés par Vasco de Gama, s'élancent sur des coquilles de noix à la conquête d'un monde inconnu; bientôt les vastes territoires de l'Afrique et des Indes sont ouverts à la civilisation; d'un autre côté, le portugais Magalhães (Magellan) accomplit le premier son voyage au tour du monde et résout le problème de l'isolement de la terre dans l'espace; puis vient la découverte du Brésil où les Portugais implantent leurs mœurs, leur langue et leur civilisation. Le Portugal est alors maître et seigneur de plus de la moitié du monde qu'il conserve jusqu'au dix-septième siècle. Ce n'est pas tout: au milieu de ces guerriers intrépides, de ces marins audacieux, voici Camões qui, avec ses *Lusiades,* grave sur des tables d'airain les gloires immortelles de la patrie; puis Pombal, l'homme d'Etat qui, le premier a osé tenir tête à la puissance la plus colossale de l'époque, aux jésuites qu'il a expulsés de tous les territoires portugais.

Ainsi, voilà un petit peuple qui, par son unique évolution, par le développement de ses aptitudes physiques et psychiques est devenu, en peu de temps, le peuple le plus puissant, le plus riche et le plus respecté de tous les peuples anciens et modernes.

Arrivés au point culminant, pourquoi les Portugais n'ont-ils pas continué leur marche ascendante, ou même n'ont-ils pas conservé leurs positions? Pourquoi n'ont-ils pas déployé toujours la même énergie, et se sont-ils laissés entraîner, jour par jour, physiquement et intellectuellement, dans un bourbier de discrédit et presque de misère, au point de devenir la risée de presque tous (la fable du lion devenu vieux sera toujours vraie) et principalement de ceux dont ils avaient guidé les premiers pas sur la mer et auxquels ils avaient fait présent de Bombay et de Ceylan?..

Pourquoi? La raison en est bien simple. Riches, repus et gorgés, les Portugais se sont endormis indolemment, dans leurs palais, à l'ombre des lauriers de leurs ancêtres, sans s'inquiéter des peuples voisins qui, continuant à développer leur connaissances psychiques, pour vaincre les nouvelles nécessités naissantes, suivaient un chemin tout opposé; les Portugais marchaient regressivement et les autres progressivement. Plus tard, lorsqu'ils eurent épuisé leurs ressources, sans arts, sans industrie, sans commerce, mais toujours pleins d'une vanité inconsciente, les Portugais se sont trouvés englobés dans une concurrence des plus actives, sans force, sans ressources physiques et intellectuelles pour en sortir vainqueurs. Aujourd'hui, habitués à l'indolence, fruit de la richesse, il est à craindre qu'ils ne se laissent mourir de faim, s'ils ne remettent en activité leurs corps autrefois si robustes, leur intelligence autrefois plus lucide que celle de leurs concurrents. Si le désastre moral opère comme révulsif, il est encore possible qu'ils se relèvent de l'abîme où ils sont plongés.

Voilà donc, en quelques mots, le motif pour lequel la constitution paraît se modifier et l'intellect s'appauvrir ou perdre de sa puissance naturelle; mais il n'en est pas ainsi: l'une et l'autre reprennent promptement leur état primitif, aussitôt que *les causes adventices* d'une espèce de langueur passagère ont été écartées. Il n'en sera pas de même, cependant, si *le milieu cosmique* empêche la marche physiologique, car, dans ce cas, le physique s'étiole entraînant fatalement à sa suite les produits de ses conséquences de caractère dynamique, c'est-à-dire, entraînant le psychique à sa suite.

Ce que je viens de dire arrive aux peuples civilisés comme aux sauvages.

§ 8° — EGALITE D'APTITUDES
ENTRE LES REPRESENTANTS DE PEUPLES INCULTES ET CIVILISES
(VALEUR DES MILIEUX COSMIQUE ET SOCIAL)

C'est presque une vérité acquise, parmi un grand nombre d'observateurs, que les peuples qui ne sont point développés ni civilisés ne possèdent pas les mêmes aptitudes que les peuples civilisés, et que, par conséquent, bien que favorisés par un milieu sociologique salutaire, ils ne peuvent, sous le rapport de l'intelligence, parcourir la même marche ascendante.

Comme proposition contradictoire, qu'on me permette de consigner ici quelques observations faites par moi sur divers individus, africains de race et de couleur et sur d'autres individus cuivrés, indigènes du Brésil.

J'ai connu à Rio de Janeiro un ménage noir venu du Congo, comme esclave. L'homme et la femme, amenés au Brésil déjà adultes, possédaient des qualités physiques très débiles, et des facultés intellectuelles très faibles, comme celles de leurs compatriotes; cependant, ils étaient doués de qualités morales si appréciables qu'elles leur ont valu la manumission d'un fils qui leur naquit, aussi noir qu'eux et doué des mêmes traits physionomiques, de ceux qui sont considérés comme spécialement regressifs. Par nécessité, cet enfant leur fut enlevé à sept mois et fut envoyé à une centaine de lieues de ses parents, où il resta jusqu'à l'âge de vingt-sept ans. Il fut élevé et instruit avec les enfants de ceux qui l'affranchirent. A l'âge de vingt-et-un ans il avait achevé des études brillantes et complètes; à vingt-trois ans, il épousa une jeune fille de même race, et qui avait reçu une éducation semblable; à vingt-sept ans, il avait deux enfants et soutenait de ses économies son père et sa mère qu'il adorait avec la plus respectueuse tendresse et qu'il suppliait de ne point l'abandonner, car ils ne désiraient qu'une chose: aller vivre et mourir sur la terre où ils étaient nés.

Celui qui étudie les contrastes entre fils et pères pourra apprécier la puissance évolutive, dans un organisme apte, du milieu qui sans rien transformer modèle tout — les parents ignorants et faibles, les fils illustres et forts — ; mais l'observation devient bien plus importante, si nous notons que le frère cadet de celui dont nous parlons, également affranchi, mais élevé auprès de ses parents, était, comme eux, rachitique et ignorant, bien que semblable à son frère par la physionomie et par la taille.

Autre observation : Um ménage de la Côte-des-Minas avait un fils qui était tout le portrait de son père et noir comme lui; il était né à Rio de Janeiro et avait été élevé par ses parents qui jouissaient d'une certaine fortune indépendante. Le jeune homme, régulièrement instruit et devenu propriétaire, épousa une femme presque blanche (troisième croisement) de laquelle il eut un fils et deux filles. Comme le père était noir, les enfants furent de couleur plus foncée que leur mère et naquirent avec des cheveux crépus; ils reçurent une éducation très soignée; les demoiselles devinrent des musiciennes très distinguées et épousèrent des Portugais de race blanche dont les enfants n'eurent que quelques traits fugitifs de leur grand père. Le fils suivit un cours de médecine qu'il acheva d'une manière brillante. Une fois docteur, il épousa une femme blanche, qui lui donna un fils qui révélait aussi quelques traits fugitifs du grand père, et qui achève en Europe ses brillantes études.

Autre observation : Un ménage portugais eut au Brésil plusieurs fils qui reçurent une brillante éducation. L'un d'eux eut trois fils d'une femme cuivrée, sauvage, portant arc et flèches, et qui ne voulut jamais consentir à recevoir de l'instruction et à modifier sa manière de vivre. Les trois enfants furent élevés loin de leur mère, l'un sans jamais la revoir, les deux autres venant la voir de temps en temps et passant quelques jours avec elle. Eh bien, chose extraordinaire!.. Ceux-ci conservèrent un abrutissement intellectuel très prononcé et une méfiance formelle contre toute la société; celui-là, au contraire, doué d'une vive intelligence, révéla des dispositions rares pour la poésie et devint l'être le plus sociable que l'on puisse imaginer.

Des observations semblables faites sur divers degrés de croisement, jusqu'au troisième et même jusqu'au quatrième, me donnent la conviction que les races africaines et américaines indigènes sont organiquement égales aux races européennes et blanches, susceptibles de la même complexité évolutive physique, et ont des aptitudes intellectuelles identiques, quand elles sont retirées du milieu sociologique où elles sont nées, avant d'avoir reçu la première instruction, pour aller dans un autre milieu qui éveille et impressionne spécialement leurs éléments organiques embryonnaires.

Qu'on me permette de répéter encore : le milieu social n'enlève et n'ajoute rien à l'organisme ; le but de ce milieu n'est point de transformer quelque chose de l'organisme, partiel ou total, mais de l'approprier, de l'adapter, de le modeler conformément au milieu où il se trouve, montrant son identité organique à d'autres adaptées aux mêmes milieux. C'est pour ces organismes que l'instruction et les enseignements sociaux ont une grande importance.

La force et la qualité du milieu social sont magistralement démontrées par le langage parlé par un individu étranger à la race, qui peut lui-même ne pas connaître sa propre langue. C'est un africain du Congo, par exemple, rempli d'aptitudes ; enlevé, dès l'âge de quelques mois, à sa famille et à son pays natal, pour être transporté en Amérique ou en Portugal où il apprend l'anglais ou le portugais, sans connaître nullement la langue paternelle ; il peut aussi être sorti de chez lui, connaissant la langue de son pays et apprendre ensuite celle du pays où il a été amené. Enfin, nous avons encore l'individu qui, tout en connaissant sa propre langue parle encore les divers idiomes des pays par où il a passé. Il est certain que, dans les divers exemples que nous venons de citer, aucune transformation ne s'est opérée dans l'appareil vocal des individus, depuis la phonation aux lèvres, et depuis les lèvres jusqu'à l'encéphale, pour apprendre les diverses manières de transmettre la pensée ; ce qui a varié seulement c'est la combinaison modélative phonétique avec ses accessoires glosso-palato-dento-labiaux ; l'encéphale non plus ne s'est pas transformé, à peine si, pour les polyglottes, de nouvelles séries cellulaires embryonnaires ont été impressionnées et, par conséquent, *agglomérées*, outre celles du langage paternel, l'encéphale augmentant de ce volume qui, pour être éventuel, ne se transmet pas à la race.

Comme complément de mes réflexions au sujet de la puissance du milieu sur les races africaines et américaines comme inaptes, telles qu'elles sont, à l'évolution, à la civilisation, à la science, j'appelle l'attention des gens studieux et sans parti pris, sur l'illustre docteur Blyden, *un noir d'une érudition et d'une sagacité remarquables,* né dans la Monrovia, capitale de la Libérie, Afrique, actuellement dans l'Amérique du Nord, plaidant la cause du rapatriement des gens de sa race et de ses compatriotes avec un talent et une érudition qui provoquent, plus que l'envie, mais l'admiration de tous ses collègues de race blanche!..

(Vide *The African*, June, 1891, n° 1).

Si le milieu étranger, en général, est si flatteur pour la vie intellectuelle, il n'en est pas de même malheureusement pour la vie physiologique. Le changement d'un climat chaud pour un climat froid, et réciproquement, est fatal à l'organisme. Les exceptions que l'on peut trouver sur divers points du globe ne doivent pas faire loi; au contraire, c'est sur ces mêmes points que la règle se fixe avec plus de 80 pour cent.

L'immunité des maladies endémiques spéciales à certains points, dont jouissent les indigènes du pays, ne s'étend point aux émigrants; au contraire, c'est sur eux que ces maladies frappent tout d'abord, même quand les climats sont identiques; ensuite vient le changement de nourriture qui provoque des dérangements gastro-intestinaux d'une violence et d'une intensité incroyables; ou bien l'excès ou le manque d'alimentation, l'abus des excitants quand on n'y est pas habitué, ou le regret de ne pas les avoir quand on y est habitué; puis la nostalgie, c'est-à-dire le souvenir du milieu où on est né, où on a vécu, augmentée par les altérations provenant des infirmités locales en action continue; enfin la méfiance pour la race, soit à cause de la couleur, soit par excès de patriotisme, soit à cause de l'ascendance dominatrice.

Tous ces facteurs ont causé et causeront la ruine de l'émigration africaine dans l'Amérique du Nord, des Français et spécialement des Anglais dans l'Afrique centrale, des Portugais dans les Indes, dans l'Afrique, dans l'Asie et dans l'Amérique, etc. Les fils des émigrants, ou créoles, nés sur la terre d'émigration, ceux-là commencent à éprouver l'adaptation véritable, soit par croisement avec les naturels, soit par croisement avec la race pure des émigrés.

§ 9° — VALEUR PHYSIQUE ET PSYCHOLOGIQUE DES CROISEMENTS
ENTRE RACES PURES ET CROISÉES

Il n'est pas hors de propos de dire ici quelques mots sur les croisements.

En règle générale, les enfants de deux races pures opposées par la couleur — blancs et noirs — donnent un produit de constitution débile, d'aptitudes intellectuelles communes, et d'une moralité quelquefois oscillante, peut-être par raison hypostatique sanguine; la progéniture directe de races croisées ne peut dépasser, je pense, la huitième, et, selon mon observation, la cinquième génération dans laquelle les enfants sont rares et excessivement débiles. La progéniture de race croisée avec la race pure primitive, acquiert presque les qualités de la race mère à la septième génération, quand elle est directe dans l'une des races; la progéniture de race blanche avec l'indigène américain du sud donne des produits magnifiques à tous les points de vue; au contraire, le noir avec l'indigène américain donne des produits imparfaits.

De ce rapide exposé, nous tirons cette conclusion: le croisement entre deux races opposées par la couleur n'est viable que lorsque, de temps en temps, il est renforcé par un des deux éléments de la couche originaire; le croisement entre deux races opposées, de pays différents mal développés, physiquement et intellectuellement, donne des produits imparfaits.

§ 10 — CONCLUSIONS

En terminant cette rapide analyse légèrement critique, sur divers sujets anatomiques, physiologiques et psychiques de l'être humain, il nous reste à en tirer quelques conclusions, plus ou moins fixes et viables, de la manière suivante:

1° L'organisme humain se divise en deux grands segments, le plus petit superposé au plus grand, avec dépendances directes, aides mutuels, conservant entre eux une parfaite uniformité dans les tracés géométriques —dolychocéphalie et brachicéphalie, doly'kormie et brachykormie sont des formes naturelles, mais qui n'obéissent pas à l'évolution.

2° Les organismes humains, outre leur uniformité géométrique, conservent le même rapport volumétrique, indépendamment du degré de développement des appareils des sens, comme nous l'avons vu plus haut —la plus grande ou la moindre quantité de masse encéphalique n'accompagne pas le développement intellectif, mais elle accompagne le volume du tronc, pour l'harmonie des échanges physiologiques et psychiques.

3° La proposition précédente, quoique démontrée par les géants et les micro-organismes non tératologiques, est confirmée d'une manière grossière par l'appareil matériel et le fonctionnement d'un objet d'art commun, qui voit son action harmonique neutralisée par la perte du plus léger rouage.

4° Les appareils des sens, y compris ceux de locomotion, n'accompagnent pas proportionellement le développement des deux segments organiques, auxquels ils servent de véritables *tentacules,* et qui transmettent les impressions médiates ou immédiates à la moëlle ou à l'encéphale.

5° Les angles du crâne et de la face, l'épaisseur et le poids des os, les projections, courbes combinées, etc., n'éclairent pas beaucoup sur le degré d'intelligénce, de sanité psychique, de délinquance, etc., par les oscillations constantes de l'un à l'autre de ces individus; mais peut-être, dans l'avenir, auront-ils une grande valeur quand ils seront comparés avec le tronc.

6° Le degré de civilisation des peuples ne dépend pas spécialement de la forme géométrique et volumétrique de leurs segments organiques, ni du plus ou moins de développement des appareils tentaculaires, mais il dépend uniquement de la richesse plastique de l'alimentation, de la douceur climatérique du sol, dispensant les uns d'évolution physique et psychique, obligeant les autres, fatalement, à ce qu'ils la mettent en exercice sous peine de mort infaillible; ceux-ci sont les civilisés, ceux-là sont les sauvages.

7° Chez les peuples civilisés, il peut survenir une apparente regression qui semble être organique; mais si nous en recherchons la cause, nous la trouvons dans une abondance d'éléments vitaux, préalablement accumulés, en vue desquels les possesseurs ont suspendu leur activité évolutive et se sont ruinés; comme exemples, nous avons le Portugal primitif et le Portugal moderne, la noblesse des aïeux et la noblesse contemporaine, au point de vue de la richesse et de l'intelligence.

8° Les aptitudes se rencontrent, dans les mêmes proportions, chez tous les peuples, cultes ou incultes; lorsque le milieu sociologique des peuples cultes agit sur les peuples incultes, avec déplacement du milieu cosmique, ceux-ci s'étiolent par impossibilité d'adaptation physiologique, seule possible et franche chez les créoles croisés ou non.

9° Les produits de deux races pures rapprochées sont magnifiques et fournissent des créoles ayant les plus brillantes aptitudes intellectuelles et civiques; les produits de deux races opposées par la couleur sont oscillants physiquement et psychiquement. Les produits directs des races croisées ne sont viables que jusqu'à la septième génération peut-être, mais s'ils sont retempérés par des éléments de la couche mère ils se confondent avec elle à la septième génération.

PARTIE V

PATHOLOGIE, PHYSIOLOGIE, PSYCHOLOGIE

CHAPITRE I

ETIOLOGIE ORGANIQUE ET FONCTIONNELLE DU CRIME

§ unique — CONSIDERATIONS GENERALES
SUR DIFFERENTES HYPOTHESES ETIOLOGIQUES DU CRIMINEL ET DU CRIME.

QUELQUES MOTS CRITIQUES

Quand nous avons examiné les criminels enfermés dans un pénitencier, nous avons vu représentés en eux toutes les classes de la société, toutes les branches des connaissances humaines, toutes les ascendances de bonne et de mauvaise réputation, tous les âges spécialement depuis la puberté jusqu'à la vieillesse et toutes les constitutions organiques. De cette manière nous nous sommes convaincus que les criminels n'appartiennent ni à une classe, ni à une profession, ni à une origine, ni à un âge, ni à une forme organique spéciale, mais qu'ils apparaissent dans la société indistinctement.

Cette conviction acquise, nous nous sommes assurés qu'ils ne sont exempts d'aucune infirmité, ni prédisposés à telle ou telle maladie d'un diagnostic difficile pendant la vie; au contraire, nous les voyons indistinctement parcourir tout le cadre nosologique diagnosticable pendant la vie avec les moyens d'investigations acquis jusqu'à ce jour, et qu'ils sont attaqués avec la même bénignité ou la même inclémence que ceux qui ne sont pas criminels.

Informés clairement de ces faits, nous avons examiné si les maladies névropathiques ou psychopathiques n'auraient pas, chez les criminels, un point d'élection avec un pourcentage supérieur relativement ou proportionnellement à celui d'une série égale de la société non criminelle. Dans ce but, nous avons parcouru les infirmeries des établissements pénitenciers; nous nous sommes enquis de ceux qui en sortent pour entrer dans des asiles d'aliénés; nous avons recherché ceux qui étant malades ne vont point aux infirmeries pour être soignés, et alors, par une simple proportion arithmétique, nous sommes arrivés à conclure que la différence, si elle existe, est si légère qu'elle provient plutôt de l'insuffisance de notre examen, dans la plupart des normaux, que de l'augmentation des criminels. Et en effet, combien d'épileptiques, d'hystériques, se trouvent dans l'intérieur des familles, sans que nous ayons connaissance de leur existence, ni de la gravité de leurs actes si on leur laissait toute liberté d'action? Combien de gens à insuffisance encéphalique, maniaques, hypocondriaques, imbéciles, aberrants, demi-fous, vivent cachés à la société, recueillis dans les intérieurs domestiques à la garde des familles dont ils font le martyre?... Ils sont nombreux ceux qui ne sont connus que des médecins à vaste clinique, parce que l'on n'ose pas confier à d'autres ce secret nosologique. Eh bien, si ceux qui ont l'habitude de faire des statistiques criminologiques comparées, tournent leurs observations vers ce point, complètement négligé et presque impossible de compléter véridiquement, ils verront aussitôt qu'elles péchent par les relations et le pourcentage, les unes s'approchant immédiatement des autres, c'est-à-dire que celles des criminels égalent celles des normaux.

Arrivés à ce point d'examen, examinons si chez les criminels abondent les monstruosités ou les tératologies, et nous notons aussitôt que la proportion est également conservée intacte.

S'il en est ainsi, dira-t-on, si les criminels, organiquement et physiquement, ne s'écartent sensiblement en rien des non criminels, alors quelles sont les raisons qui poussent les uns, et non les autres, à la pratique d'actes réprouvés?... Il y a bien des siècles que cette question se trouve naturellement sur les lèvres des observateurs illustres, qui voient apparemment, dans les délinquants, le même organisme et le même état psychique que dans les normaux... mais, jusqu'à présent, leur demande est restée sans réponse claire et satisfaisante. Je rappellerai, en passant, quelques réponses des plus importantes, sans toutefois en faire la critique qui exigerait plus de temps et d'espace que je n'en dispose; cependant je montrerai le chemin critique sûr.

Les théologiens rappellent que les criminels sont ainsi constitués par Dieu, pour être le fléanu des autres humains sur la terre avant d'obtenir le ciel.

Comme on le voit, pour réfuter cette réponse, il n'y a qu'une chose — le bon sens.

D'autres rappellent que les criminels sont des individus névropathiques et psychopathiques, à accès intermittents et qui échappent parfois à l'observateur le plus fin, qui engendrent des actes inconscients et, ensuite, le crime. Quelques-uns d'entr'eux, disent-ils, présentent d'ordinaire des signes stigmatiques par lesquels on les reconnaît tout d'abord.

La critique de cette manière de penser se trouve facilement dans l'observation suivante :

Ceux qui souffrent de maladies nerveuses, et parmi eux, en général, ceux qui souffrent de maladies mentales, peuvent être divisés en deux grands groupes, suivant leur mode d'action sous l'influence de l'accès pathologique, en *malades tranquilles* et en *malades turbulents*. Supposons, par exemple, deux épileptiques larvés ayant le même caractère, à l'état normal, la même constitution physique, le même âge, la même profession, et des accès identiques.

L'un des deux, pendant l'accès, sera poussé à se lamenter, à pleurer son sort à chaudes larmes, et à déplorer le malheur du prochain et son inutilité dans ce monde, à lui épileptique; l'autre, pendant l'accès, s'emparera d'un couteau ou d'un révolver, et tuera le premier qui se présentera à lui, sans distinction des personnes mêmes de sa famille.

Autre exemple: prenons deux hystériques dans les mêmes conditions que ci-dessus. L'un, sombre et tête basse, passera des heures entières sans proférer un mot, mais docile et obéissant à la moindre injonction; l'autre, emporté dans ses gestes et dans ses paroles, irascible à la plus légère contrariété, sera violent dans l'attaque et terrible par ses coups contre celui, quel qu'il soit, qui lui fait une observation.

Autre exemple: prenons deux individus, toujours dans les mêmes conditions que ci-dessus, qui ont eu le malheur de devenir fous. L'un passera son existence, avec un doux et agréable sourire sur les lèvres, enchanté pour toute idée qui l'impressionne agréablement, au point qu'il se croit heureux lorsque quelqu'un la lui rappelle, et qu'il en parle avec un doux sentiment de tendresse et de bonheur; l'autre, également impressionné par une autre idée, ne révèle qu'infamie dans ses jugements, misère dans ses actions, préméditant le crime toujours, et toujours disposé à le pratiquer si on n'en empêchait l'exécution.

Autre exemple: prenons deux idiots de naissance, toujours dans les mêmes conditions que ci-dessus. L'un, avec un rire caractéristique, passe son existence à regarder ses mains qu'il tourne et retourne ou qu'il frotte l'une contre l'autre, et il vit dans cette solennelle contemplation tout le temps qu'il est éveillé; l'autre, en mouvements de locomotion mesurés, s'approche de ses compagnons ou des personnes qui l'entourent, pour leur enfoncer une epingle, une aiguille ou tout autre objet qui lui tombe sous la main, puis, le coup fait, il se met à contempler, avec un sourire niais caractéristique, sa victime qui se lamente du mal qu'il lui a causé...

Je pourrais multiplier les exemples dont la vérification est facile dans l'intérieur des familles, dans les hospices d'aliénés, et montrer de cette manière que les maladies nerveuses par accès, y compris les maladies mentales de caractère continu, peuvent aussi bien provoquer, ou non, les individus au crime, et que la plupart des signes caractéristiques du crime ne peuvent être autre chose que la décomposition physionomique arrivée dans l'acte criminel.

Un plus grand nombre d'observateurs, s'appuyant sur *la théorie du transformisme,* rappellent que le criminel est un produit d'ascendance, apparu par atavisme au milieu de la société moderne; ainsi les oreilles en éventail, le front fuyant, la tête longue et l'occiput saillant par derrière, les maxillaires avancées, les fosses canines profondes, les mandibules grandes, etc., etc., sont des signes approchés soit des races noires africaines ou autres, soit des races indigènes de l'Amérique ou de l'Australie, soit des exemplaires préhistoriques étudiés jusqu'à ce jour, soit des anthropoïdes, soit même enfin d'un être imaginaire anthropomorphe, qu'on suppose avoir existé entre l'anthropoïde et l'homme, auquel on a donné le nom de *Anthropopithecus.*

La critique à cette réponse est bien plus complexe, mais facile:

1º En demandant la preuve du transformisme;

2º En montrant que les signes, appelés regressifs, dont nous venons de parler, apparaissent quelquefois chez des personnes d'une grande circonspection et d'une franche amabilité;

3º En montrant que les races noires, ou indigènes, ayant quelques-uns de ces signes, loin d'être des criminels réputés nés par les signes regressifs, sont au contraire de la plus grande sociabilité, susceptibles de progrès au milieu des races avancées, quand l'aptitude et le milieu qui opèrent chez le blanc opèrent aussi chez eux;

4º En montrant que dans la société moderne, on trouve de nombreux exemplaires osseux ayant ces signes regressifs trouvés chez les préhistoriques, qui appartiennent à des individus d'une douceur très grande, d'un jugement rare, d'une sociabilité parfaite et d'une moralité typique;

5° En montrant que les anthropoïdes sont les dernières espèces que la terre a créées avant l'espèce humaine, distinctes les unes des autres par l'esthétique et par le nombre d'éléments plus nobles;

6° En niant enfin, par hypothèse, l'hypothèse présentée de l'anthropopithèque.

D'autres, plus ou moins nombreux, rappellent que le crime n'est qu'un produit sociologique, affirmant que *le milieu* est l'unique cause de tous les délits, et que la créature humaine nait sans tendance pour le crime, à moins d'une cause pathologique d'un caractère spécial. Pour critiquer convenablement cette manière de penser, il nous faudrait élucider plusieurs points dispersés sur un vaste circuit; je me bornerai seulement à en rappeler quelques-uns qui suffiront pour en rappeler d'autres à mes lecteurs.

Tout d'abord, celui qui entend dire que *ce milieu* est la cause des crimes, ou du moins un de leurs germinateurs principaux, demeure pour ainsi dire attiré ou séduit par cette idée. Mais s'il se livre à l'analyse sur quelques exemples dont il ait parfaite connaissance, il verra aussitôt que le milieu n'est que le point fatal où le délinquant se définit seulement par la révélation de ses actes, sans que le milieu sociologique n'influe en quoi que ce soit sur la qualité de ses actes. Pour plus de clarté, je vais examiner quelques exemples que je recommande comme typiques.

Voici un ménage, à l'aise, mais vicieux et de mauvaises mœurs; un des enfants, depuis son bas âge fréquente, avec ses frères, une douzaine de compagnons identiques, s'assimilant toute la qualité de germes vicieux et de tendances réprouvées par le bon sens et par la morale. Cet enfant grandit et devient un joueur de profession, un ivrogne par goût, un turbulent indomptable; enfin arrivé à l'âge d'homme, il devient débauché, et enfin assassin.

Autre exemple: le fils d'un individu pauvre est placé dans un atelier pour apprendre un métier quelconque, et son frère va dans un autre; il se trouve en contact avec des compagnons qui lui donnent des leçons de morale dépravée, de mœurs condamnables et de vices honteux. Arrivé à la puberté, c'est un recueil d'indécences théoriques, un suaire de vices en germes; jeune homme il met ses théories en pratique et transforme ses germes vicieux en embryons viables; devenu homme, c'est un monstre moralement et sociologiquement, il est couvert d'ulcères, débauché, stupide, voleur et assassin.

Je pourrais multiplier les exemples, mais ces deux là me suffisent. On me dira maintenant: «Si ces individus, dès leur enfance, n'avaient point été en contact avec d'autres qui leur ont enseigné des actes réprouvés et les ont conduits dans le chemin du crime, bien certainement ils auraient été heureux et n'auraient causé aucun préjudice à la société; c'est donc le milieu sociologique qui a été la cause que ces individus sont devenus criminels.»

Et moi, j'ai l'entière conviction que celui qui raisonne ainsi se trompe grossièrement. Je n'ai pas oublié d'accompagner chacun *des exemples* cités, et *tous véridiques,* d'une preuve qui va contre ce qu'il pense; ainsi chacun des individus avait des frères qui, après comparaison, formaient un parfait constraste avec nos examinés; bien plus, j'ai suivi dans leur évolution quelques individus qui ont fréquenté, depuis leur enfance, ceux qui me servent d'exemple, et j'ai observé le même contraste entre ceux-ci et leurs compagnons qui rougissaient même de les avoir connus dès l'enfance.

Un observateur, même médiocre, pourra réunir de nombreux exemples comme ceux que j'ai présentés, et cela sans aucun effort, car, s'il le veut bien, il en trouvera à chaque pas. Ces exemples, méthodiquement cherchés, convaincront facilement que ce n'est pas le milieu infect, ni la mauvaise éducation qui sont les causes du crime, mais que le germe des actes criminels a deux sources: tantôt il existe conjointement avec l'individu par un organisme tératologique, pathologique, ou par une constitution spéciale; tantôt il est adventice par des acquisitions organiques pathologiques, ou par des fonctions physiologiques modifiées dans leur intensité et dans leurs produits. Dans tous les cas, l'observateur verra que c'est toujours l'organisme du propre criminel qui engendre la cause du crime, indépendamment de toute influence étrangère venue du milieu social ou des exemples qui ne sont pour rien dans ces actes, comme le prouvent clairement les autres individus qui ont vécu dans le même milieu que les sujets cités plus haut.

Comme contre-preuve, voici encore quelques exemples que j'ai aussi observés:

Un des fils d'un homme riche et illustre, se consacra, dès l'enfance, à l'étude des lettres; depuis les premières études faites dans la famille jusqu'au collège, depuis le collège jusqu'à l'académie et depuis celle-ci jusqu'à sa sortie de l'école de médecine, il montra des aptitudes régulières; comme médecin, sans être d'un talent extraordinaire, il exerce une clinique passable; tout à coup *on présuppose*, on même ou decouvre que, avec calme et préméditation, il abuse de sa profession pour tuer fils, frères, parents, alliés et clients.

Autre exemple: une jeune fille, issue d'une famille riche et honnête, ayant reçu une brillante éducation en famille, sans jamais avoir eu de communication avec des individus du monde, se marie avec un jeune homme très bien élevé et d'une honnête famille. Deux ans après elle empoisonne son mari, mais elle réussit à se faire acquitter devant les tribunaux; quatre ans après, elle est prise comme faisant partie d'une bande de voleurs et d'assassins, et meurt plus tard misérablement sur un grabat.

Autre exemple: une jeune fille riche et d'une brillante éducation domestique, épouse un jeune homme actif et laborieux; après quelques années de mariage, la femme commence à s'adonner au vice de l'ivrognerie; son mari la réprimande, veut la corriger et arrive même à la châtier, mais rien n'y fait. Elle quitte le foyer domestique, abandonne ses enfants, et va vivre au loin dans une maison de prostitution, ivrogne et débauchée. Un peu plus tard, après avoir causé la ruine de sa maison, la mort de son mari et le malheur de ses enfants, on la trouve vivant de la mendicité et fugitive à cause de ses vols.

Par ces exemples, les lecteurs peuvent bien se convaincre que les crimes commis par les personnes ci-dessus n'ont pas eu pour cause le milieu, puisque, même de loin, il n'a pu influer sur elles; car, dès leur enfance, elles ont eu des professeurs vigilants et scrupuleux qui ne leur ont donné que de bons exemples et ont eu soin d'écarter d'elles tout enseignement pernicieux. Malgré tout cela, les crimes et les vices se sont révélés avec la même intensité et la même dureté. Sans être doué d'une bien grande sagacité, tout observateur trouvera aisément des faits nombreux qui viendront corroborer ce que j'avance.

Dans les réunions de famille, dans les dîners, dans les noces et les festins, il n'est pas rare de rencontrer des individus qui n'altèrent en rien leur régime habituel malgré les excitations et les entraînements à manger et à boire davantage. Ils assistent à toutes les folies, à toutes les bombances mais sans suivre leurs compagnons dans leurs excès, parce qu'ils n'ont pas *la complexion pour cela,* comme dit le vulgaire. Eh bien, cette *réserve dans les excès,* où l'abstention naturelle de quelques individus, vient presque toujours *in loco* à être la cause du rétablisse-

ment de l'harmonie entre les extravagances des autres après leurs excès.
Je me rappelle, que, quand j'étais étudiant, j'ai empêché souvent la
pratique d'actes criminels parmi mes camarades irrités après un abus
de boissons alcooliques.

Notons encore qu'un individu, après l'ingestion d'une certaine quantité d'alcool, manifeste aussitôt divers symptômes d'un caractère général
qui font place peu après à d'autres purement individuels qui peuvent
appartenir à plusieurs individus complètement opposés. Ainsi, si trois
individus de constitution anatomique, de physiologie et de psychologie
identiques, absorbent des boissons alcooliques en excès par rapport à
chacun d'eux, tous les trois manifesteront les signes généraux de l'ivresse,
mais chacun d'eux se distinguera par des conséquences psychiques spéciales: l'un sera profondément triste, incapable de faire un mouvement,
de proférer une parole; l'autre, au contraire, sera d'une allégresse inac-
coutumée, se mouvant, s'agitant et parlant beaucoup; le troisième sera
agité, irritable, turbulent, monstrueux, jusqu'à pratiquer un crime. Le
chloroforme produit des résultats identiques. Pour quels motifs des individus intoxiqués avec la même substance présentent-ils des phénomènes si différents?.. L'intoxication sur des individus semblables,
partant du même point, parcourt naturellement le même trajet et agit
sur les mêmes surfaces; pourquoi alors les conséquences sont-elles si
opposées? Cette diversité de phénomènes ne provient-elle pas des organes viscéraux du tronc, comme le foie, la rate, le pancréas, etc., en
vertu de travaux physiologiques différents, chez chaque individu, par
l'intensité sous l'action de l'alcool, transmettant aux surfaces de l'encéphale, qui leur correspondent, des impressions physiologiques d'intensité
variable, et s'arrêtant à des cellules distinctes d'un individu à un autre,
qui provoquent des actes reflexes divers?.. Il est certain que ce n'est
pas l'alcool lui-même qui va agir directement sur l'encéphale, mais la
circulation du sang, exagérée par la suractivité passive du cœur, excite
inconsciemment l'individu à des paroles et à des actes anormaux, produits d'élaborations psychiques du moment.

Tel est le travail fait par l'encéphale; mais, dans ces mêmes circonstances, quel rôle physiologique joueront les viscères du tronc en
relation directe avec l'encéphale, en dehors de la suractivité du cœur
comme organe du même segment?

Est-il croyable que la physiologie des autres organes soit interrompue, incommunicable et sans influence sur l'encéphale? Je ne puis croire

qu'il en soit ainsi à moins de vouloir soutenir que la nature admet des absurdes.

Ce que je viens de rappeler au sujet des réunions et des fêtes s'étend également aux débits de boissons, aux maisons de jeu et de prostitution. Il y a des êtres humains, respectables par leur intelligence, qui se font une joie de passer pour des débauchés ; d'autres, au contraire, quoique *convivant intimement avec les premiers,* en éprouvent la plus grande horreur ; il en est d'autres pour qui le jeu est un attrait, et qui vivent avec des gens qui trouvent que c'est un vice détestable ; d'autres encore aiment à se trouver constamment dans un état de demi-ivresse et qui ont pour amis des gens qui ne boivent jamais...

Les deux réflexions ci-dessus tendent à prouver encore plus clairement que ni les mauvaises mœurs, ni les vices se transmettent par le milieu sociologique en général, ni même par la vie en commun avec les gens les plus dépravés, et que, d'un autre côté, ni les bons conseils, ni les bons exemples ne peuvent arracher les vices. Je connais plusieurs individus, et je puis me citer du nombre, qui ont fréquenté et fréquentent encore, en compagnie *d'habitués,* plusieurs endroits de débauche, de jeu et de boissons, sans jamais avoir été effleurés par le moindre désir je ne dirai d'abuser, mais même d'user de ces excitations. Là opèrent le milieu, la société, la provocation, l'entraînement ; on est quelquefois amené à perdre un ami plutôt que de se livrer à la pratique de certains actes... mais, tout est impuissant, quand la constitution organique ne recherche pas ces actes ou quand elle est inapte à les accepter.

Un père martyrise de coups un de ses fils qui est turbulent et s'entête à vouloir aller dans la rue avec d'autres polissons... il couvre de caresses et de gâteries un autre fils, plus jeune ou plus vieux que le premier, parce qu'il est doux et humble. Ce père pleure le malheur du premier quand il le voit déshonoré dans une prison pour crime d'assassinat... Dans sa douleur, il ne trouve de consolation qu'auprès de son autre fils qui est demeuré honoré et respecté par tous !... Le milieu étant le même, les éléments d'éducation aussi, et les exemples sans tache, pourquoi y a-t-il tant de différence entre les produits psychiques de deux êtres issus du même père ?... Il me semble que nous ne pourrons expliquer ce phénomène que par la constitution organique *entièrement* hétérogène, donnant des résultats psychiques d'accord avec cet organisme.

Observez les individus de différentes nations; considérez ceux des villes, des villages, des bourgs, des peuplades, enfin ceux d'une même famille... vous rencontrerez fatalement la variété psychique qui, fatalement aussi, doit être liée à la variété organique, laquelle, bien qu'imperceptible en masse à l'usage grossier des sens, sera compréhensible lorsqu'elle pourra être examinée convenablement avec des instruments, soit dans les relations, soit dans le pourcentage, soit dans la combinaison histo-chimique.

C'est dans cette variété organique naturelle, qu'il peut survenir à l'organisme des résultantes actionnelles criminelles. Si, par hasard, dans le cours de la vie, surviennent des causes qui modèlent d'une manière intime l'organisme normal, celui-ci peut également, de régulier dans les actions, devenir apte à commettre des actions criminelles.

Ces remarques indispensables étant faites, nous passons à rechercher analytiquement quelles pourront être les causes du crime.

CHAPITRE II

CAUSES NATIVES ET ADVENTICES DU CRIME

§ 1—ETIOLOGIE NATURELLE DU CRIME

Comme nous l'avons dit, les crimes se révèlent chez tous les représentants humains, qu'ils soient parfaits, monstrueux, malades, ou non. Mais nous voyons encore que le penchant vers le crime peut suivre l'individu dès le berceau, ou bien il peut survenir d'une forme intercurrente durant la vie. D'où nous pouvons induire que les criminels éclosent par *causes* organiques *naturelles* et *adventices*.

En me reportant ici aux causes naturelles du crime, je ne prétends point affirmer que la même altération qui produit, dans un organisme, un certain nombre fatal d'actes réprouvés, les produise aussi chez d'autres affectés de la même altération, ou que, si elle les produit, ce soit avec la même forme et la même intensité. Je veux simplement rappeler que les organismes, qui ont certaines altérations natives bien déterminées, peuvent plus facilement révéler des propensions réprouvées qui, peut-être, n'arriveraient pas à éclore si les dites altérations n'existaient pas pour les provoquer d'une manière directe.

Voici quelques exemples, sur un grand nombre, qui pourront servir de stimulant observatif aux gens studieux.

Prenant pour point de départ un organisme réputé commun par certaines relations entre la forme et le volume des deux segments, toute l'altération naturelle organique qui interrompt ces relations sera capable de provoquer des actes parfaitement desharmoniés.

A — Tératologies

En premier lieu, nous avons les monstruosités, ou *tératologies,* manifestées dans l'un des segments, ou dans les deux — tronc et tête —. Ainsi, les relations volumétriques, plus ou moins interrompues auront infailliblement pour conséquence des produits dynamiques bien différents de ceux qui proviennent de relations normales. Dans *le microcéphale,* par exemple, la vie animale domine la vie psychique.

Dans *l'hydrocéphale,* guéri ou non, nous voyons le même fait occasionné par une pression mécanique, engourdissant l'évolution psychique et capable de provoquer des actes aberrés. De semblables résultats sont aussi produits par *les déviations par juxtaposition des os de la colonne vertébrale, du sternum, du bassin* et d'autres points qui déplacent

14

les relations communes des cordons nerveux ou des viscères auxquels ils servent d'appareils contentifs.

Il est facile de concevoir que la direction viciée des nerfs ou des viscères provoque d'autres vices corrélatifs dans le système dynamique ou psychique, originaire des contributions impressives de ces organismes, et, inversement, que les organismes sans ces altérations soient plus à l'abri de ces vices.

B — Pathologie native

En second lieu, vient *la pathologie native* d'aspect *général* ou *partiel*. Les vibrations nerveuses générales excessives d'un caractère idiopathique, soit d'action constante, soit intermittente, comme l'épilepsie, l'hystérie et toutes les affections de la nomenclature névropathique, peuvent pousser, presque inconsciemment, à la pratique d'actes criminels de toute espèce. Il en est de même des *aberrés* dans les combinaisons psychiques, comme *les maniaques, les idiots, les fous,* et tous *les psychopathes,* attendu que leur existence se passe dans des actes anormaux. Cependant, bien que l'infirmité native n'ait pas un caractère général et ne s'établisse que dans l'un des segments, les résultats n'en sont pas moins égaux dans l'intensité et dans la forme: une légère *anomalie* dans l'un des segments, *le manque d'un organe* d'apparence anodine dans ses effets, *l'exagération dans le travail fonctionnel,* une légère *exostose endocrânienne,* etc., etc., sont plus que suffisants pour provoquer depuis les actes simplement réprouvés jusqu'aux plus horribles crimes. De cette dernière catégorie je pourrais présenter de nombreux faits observés par moi, qui démontreraient mon assertion d'une manière complète; mais cela me conduirait trop loin et je me bornerai à rappeler les conséquences psychiques *du manque de commissure grise* dans le troisième ventricule, dont j'ai publié l'observation, anomalie dernièrement diagnostiquée par moi sur quatre autres individus vivants et vérifiée *post mortem* avec la plus grande précision.

Chose notable!... Ces quatre individus étaient tous mariés et aucun d'eux n'eut des enfants, bien que deux d'entre eux eussent épousé des veuves déjà mères! Pour élucider ce dernier phénomène, il ne me reste qu'à examiner le liquide fécondant des individus sans commissure. Est-ce qu'ils seraient privés de cellules vibratiles spermatozoaires[1]?

---

[1] Cet opuscule était déjà composé et sous presse, quand je reçus, le 16 mai 1892, *un livre de divulgation,* écrit par Xavier Francotte — Paris, 1891 — sous le titre de: *L'anthropologie criminelle.*

C — Constitution organique

En troisième lieu, vient *la constitution organique* d'une apparence parfaitement semblable à celle que nous avons choisie pour nous ser-

---

Quelle ne fut pas ma surprise, en feuilletant ce livre, d'y voir une appréciation, selon moi un peu sévère, sur une communication que je fis, sans prétention et sous les réserves de futures vérifications anatomo-psychiques, *post mortem*, sur *l'encéphale humain avec ou sans commissure grise dans le 3.ᵉ ventricule;* et cette communication fut faite par moi sous toutes réserves, malgré un travail de deux années consécutives et un examen anatomique directe de 215 encéphales, et bien que j'eusse recherché les conséquences psychiques de toutes ces anomalies que je trouvai, une à une, dans le milieu sociologique où vivaient ceux qui les manifestaient. Pour ces derniers motifs, je risquai, avec toute prudence, quelques propositions qui me paraissaient donner la raison de certains phénomènes que je rencontrai *invariablement,* propositions que j'ai publiées dans un opuscule où je transcrivis la réponse à quelques objections qui m'avaient été faites à la Société d'anthropologie de Paris, où mes propositions furent présentées par mon estimable et illustre ami, le Dr. Léon Manouvrier, à qui je réitère ici mes plus sincères remerciements.

Dans ces circonstances, j'estime que tout observateur sage et honnête, serait tristement peiné en lisant Xavier Francotte qui, après une transcription de Laurent, écrit à la page 80 ce qui suit: «Un peu de septicisme est bien de mise à l'égard de constatations aussi originales. Voyez-vous cette commissure grise passablement méconnue jusqu'ici, élevée à la dignité d'arbitre de la vie morale, d'organe pondérateur de l'activité intellectuelle et veillant à la propagation de l'espèce humaine!—Des considérations renouvelées de Descartes, qui logeaient l'âme dans la minuscule glande pinéale, se présentent naturellement à l'esprit. Comme la commissure est bien placée pour remplir son rôle! Au milieu de la masse cérébrale, elle coordonne l'action des deux hémisphères, règle leurs opérations et les fait converger vers le même but.»

Que vient faire ici cet appel au septicisme, ou au doute, en présence de phénomènes aussi répétés que les cas anormaux survenus, et qui ont été appuyés par des contre-preuves aussi claires, aussi uniformes que les preuves même?...

Qui a jamais dit (si ce n'est Xavier Francotte) que la commissure grise veillait à la propagation de l'espèce, si ce n'est *une remarque réservée et de passage* que je fis en présence de cette coïncidence que *certains individus masculins* qui n'avaient pas de commissure grise n'avaient pas eu d'enfants?...

Quelle analogie, directe ou indirecte, y a-t-il entre l'idée purement subjective de Descartes faisant *exister l'âme dans la glande pinéale,* et les conséquences positives, objectives, réitérées et uniformément survenues en de scrupuleuses observations anatomo-psychiques?...

Qui a dit que la commissure grise règle les opérations de l'encéphale et les dirige vers le même point?...

Enfin, quelles preuves réelles et observées ont été données jusqu'à ce jour contre mes observations, soit par des observateurs circonspects, soit même par Xavier Francotte, qui aient poussé ce dernier à avancer une conclusion, comme celle-ci, pénible pour tout travailleur sincère et probe:

«Mais ceci est du domaine de la phantaisie, et ce serait perdre du temps que d'y insister davantage?...»

Avec quelle facilité, dans un livre de divulgation, on jette le mépris sur un ouvrage, pénible et fatigant, mais positif car il est basé sur des observations scrupuleuses!...

Cette manière critique, ou plutôt cette censure sans preuves autorise quiconque à dire que Xavier Francotte est, dans ses conclusions, d'une légèreté impropre d'un homme qui se consacre à l'étude d'une science moderne positive.

Moi, je n'oserais pas l'avancer, mais je laisse ce soin à tous les observateurs sérieux et sensés.

vir de type normal; et c'est là le plus grand écueil de la criminologie. Jusqu'à présent, nos moyens d'investigation sont impuissants pour découvrir la cause légitime du crime dans un organisme apparemment constitué comme un autre qui lui est opposé dans ses actes psychiques. Mais, jusqu'à ce jour, l'observation n'a pas été dirigée vers deux faits importants qui doivent donner la chef du problème, et que voici: le criminel aura-t-il la même harmonie segmentaire dans la proportion, dans la compensation et dans l'évolution, qui existe chez celui qui n'est pas criminel?... y aura-t-il chez le criminel la même disposition ordonnatrice dans les viscères et dans les appareils vérifiée par la comparaison des relations et par les dispositions intimes qui existent chez le non criminel?... Si l'on répond à ces deux questions, nous pourrons dire hardiment que la criminologie a fait un pas sûr dans le progrès; mais jusque là, il est rationnel et prudent de dire que la constitution organique interne du criminel, d'apparence semblable à celui qui ne l'est pas, doit-être, par la comparaison, bien différente dans la disposition et la constitution de ses parties internes, après avoir vérifié que d'autres causes adventices n'existent pas.

§ 2º—ETIOLOGIE ADVENTICE DU CRIME

Un organisme d'éléments bien proportionnés et bien compensés dynamiquement peut arriver à un âge avancé sans le moindre ébranlement dans sa marche physiologique et psychique et, par conséquent, sans altération matérielle dans ses organes et dans ses éléments. Cet organisme, donc, manifestera des résultantes régulières d'accord avec l'uniformité constitutive inaltérée. Si, cependant, quelque *altération plastique* ou *fonctionnelle* venait à arriver, d'un caractère soit *général,* soit *partiel,* immédiatement les conséquences dynamiques manifesteront leurs indices. Or, dans le cas en question, l'organisme est susceptible d'être altéré dans son dynamisme soit *pathologiquement,* soit *physiologiquement.* Dans le premier cas, il peut l'être *généralement* ou *partiellement;* dans le second, il peut l'être *activement* ou *passivement.*

A — Pathologie adventice

Si, d'une manière générale, la maladie attaque *les plus petites branches* ou même *les cordons nerveux, la moëlle et l'encéphale* ou *leurs involucres,* nous voyons aussitôt apparaître des conséquences singulières dans le système psychique, provoquées par des douleurs, ou par la crainte de la mort, ou par des impressions aberrées, poussant à la pratique d'actes qui peuvent amener le délit ou le suicide, bien que jusque-là l'individu manifeste la plus grande prudence et la plus grande sérénité dans toutes ses actions. Dans ces cas j'ai connu et je connais un grand nombre d'individus, les uns suicidés, les autres turbulents, les autres dignes de pitié.

Le torrent circulatoire donne aussi son contingent non moindre que celui des altérations nerveuses. Les fièvres, dans leur paroxysmes, dans leurs accès, poussent les individus aux plus grandes extravagances; d'autre fois, les malades, dans leur délire, commettent toute espèce de crimes inconscients, et hors de cet état, ils paraissent les gens les plus doux et les plus pacifiques. Les venins organiques, comme la *syphilis,* le *virus rabbique,* etc., par altération, excitation ou destruction élémentaire, provoquent la manie, le désespoir, la furie, le crime, le malheur propre ou d'autrui, chez ceux qui, dans leur vie, n'ont jamais révélé le plus petit signe d'altération psychiqne. On conçoit également que *l'embole* provoque des altérations psychiques de tout ordre, soit par destruction d'une certaine surperficie encéphalique, soit simplement par diminution de circulation dans cette superficie. Le *trombus,* non mortel mais très imparfait, ne s'écarte peut-être pas beaucoup de l'embole dans ses conséquences, par l'altération sanguine partout où il est projeté avec celui-ci.

La constitution élémentaire qui, jusqu'à ce jour, a si peu attiré l'attention des gens studieux, en ce qui concerne la criminalité, ne nous fournit pas moins un grand contingēnt. *Les anémies, les dégénérations, les altérations,* etc., n'épargnent pas le système psychique de tous ceux qui en sont attaqués. Nous voyons que l'anémique est presque toujours irritable, que celui qui souffre de dégénérations est impressionnable, et que celui qui souffre d'altérations nourrit des préjugés et devient monomane; or, de l'irritabilité, d'une forte impressionnabilité et de la monomanie à la pratique d'un acte réprouvé il n'y a qu'un pas, surtout si la cause provocante continue.

L'action morbide adventice peut-être *partielle,* ayant sont siége sur un point quelconque de l'un ou d'autre segment, et actuer comme si elle était cause générale ou native partielle. Par conséquent, *les inflammations, les congestions actives et passives dans les méninges ou dans l'encéphale,* et même *l'anémie* de cet organe, sont plus que suffisantes pour entraîner les individus, chez lesquels elles se manifestent, à la pratique d'actes d'une incohérence incalculable, quand elles ne les foudroient pas par leur intensité, mais qu'elles opèrent lentement et presque imperceptiblement.

Il ne sera pas loin de la vérité celui qui pensera que le plus grand nombre des exostoses et des destructions de la lame interne et du corps spongieux du crâne, lésions si souvent rencontrées par moi chez les criminels, comme je le montrerai, ont pour origine les causes pathologiques sus-mentionnées.

De la même manière, les affections du tronc dans *les organes thoraciques, abdominaux* et *de la reproduction,* tantôt embarrassant la circulation, tantôt engourdissant les courants nerveux par compressions ou altérations partielles, ou par impressions douloureuses constantes et excessives, etc., etc., peuvent pousser à la pratique d'actes délinquants, réprouvés souvent par ceux-là même qui veulent les pratiquer. Les médecins qui ont une grande clinique ont toujours des occasions de vérifier ce que je viens de dire, non seulement par leur propres observations, mais encore par la confession de leurs malades dominés par des idées funestes relativement à des personnes de famille, à des amis, et à eux-mêmes.

Les individus que le vulgaire appelle hypocondriaques, hémorrhoïdaires, vont, la plupart du temps, chercher l'origine aux causes citées et rarement à d'autres.

B — Physiologie active

Du moment que la fonction spéciale à chaque organe est régulière et s'opère naturellement, l'organisme conserve un parfait équilibre entre l'assimilation et l'excrétion; mais dès que l'activité fonctionnelle de l'organe est *exagérée* ou *amoindrie,* aussitôt l'équilibre est interrompu, et de là des désordres dynamiques. C'est, par exemple, le cerveau d'un paysan, habitué aux travaux des champs, que l'on nourrit de lois et de formules géométriques ou algébriques; c'est l'anachorête déjà mûr qui se livre à l'abus immodéré de la copulation charnelle; c'est le marin vigoureux qui du grand air passe au fond d'une mine pour en extraire des métaux; c'est le viveur qui se voit réduit à l'alimentation du paysan....

Dans les deux premiers cas, nous aurons *exagération physiologique* que *le cerveau* du paysan et *la moëlle* de l'anachorête doivent profondément sentir et dont la persistance leur amènera de sérieuses conséquences plastiques et dynamiques; dans les deux autres cas nous avons le contraire, c'est-à-dire, que *les poumons* et *le cœur* du marin, et *les viscères abdominales* du viveur souffrent *une insuffisance physiologique* dont ils ressentiront bientôt aussi les résultats plastiques et dynamiques.

Si nous invertissons chacun de ces cas, nous aurons pour résultat des conséquences fatales en sens inverse.

Il semble tout d'abord que je me mets en contradiction avec moi-même en faisant ressortir ici *la puissance du milieu,* alors que j'ai déclaré que le milieu était incapable de provocations délinquantes. Il n'en est rien pourtant, car le milieu dont j'ai parlé plus haut est le milieu *sociologique,* tandis que je parle ici du milieu *physiologique* dont l'importance est, pour moi, de premier ordre dans la criminologie.

C — Physiologie passive

La réflexion qui précède, je l'ai faite pour appeler l'attention des intéressés sur les observations suivantes:

Comme la physiologie active, la physiologie passive peut-être *exagérée* ou *insuffisante* sur les mêmes points.

La physiologie passive exagérée peut se produire *au cerveau* ou *à la moëlle* pour des ·motifs divers parmi lesquels je citerai: *la colère* en défiant des afflux congestifs, *l'abus des boissons alcooliques, l'usage immodéré du tabac, les sensations du jeu, les excitations vénériennes, les vices contre nature,* dont les conséquences conduisent à la manie, à l'aberration, à la folie et même au crime. Dans les organes thoraciques, la même exagération physiologique peut arriver par les sensations violentes du jeu, *en redoublant les battements du cœur,* hyperkynésie qui, à son tour, va aussi provoquer dans les poumons *un excès d'hématose* qui provoquera une plus forte circulation et des congestions passives d'ont nous avons. déjà indiqué les résultats dans les organes plus nobles comme le cerveau et la moëlle.

Les organes abdominaux, à leur tour, sont aussi capables de manifester une physiologie passive exagérée suivant certaines circonstances. Il est clair que l'estomac gonflé par *un excès d'aliments,* sensibilisé par des excitants, augmentera la vigueur des mouvements péristaltiques et anti-péristaltiques, obligeant les autres organes, qui fournissent les éléments digestifs, à concourir avec un pourcentage de sécrétion bien plus grand. Dans ce cas, les intestins auront besoin d'opérer *une assimilation plus grande, le travail papillaire* augmentera aussi, et la fluxion *des sucs gastro-intestinaux* sera aussi bien plus forte. Par contre-coup, le foie souffrira des effets semblables en ce qui concerne son travail spécial, et, par conséquent, sa circulation sera clairement *congestive* et sa transformation saccharine *énormément augmentée,* ainsi que la sécrétion de la bile.

En ce qui concerne le foie, nous rappellerons un phénomène psychique, commun ou vulgaire, au sujet de l'abondance et des effets de la sécrétion de la bile, à savoir: lorsqu' un individu manifeste une humeur triste, des actes immodérés, un langage dissolu, des mouvements précipités et violents, etc., etc., en complet désaccord avec ses actes de la veille, ceux qui le connaissent ont coutume de dire: «Ce n'est pas sa faute, il est bilieux»; et le fait est que l'excès de bile provoque ces dérangements psychiques qui proviennent probablement de l'action irritante de la bile sur la surface interne des intestins, en transmettant des impressions à l'encéphale par les radicules nerveuses qui y aboutissent.

Dans les autres organes abdominaux, *le travail* est d'autant plus *excessif,* que plus grand a été l'excès d'alimentation, travail qui a pour but de maintenir la proportionnalité avec les autres organes voisins, comme le travail rénal après l'ingestion d'une grande quantité de liquides; cependant, je rappellerai tout spécialement la valeur physiologique que doivent avoir, dans les manifestations dynamiques, les glandes sanguines comme le pancréas et le thymus.

Et maintenant, je ferai observer que la circulation du sang ne doit pas se faire largement dans les endroits où la vie physiologique est étroite, pour provoquer ou pour développer, de près ou de loin, d'autres dédoublements dynamiques; c'est pour cela qu'il est naturel que le pancréas, qui a une circulation extraordinaire, soit un organe d'une très grande importance physiologique et d'une influence extensive à d'autres points, bien que nos connaissances de cette glande soient véritablement à l'état rudimentaire; et, en effet, le pancréas doit avoir d'autres fonctions que celle de déverser son suc spécial dans le *duodenum* uniquement pour auxilier la digestion.

La physiologie passive insuffisante dans le cerveau et dans la moëlle. Les individus qui mènent une vie irrégulière par excès de divertissements ou par vices, comme les bals, les théâtres, le jeu, etc, et *qui font du jour la nuit,* auront infailliblement pour résultat *physiologique une très faible contingence dans la moëlle et dans les centres encéphaliques;* le même effet sera produit s'ils éprouvent constamment de violentes sensations, comme celles *du jeu, de la copulation charnelle, de disputes* à cause de femmes, etc., dont le résultat sera un épuisement nerveux qui produit plutôt des aberrations que des actes sensés.

Ces individus vicieux, ou irréguliers dans leurs habitudes naturelles, surchargent les *organes thoraciques* de travaux extraordinaires et extemporanés en fatigant *le cœur* sans profit, en lassant cruellement *les poumons*, organes qui manifestent aussitôt après leur impuissance, par fatigue ou par épuisement, à satisfaire avec leur travail particulier aux nécessités de la circulation à distance, et même à celles de l'hématose. Dans de telles circonstances, il est raisonnable de supposer que, vu la pauvreté d'impulsion circulatoire et qualitative du sang, il puisse arriver des résultantes psychiques corrélatives, bien diverses de celles qui se produisent ordinairement chez les mêmes individus, parce que les centres encéphalo-rachidiens sont baignés d'un sang appauvri dans l'action et dans la marche.

Les refections incomplètes, rares ou fréquentes, hors des heures habituelles, déteriorées, copieuses ou insuffisantes, provoquent dans *l'estomac* la sécrétion de sucs, en temps anormaux, qui peut-être plus ou moins abondante, produisant *la saburre, l'atonie, la dyspepsie,* et autres affections du même genre qui ne sont ni traitées, ni même diagnostiquées, parce que rarement on les rencontre à l'état aigu. Ces affections chroniques, à leur tour, influent sur les organes éloignés dont elles altèrent la marche fonctionnelle.

Le peu d'activité des intestins dans l'assimilation et dans l'expulsion excrémentielle, à cause de *mouvements lents* propres et par transmission, conduit aux mêmes résultats physiologiques passifs que ci-dessus.

Lorsqu'un individu devient précipité dans ses mouvements, peu cohérent dans ses réponses et capable d'insultes et de violences jusqu'au délit, il n'est pas rare d'entendre dire à ceux qui le connaissent: «hélas! ce n'est pas de sa faute; il est malade, il est dyspeptique». Et le fait est que lorsque cet individu vient à rétablir le travail normal de l'estomac, il reprend aussitôt sa cohérence, sa sérénité, sa prudence ordinaires, étonné lui-même d'avoir pu commettre tant d'extravagances, qu'il connaissait parfaitement, mais dont il ne pouvait s'affranchir, se sentant poussé vers elles irrésistiblement. Mais que de désordres mentaux, vertiges, hallucinations, haines domestiques et sociales, ne doit pas produire le plus léger ébranlement de l'estomac? D'après mes observations cliniques, je serais tenté de croire que la pathologie gastrique peut paraître fournir un vaste tableau nosologique d'organes qui ne révèlent les symptômes que par réflexion, en les transformant dans un autre ordre de phénomènes spéciaux à chacun, comme les organes encéphaliques.

La présence de *vers,* solitaires ou en masse, produit aussi des conséquences, physiologiques et psychiques, des plus extravagantes, sans qu'on trouve, la plupart du temps, le moindre indice de leur existence pour en établir un diagnostic sûr; ainsi, l'action prothéiforme des vers chez les enfants est connue de tous les médecins et même du vulgaire. Un enfant qui a des vers, est inquiet, turbulent, insupportable, sans laisser voir aucune cause apparente de son altération psychique, que bien souvent on ne découvre que par hypothèse. Chez les adultes également, la présence des vers peu faire croire à un grand nombre d'affections de la moëlle et même de l'encéphale. Sans aller plus loin, je rappellerai les attaques, d'un aspect épileptique, causées par l'existence du ténia, pouvant quelquefois causer des vertiges, des manies, et même des accès parfaits de folie, etc.

Par les irrégularités dans l'alimentation, par les mauvaises digestions, par le manque d'aliments et autres causes qui agissent sur l'estomac, le foie ralentit ses travaux, produisant ainsi de nouveaux désordres dans les organes qui sont sous la dépendance de sa sécrétion et de sa circulation. Enfin, les fonctions des autres organes abdominaux, non mentionnés, souffriront également en raison de la physiologie insuffisante, aux conséquences de laquelle la moëlle et l'encéphale ne peuvent échapper, modifiant aussi le travail qui leur incombe comme sensation et mouvement.

Après ce rapide et imparfait aperçu étiologique naturel et adventice de l'altération fonctionnelle des organes humains, sous le point de vue pathologique ou physiologique, modifiant les résultantes psychiques de ce même organisme jusqu'au délit, nous présentons à nos lecteurs, pour plus de clarté, le tableau suivant:

Tableau XXXIII

Etiologie organique et fonctionnelle du crime

Naturelle

- **Tératologie**
  - Tête ...... { Microcéphalie. / Hydrocéphalie.
  - Tronc ...... { Déviations de l'épine. / Déviations du sternum. / Déviations du bassin.

- **Pathologie native**
  - Générale ...
    - Névropathie ...... { Epileptiques. / Hysteriques. / Maniaques.
    - Psychopathiques ... { Aberrants. / Imbéciles. / Fous.
  - Partielle ... — Tête et tronc ..... { Anomalies. / Défaut d'organes. / Exagération de fonctions. / Hyperostose.

- **Constitution organique**
  - Desharmoniée ...... { Dans la proportion. / Dans la compensation. / Dans l'évolution.
  - Asymétrie. { Par comparaison dans les relations. / Par dispositions intimes. / Des nerfs, moëlle et cerveau.

Adventice

- **Pathologie**
  - Générale ...
    - Par la circulation ..
      - Fièvres .... { Accès. / Délires.
      - Poisons organiques .. { Syphilis. / Virus rabbique.
      - Embarras circulatoire { Trompes. / Entonnoirs.
    - Par la constitution élémentaire ..... { Anémie. / Dégénérations. / Alterations.
  - Partielle ...
    - Dans le cerveau et les méninges .... { Inflammations. / Congestions .... { Actives. / Passives. / Anémie.
    - Dans le tronc ..... { Affections des organes thoraciques. / Affections des organes abdominaux. / Affections des organes de reproduction.

- **Physiologie**
  - Active ..... Exagérée ou insuffisante .... { Dans le cerveau. / Dans la moëlle. / Dans le thorax. / Dans les viscères abdominales.
  - Passive ....
    - Exagérée ....
      - Dans le cerveau et la moëlle .. { Par boissons alcooliques. / Par abus du tabac. / Par sensations du jeu. / Par copulation charnelle. / Par vices contre nature.
      - Dans le thorax .. { Hyperkinésie. / Hematose augmentée.
      - Dans l'abdomen
        - Estomac { Excès d'aliments. / Friandises. / Excitants.
        - Intestins { Forte assimilation. / Forte vitalité papillaire. / Fort afflux de sucs.
        - Foie { Circulation congestive. / Transformation saccharine énorme.
        - Autres organes { Travail excessif proportionnel à l'alimentation.
    - Insuffisante ....
      - Dans le cerveau et la moëlle .. { Par insomnie. / Par choc de sensations de vices. / Par excès de copulation charnelle.
      - Dans le thorax .. { Par lassitude cardiaque. / Par épuisement pulmonaire.
      - Dans l'abdomen
        - Estomac { Atonique. / Saburral. / Dyspeptique.
        - Intestins { Mouvements lents. / Indolents. / Vers.
        - Foie { Mauvaises digestions. / Insuffisance d'aliments. / Irrégularité d'alimentation.
        - Autres organes { Action propre et conséquences transmises par l'insuffisance physiologique des autres organes.

CHAPITRE III

REFLEXIONS SUR LA COMMUNICABILITE
DU TRONC ET DE LA TETE

Je pense qu'il est bon de placer ici quelques considérations sur la communicabilité du tronc et de la tête, mais présentées avec un caractère synthétique et déductif, dans le but de voir si les conclusions jetteront quelque lumière sur les causes de la criminalité. Voyons s'il est possible d'en tirer quelques résultats avantageux.

Nous avons vu que les deux segments principaux sont corrélatifs dans la forme géometrique et volumétrique, et que lorsque ces relations n'existent pas, les conséquences psychiques sont fatalement altérées; que la naissance peut produire l'organisme pathologique physiquement et psychiquement; que la propre constitution organique, *d'apparence normale,* est capable de manifester les mêmes altérations psychiques, dont les causes échappent à nos moyens d'investigation mais qui doivent se rattacher à des désordres matériels intimes de l'organisme; que les infirmités acquises peuvent développer les mêmes irrégularités psychiques par des altérations plastiques générales ou partielles; que la physiologie active, ou la physiologie passive provoquée, sont suffisantes pour produire les mêmes tâches psychiques, soit par exagération, soit par insuffisance fonctionnelle des organes, de l'un ou des deux segments, avec influences réciproques.

§ 1º — PREMIERE REFLEXION SUR LES LIAISONS PROCESSIONELLES

Si l'organisme tératologique, l'organisme pathologique naturel ou adventice, celui de constitution spéciale, celui de physiologie exagerée ou insuffisante d'un caractère soit général, soit partiel, si ces organismes, dis-je, donnent une preuve immédiate d'altérations psychiques, il est naturel de présumer que toutes les parties d'un segment humain, une à une, aient d'étroites relations avec celles qui leur correspondent dans l'autre segment où elles puissent transmettre des impressions et d'où elles puissent également en recevoir; je veux dire d'une manière plus générique que: à chaque organe du tronc doit correspondre un organe de l'encéphale avec lequel il est en relation plus directe qu'avec les autres organes du même segment, bien qu'il ait avec ceux-ci une dépendance médiate à un degré moindre, bien entendu, qu'avec ceux de son propre segment.

Prenons un exemple, pour plus de clarté: Les mouvements de la langue et de l'articulation des sons sont à la charge du *grand nerf hypoglosse qui est le nerf moteur de la langue; il préside donc aux mouvement de cet organe et de l'articulation des sons.* L'hypoglosse a son origine apparente dans le sillon qui sépare l'olive de la pyramide antérieure; c'est sur le plancher du quatrième ventricule qu'il a son noyau qui s'étend jusqu'à l'extrémité inférieure du bulbe. Or, il est démontré aujourd'hui que la partie du cerveau qui préside à la formation du langage articulé est la troisième circonvolution frontale gauche, sans qu'aucun anatomiste, jusqu'à ce jour, ait pu trouver le plus léger indice d'une liaison directe et étroite du grand hypoglosse avec cette circonvolution; il semblerait donc que celle-ci ne devrait avoir aucune influence sur le mouvement lingual et phonétique. Mais il est prouvé qu'elle en a une et très prononcée, puisque la facilité de langage est d'autant plus grande que la troisième circonvolution frontale gauche est plus développée et réciproquement. Dernièremênt, à Paris, on a commencé à soupçonner un phénomène identique au sujet de l'appareil auditif, après l'examen fait sur le cerveau de l'illustre Bertillon.

Ces faits autorisent donc à supposer des relations spéciales semblables du cerveau avec chacun des appareils ou organes, voisins ou éloignés, du même segment ou du segment inférieur de l'organisme humain.

Cette controverse scientifique cessera bientôt, à mon avis, de n'être qu'une hypothèse pour briller de tout l'éclat de la vérité, aussitôt que les hommes de circonspection l'auront étudiée avec la plus sérieuse attention. Alors, on découvrira une série de nouveautés de ce genre dans le circuit obscur où s'opère le plus grand nombre de phénomènes psychiques. On verra que chaque organe du tronc doit avoir dans l'encéphale un correspondant direct et spécial, non homologue, ni semblable, mais de répercussion, et qu'entre eux passent, sans interruption, des communications physiologiques réciproques de sensation et de mouvement. Et de fait, la physiologie traitant uniquement d'un ou de plusieurs organes du même segment nous donnerait tout au plus le type de la vie animale simple; de la même manière, l'ensemble de la vie physiologique des organes du tronc se précipitant en tumulte au milieu du labyrinthe encéphalique nous donnerait pour résultat la désharmonie psychique, le désordre actionnel; il nous donnerait un être indescriptible, cahotique, sans commencement ni fin dans la locomotion et dans l'intellectuabilité.

De semblables conséquences arriveraient si chaque organe du tronc communiquait isolément ses actes physiologiques avec l'encéphale tout entier, sans aller directement présenter son travail à un autre organe destiné spécialement à cette fin; il est facile de comprendre l'impossibilité d'un tel fait, si l'on considère que, d'aucune manière, l'encéphale ne pourrait s'occuper de recevoir et de distribuer en entier les plus légers phénomènes de chaque organe en même temps; pour cela, il serait nécessaire de concevoir un encéphale multiple et simultané, ou alors occupé périodiquement avec chacun des organes, ce qui, dans les deux cas serait un absurde inqualifiable, en présence du contraire qui se présente constamment.

C'est ce dernier cas qu'admettent tous les auteurs quand ils parlent *des centres nerveux* à propos des impressions du *sensorium commune,* sans déterminer le point, ou la surface ou le lieu spécial où elles se dirigent. Mon désir serait que ce langage vague que l'on emploie quand on parle de l'encéphale, fût substitué par un autre plus précis et plus correct, pour que les hommes de sciences ne pussent être taxés d'incompréhensibles.

Si, au contraire, nous concevons que les organes du tronc ont pour correspondants d'autres organes de l'encéphale, un à un, le langage scientifique deviendra plus facile; la description des phénomènes psychiques acquerra de la viabilité et de la clarté pour tout le monde; l'explication des courants efférents et afférents sera conçue dans leur trajet d'une manière claire et rationnelle; les organes qui affectent un aspect indépendant, plastiquement et physiologiquement, se lieront d'une manière directe à d'autres organes qui assimilleront leurs produits spécifiques et les dédoubleront en d'autres d'un caractère divers, mais d'intensité corrélative; enfin, seront clairement expliquées, sans métaphysique et sans obscurité, les fonctions spéciales aux éléments et aux organes de chacun des segments.

Les liaisons *processionnelles* supposées entre les organes encéphaliques, par les prolongements cellulaires, de ceux-ci au bulbe, du bulbe à la moëlle et de celle-ci aux organes, sont les premiers rudiments d'observation positive au sujet de la communication des organes correspondants des segments; mais ils sont d'une insuffisance telle qu'ils n'arrivent pas à satisfaire même les moins scrupuleux dans l'élucidation de phénomènes dynamiques en continuelle élaboration et en manifes-

tation variée et constante. Les *processus* cellulaires encéphaliques serviront à relier entre eux les éléments de chaque organe de ce même
segment dans leurs fonctions et dans leur force plastique; le produit
ou la synthèse des travaux partiels du dit organe, ne pourra, d'aucune
manière, être transmis à distance par les mêmes *processus,* attendu que
leur action doit s'épuiser dans un espace circonscrit, mais la transmission générale des phénomènes en masse, ainsi que la réception d'autres
phénomènes dans les mêmes conditions, devra nécessairement être effec-
tuée par d'autres éléments propres, en conjonction continue, qui aboutissent directement au point de la réception et de la transmission. Je
ne prétends point dire que ces moyens de communication soient de
gros appareils ou des masses énormes de substance que les sens puissent percevoir facilement, la délicatesse histologique et histo-chimique
ne m'autorise pas à soutenir une pareille sottise; mais l'investigation
microscopique, aidée par l'induction, est capable d'atteindre ce *deside-
ratum* dans un court délai relativement à la portée de cette découverte
grandiose.

Que l'encéphale ait un point déterminé et unique pour ses élaborations synthétiques faites au dépens d'élaborations partielles identiques,
venues de chacun de ses organes, cela est possible et même naturel;
mais ces synthèses, une fois formulées, retourneront dûment classées
vers chacun des organes propres, qui s'en serviront, dans l'occasion
opportune, sans avoir besoin de recourir à une nouvelle élaboration.
De cette manière, nous donnerons une explication rationelle de la *mémoire* qui n'est que la répétition des certains faits déposés dans certains
organes, comme dans un régistre, et dont la répétition est défiée par
l'impression des sens, ceux-ci conduisant leur action directement à cet
archive-là par leurs appareils spéciaux. On peut dire, en langage vulgaire, que l'encéphale est une fédération dont tous les états sont indé-
pendants, mais obligés à respecter les lois fondamentales de la fédération. On doit penser de même pour le tronc.

§ 2°—SECONDE REFLEXION SUR LES FONCTIONS DE RECEPTION
ET DE REFLEXION DE L'ENCEPHALE

L'encéphale est un segment aussi actif que passif; mais en compensation, c'est le *registre* et *terminus* de toutes les impressions sensibles
conscientes en mouvements afférents et efférents, ainsi que d'excitations
physiologiques et histo-chimiques constantes des viscères, excitations
inconscientes à l'individu même chez qui elles se manifestent.

Sur la dernière proposition, d'un caractère purement original, qu'on me permette un rapide exemple pour plus de clarté :

La plupart du temps, une digestion difficile pendant le sommeil, ou simplement une digestion régulière pendant le sommeil est accompagnée de songes prolongés et extravagants dont l'individu, à son réveil, se rappelle le nœud et les principaux faits. Ces songes ne sont que des excitations physiologiques inconscientes qui font que l'encéphale élabore des combinaisons psychiques régulières ou extravagantes, extravagantes parce qu'il ne peut pas faire de comparaison avec les jugements et les idées formés par des objets réels.

Au réveil, les mêmes excitations physiologiques doivent naturellement se produire dans le dit organisme en suivant le même trajet ; mais, comme l'individu alors peut comparer et qu'il est, en outre, occupé par d'autres phénomènes sensibles, ces excitations continuent à se produire d'une manière inconsciente, tout en imprimant aux cellules ou masses de cellules par les *processus* encéphaliques le coin de sa spécialité et de son influence, sans que, je le répète, l'individu chez lequel elles se produisent puisse les percevoir.

Il y a cependant une considération importante à faire sur l'encéphale : — L'encéphale n'élabore que des produits résultant de combinaisons entre phénomènes sensibles, préalablement assimilés par lui, soit simples, soit à l'état déjà de combinaison. Ainsi, par exemple, depuis les sons glottiques et les modulations palato-linguo-dento-labiales jusqu'au langage et, de celui-ci, jusqu'à la langue ou aux langues flexibles, le cerveau, après les sons fondamentaux et les lois de modulation, peut formuler et formule d'une manière ininterrompue des jugements et des idées, sans avoir besoin de formules spéciales. Il en est de même pour toutes les divisions du travail humain, comme les sciences mathématiques, chimiques, physiques, mécaniques, etc. ; les arts libéraux et d'agrément, comme la profession d'avocat, de chirurgien, de musicien, de danseur de gymnaste, etc. ; les métiers proprement dits, comme celui de menuisier, de cuisinier, de tisseran, etc. ; les travaux des champs, comme le laboureur, le jardinier, le paveur, etc., etc. Nous remarquerons néanmoins que ces divisions du travail humain ne peuvent s'assimiler et être utiles à ceux qui les exercent que si elles sont transmises par les impressions du langage (acoustique), aidées par les impressions du mouvement (vision), et de tactilité directe (goût, olfaction, et tact), servant d'éléments pratiques du langage. Et en effet, le langage, sans les éléments démonstratifs des autres sens, est comparable au son dans le vide — il ne peut passer, parce qu'il n'a pas d'éléments vibratoires conducteurs.

§ 3° — TROISIEME REFLEXION SUR LA COMMUNICATION DIRECTE DU TRONC, ORGANE A ORGANE, AVEC L'ENCEPHALE

A mesure que la terre faisait sortir de son sein de nouveaux produits jusqu'alors inconnus, et que les éléments volatiles de la couche gazeuse qui l'entourait se rapprochaient de sa surface en vertu du refroidissement, en même temps l'être biologique unicellulaire s'enrichissait de ces nouveaux matériaux, et acquérait des forces vitales plus intenses, outre de nouvelles dispositions de conjonction et de combinaison; ces dispositions furent portées à des groupes polycellulaires qui faisaient varier les formes organiques d'un être à l'autre. Ces groupes cellulaires, en proportions et distributions qualitatives et quantitatives par surface, depuis la sphère jusqu'au sac ou bourse, séparèrent peu à peu les êtres morphologiquement et fonctionnellement, depuis ceux de bourse à ceux de *chorda dorsalis et amphioxus,* rendant les uns incompatibles avec les autres dans la vie en commun, et surtout dans les phénomènes de la reproduction qui ne pouvaient s'opérer qu'entre semblables ou individus de la même *espèce,* nom sous lequel on les distingue.

A mesure que de nouveaux éléments géologiques apparaissaient sur la superficie de la terre, et tant que la terre conserva à sa surface une *chaleur propre suffisante* et nécessaire pour donner la vie, la cellule assimila tous ces éléments et, suivant sa richesse, forma des groupes chaque fois plus nobles, plus complexes, plus compliqués, depuis les acrâniens jusqu'à l'homme.

Aussitôt que cessa la chaleur tellurique suffisante pour provoquer et unir les *associations cellulaires,* se dédoublant en organismes de morphologie spécifique, les espèces neuves, *ipso facto,* cessèrent d'apparaître; mais la reproduction des êtres existants continua aux dépens du degré de chaleur précis que la terre laissa à l'état latent dans chacun des représentants de chaque espèce. Or, il est clair que la première vie devait être pauvre en éléments telluriques, et par conséquent, aussi pauvre en résultantes fonctionnelles; de la même manière, la morphologie devait accompagner la partie élémentaire dans sa pauvreté, croissant dans la complication morphologique, organique et fonctionnelle, à mesure que les éléments augmentaient; et c'est en effet ce qui arriva.

Sur toute la partie du globe où pouvaient se combiner *la chaleur tellurique, l'eau* et *l'humus,* la vie apparut; là où ces trois facteurs persistèrent accompagnés de *nouveaux éléments basiques qui venaient s'y déposer,* la vie se fortifia et les associations cellulaires commencèrent à faire leurs premiers essais; *l'action des facteurs continuant,* les associations cellulaires, les organismes, se fortifièrent, et de *nouveaux groupes plus compliqués s'ébauchèrent.* . . et ainsi successivement, pendant des milliers d'années, *des cellules* se réunirent *chaque fois plus riches en éléments basiques,* et formèrent *des organismes d'une complication croissante presque imperceptible dans l'action morphologique et fonctionnelle,* les êtres formant une véritable *chaîne à anneaux rapprochés mais non fixés l'un à l'autre, depuis le eoᶎoon jusqu'à l'homme.*

Les associations cellulaires paraissent s'être arrêtées à l'homme parce qu'il manquait deux facteurs: *la chaleur tellurique* et *de nouveaux éléments basiques.*

Lorsque nous dirigeons notre attention sur les premières organisations biologiques, nous remarquons qu'elles se présentent avec une simplicité d'éléments et de structure en parfaite harmonie avec les éléments géologiques en liberté ou combinés: — amibes, infusoires, zoophytes, amphioxus, êtres dans lesquels les rudiments de l'épine dorsale n'apparaissent pas encore, excepté chez les derniers, mais où le crâne n'est pas même ébauché. Donc *les animaux primitifs n'avaient que le tronc.*

Le segment supérieur proprement dit n'a commencé à apparaître que lorsque le tronc a eu des organes compliqués, mais dans une proportion si faible que c'était à peine une *ébauche céphalique* — cyclostomes, sélaciens (poissons primitifs), reptiles —. A mesure que la complication organique du tronc augmenta, l'encéphale se développa dans la même proportion — ornithorhinques, pachidermes, singes, anthropoïdes, homme —. De manière que, en nous servant d'une proposition un peu osée, nous pouvons avancer que l'encéphale est une projection du tronc, faite aux dépens de l'extrémité supérieure de la moëlle, ou, pour mieux dire, par épanouissement du bulbe rachidien.

Mais, c'est dans le bulbe rachidien que se terminent les filets nerveux, ou cordons communicatifs senso-moteurs; donc, il semble que l'encéphale n'est qu'une expansion projective des filets nerveux en masses cellulaires compactes, peut-être distribués en rameaux correspondant aux *terminus-spiculaires* des mêmes cordons nerveux des organes du tronc, un par un. *Vide:* le schème, à la page ci-contre, légende 1–6–7.

Si nous admettons, comme vraie, cette proposition, un grand nombre de phénomènes psychiques trouvera une explication facile et intuitive dans les influences fonctionnelles pathologiques et physiologiques directes des organes du tronc avec leurs correspondants de l'encéphale, avec conséquences de retour ou de réflexion au point de départ. Sans aucune doute, de l'encéphale les mêmes influences physiologiques et morbides peuvent revenir directement aux organes du tronc correspondants. Ainsi, une légère dyspepsie provoque le vertige, l'aberration, l'hallucination; mais la vue d'un objet dégoutant provoque le vomissement, l'audition d'une nouvelle triste enlève l'appétit, certaines lésions de l'encéphale suspendent le fonctionnement de certains organes du tronc, etc., etc.

Pour plus de clarté, j'ai eu l'idée de faire un schème, qui permette d'un coup d'œil de comprendre ce que j'avance sur les relations des segments humains. Nous y voyons que les tracés géométriques d'un segment sont à peu près conservés dans l'autre, c'est-à-dire que: la tête, presque en position verticale, conserve le périmètre du tronc recouvert par la peau de la fourchette du sternum au bord supérieur du pubis, et de côte à côte par les crêtes iliaques. *Vide:* le schème légende 1–4–5.

La partie volumétrique conserve aussi, entre la tête et le tronc, les relations déterminées d'individu à individu, sans que les dimensions des membres influent en quoi que ce soit: à un petit tronc correspond une petite tête, à un grand tronc correspond une grande tête, bien que les jambes du premier soient très grandes et que celles du second soient très petites, ce qui peut donner à chacun d'eux une taille en désharmonie avec le volume des deux segments.

Les cordons nerveux, qui partent de chaque organe du tronc, passent fatalement par le bulbe et, de là, se dirigent vers le côté opposé de l'encéphale où ils iront s'épanouir et former une surface qui doit correspondre directement avec l'organe d'où ils sont partis, et d'où ils amènent et ramènent les impressions physiologiques animales, conscientes et inconscientes à l'individu même chez lequel elles opèrent. On vérifiera ce que je viens de dire sur le schème de la page 47, répeté ci-contre.

RAPPORTS

Du tronc et tête des portugais (réduits à la quatrième partie)

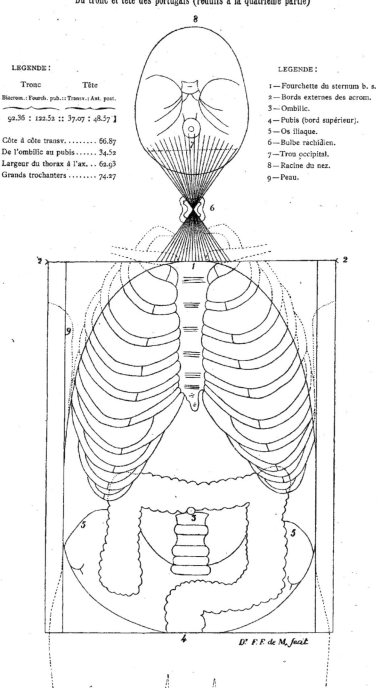

LEGENDE :

Tronc	Tête
Biacrom.: Fourch. pub.:: Transv.: Ant. post.	

92.36 : 122.52 :: 37.07 : 48.57]

Côte à côte transv. 66.87
De l'ombilic au pubis 34.52
Largeur du thorax à l'ax. . . 62.93
Grands trochanters 74.27

LEGENDE :

1 — Fourchette du sternum b. s.
2 — Bords externes des acrom.
3 — Ombilic.
4 — Pubis (bord supérieur).
5 — Os iliaque.
6 — Bulbe rachidien.
7 — Trou occipital.
8 — Racine du nez.
9 — Peau.

Dr. F. F. de M. fecit

§ 4°—QUATRIEME REFLEXION
SPECIALEMENT SUR LA VALEUR DES CARACTERES PATHOLOGIQUES ET ANOMALES
DES DELINQUANTS AVEC QUELQUES CONCLUSIONS

Quand on jette les yeux sur la grande quantité d'altérations pathologiques que l'on trouve dans les crânes des assassins, des voleurs et des escrocs du cabinet de Turin, et qu'on remarque avec attention les anomalies présentées par les mêmes exemplaires, on demeure naturellement surpris du pourcentage élevé de ces deux caractéristiques chez les délinquants. L'étonnement diminue, il est vrai, quand on les compare avec ceux de Portugal chez lesquels un grand nombre d'altérations pathologiques et d'anomalies manquent, bien que dans celles qu'ils manifestent ils accompagnent souvent les autres et quelquefois les dépassent; mais pas pour longtemps, si l'observateur fait la comparaison avec les mêmes anomalies rencontrées sur mille crânes normaux, ou si l'on veut, quatre cents quatre-vingt-quatorze crânes d'hommes seulement.

J'appelle la sérieuse attention des lecteurs techniques sur les observations que je présente ci-dessous, car on peut les considérer comme de première ordre, à cause des suggestions qu'elles éveillent.

OBSERVATIONS PATHOLOGIQUES ENDOCRANIENNES DES ASSASSINS
DES VOLEURS ET DES ESCROCS FAITES PAR LE CRANEOSCOPE

ASSASSINS de la collection du docteur C. Lombroso de Turin

1 **Gasparoni.**—Au milieu et sur les bords de la suture sagittale, nous voyons la destruction de la lame interne permettant de voir par transparence la lame externe. Cette destruction parait causée par une hyperplasie, ou hypergénèse, préalable. Le long de la suture sagittale, un bourrelet moyen sur toute la longueur.

2 **Vilella.**—Mêmes phénomènes, mais plus exagérés, la destruction s'étendant jusqu'à la suture coronale du côté gauche.

3 **Prosaterra.**—Mêmes phenomènes qu'au n° 2, mais présentant de larges points de destruction au frontal ét tout le long de la suture coronale.

4 **Cipolla.**—Légère ostéoporose au centre de la suture sagittale.

5 **Bessoni.**—Destruction complète jusqu'à la lame externe, commençant des deux côtés du bregma et s'étendant par sillons profonds tout le long de la suture coronale. La destruction sur les bords de la suture coronale s'étend sur une longueur de 46 m.m., en descendant jusqu'à 6 m.m. Cette destruction est bien plus exagérée du côté gauche, et nous avons remarqué qu'elle arrivait même à faire *boursouffler la lame externe* près du bregma.

6 **Petinato.**—Rien d'anormal à l'interieur du crâne. A l'extérieur, nous avons remarqué une certaine étroitesse frontale et le type negroïde pur.

7 **Cavaglia.**—Usure de la lame interne sur divers points du temporal et du frontal; sortes de perforations de Pachioni exagérées. Sur le côté

gauche du frontal, nous voyons une légère hyperplasie et une destruction de l'os jusqu'à la lame externe.

8 **Chiesi**.—Mêmes phénomènes qu'au n° 5, mais d'une forme moins prononcée.

9 **Novasconi**.—Mêmes phénomènes qu'au n° 5, non aussi prononcés, mais avec une ostéoporose sur toute la suture sagittale s'étendant sur le frontal presque jusqu'à l'ophryon.

10 **Gati**.—Identique au n° 8 et présentant en outre de grands bourrelets hyperplastiques.

11 **Rossi**.—Sur le pariétal et près du bregma, on voit de légers points de destruction de la lame interne, de la même manière qu'au frontal.

12 **Capellini**.—Présente un large et gros bourrelet sur tout le trajet de la suture sagittale.

13 **Soldati**.—Phénomènes atténués du n° 5, mais avec un gros bourrelet médian.

VOLEURS

1 Gros bourrelet médian sur tout le trajet de la suture sagittale; sur divers points, la lame interne est rongée et perforée depuis le lambda jusqu'à l'ophryon; cette altération parait suivre les bords du bourrelet.

2 Mêmes altérations à l'intérieur du crâne que celles du n° 5 des assassins; on remarque en plus une ostéoporose au bregma.

3 Phénomènes identiques au n° 5 des assassins, mais avec des altérations moins prononcées.

4 Gros bourrelet médian sur le trajet de la suture sagittale. Au dessus de l'ophryon nous remarquons un boursoufflement médian de la lame osseuse, qui provient de la destruction, par une ostéoporose, de la lame et d'autres substances osseuses internes.

5 Ne présente rien d'anormal, si ce n'est de très légères altérations semblables à celles du n° 5 des assassins.

6 Bourrelet médian à la suture sagittale; sur les bords de ce bourrelet on voit des sillons creusés sur la lame interne qui s'étendent depuis le milieu de la suture sagittale jusqu'au milieu du frontal.

7 Phénomènes moins forts, mais identiques à ceux du n° 5 des assassins. Gros bourrelet médian jusqu'aux deux tiers de la suture sagittale.

8 Légers indices du n° 5 des assassins. Ostéoporose sur plusieurs points du frontal et sur les bords de la suture sagittale.

9 Bourrelet médian et synostose complète de la lame interne dans la suture sagittale, bien que la lame externe soit complètement ouverte. Au bregma, et le long des bords du bourrelet, on voit plusieurs points, détruits de la lame interne qui intéressent aussi le corps de l'os.

10 Phénomènes atténués du n° 5 des assassins, avec grande usure de la lame interne près du bregma. Il y a néanmoins dans cet exemplaire un grand fait pathologique qui est:—Les sinus frontaux s'étendent jusqu'au quart supérieur du frontal et embrassent toute la partie des orbites.

11 Bourrelet médian. Phénomènes atténués du n° 5 des assassins.

12 Légères altérations du n° 5 des assassins. Au côté droit du bregma, la lame externe se boursoufle et forme une tumeur en raison de la destruction de la lame interne.

13 Usure de la lame interne sur les bords de la suture sagittale, avec grande destruction jusqu'à la lame externe sur le trajet de la suture coronale et de la tempe gauche.

14 Gros bourrelet médian sur tout le trajet de la calotte. Destruction de la lame interne aux bords du bourrelet, surtout aux bords et au centre de la suture sagittale.

15 Il est impossible de voir par transparence, de l'intérieur du crâne, l'usure des os, qui néanmoins existe sur divers points du pariétal et du frontal. On voit en outre un gros bourrelet en croix sur la suture coronale et sur la suture sagittale, d'un blanc d'ivoire et synostosé intérieurement.

16 Phénomènes légers du n° 5 des assassins, s'étendant davantage vers le frontal.

17 Destruction profonde de la lame interne jusqu'à la lame externe, sur les bords de la suture sagittale, s'étendant sur plusieurs points près du bregma.

18 Phénomènes atténués du n° 5 des assassins; assez prononcés, cependant, sur certains points.

19 Gros bourrelet médian à la suture sagittale; sur les bords de celle-ci, spécialement près du bregma, on voit de profondes destructions de la lame interne sur plusieurs points, ainsi qu'au frontal.

20 Très légers phénomènes du n° 5 des assassins, s'accentuant un peu plus dans le voisinage du bregma.

21 Epaisseur considérable de tous les os; asymétrie interne extraordinaire. Le circuit interne du crâne est plus développé d'un quart à peu près à droite qu'à gauche. Un gros bourrelet occupe le trajet de toute la suture sagittale.

22 Phénomènes atténués du n° 5 des assassins. Bourrelet interne à la suture sagittale.

23 Bourrelet médian à la suture sagittale; destruction de l'os latéralement sur tout son parcours.

24 Gros bourrelet à la suture sagittale sur les deux tiers postérieurs. Au frontal et aux bords du bregma, profondes destructions jusqu'à la lame externe de 20 m.m. transverses jusqu'à 33 m.m. de longueur. Quelques points de destruction aussi au frontal.

25 Gros bourrelet médian. Larges points de destruction sur les deux tiers antérieurs de la suture sagittale; ainsi que sur plusieurs points du frontal.

ESCROCS

1 Epaisseur considérable de tous les os; on remarque en outre légers phénomènes du n° 5 des assassins et un gros bourrelet interne.

2 Epaisseur considérable des os; gros bourrelet interne à la suture sagittale, au tiers antérieur, s'étendant au frontal; forte usure de la lame interne sur les bords de la suture sagittale.

3 Bourrelet médian à la suture sagittale; usure légère de la lame interne près du bregma.

4 Os très épais; gros bourrelet médian; phénomènes atténués du n° 5 des assassins.

5 Phénomènes atténués du n° 5 des assassins; mais les destructions s'étendent spécialement vers le frontal jusqu'aux deux tiers antérieurs.

6 Phénomènes atténués du n° 5 des assassins, mais encore moins prononcés qu'au numéro précédent.

7 Idem, idem, idem.

8 Phénomènes d'ostéoporose depuis l'occiput jusqu'à l'extrémité de la suture sagittale.

9 Epaisseur considérable des os, avec sensibles phénomènes du n° 5 des assassins; gros bourrelet médian.

N. B. Ces exemplaires osseux ont les numeros à l'encre, mis par moi sur une des tempes.

ASSASSINS PORTUGAIS du Cabinet de l'Ecole de Médecine de Lisbonne

1 **Diogo Alves** *(Pandu).* — Légères perforations de Pachioni au bord ganche du frontal; le reste très normal.

2 **Mattos Lobo** *(Pandu).* — Quelques perforations de Pachioni.

3 **Ambrozio da Costa** *(Pandu).* — Idem, idem.

4 **Ami de Diogo Alves.** — Idem, avec amaincissement de la lame osseuse.

5 **Idem, idem.** — Perforations de Pachioni, spécialement autour du bregma.

6 **Idem, idem.** — Perforations de Pachioni très profondes aux bord de la sature sagittale, près du bregma et sur les bords d'un bourrelet médian assez épais qui se prolonge jusqu'à l'endinion. Les perforations sont en grand nombre et raboteuses sur les parois; ce sont de véritables destructions de la lame interne et du corps spongieux de l'os.

Après avoir fait ces observations détaillées d'individu à individu, nous pouvons dresser facilement le tableau XXXIV qui suit, tout en mettant de côté les altérations pathologiques les plus légères.

Tableau XXXIV	Collection Lombroso						Ecole de Médecine de Lisbonne	
	Assassins, 13		Voleurs, 25		Escrocs, 9		Assassins portugais, 6	
	Cas	Rapport à 100	Cas	Rapport à 100	Cas	Rapport à 100	Cas	Rapport à 100
Sans altérations pathologiques endocrâniennes...	2	15.4	1	4.–	1	11.1	1	11.1
Destructions de la lame interne................	10	76.9	20	80.–	6	66.7	1	11.1
Bourrelet moyen, ou intérieur.................	3	23.1	13	52.–	2	22.2	–	–
Ostéoporose.................................	2	15.4	2	8.–	–	–	–	–
Boursoufflure de la lame externe par cause interne	1	7.7	2	8.–	–	–	–	–
Perforations de Pachioni......................	1	7.7	–	–	–	–	5	83.3
Hyperplasies................................	1	7.7	–	–	–	–	–	–
Synostose interne et non externe..............	–	–	2	8.–	–	–	–	–
Sinus frontaux intérieurs enormes..............	–	–	1	4.–	–	–	–	–
Asymétrie intérieur	–	–	1	4.–	–	–	–	–
Grande épaisseur des os......................	–	–	1	4.–	3	33.3	–	–

Tableau XXXV

Anomalies crâniennes des assassins, des voleurs et des escrocs, qui sont au Cabinet du professeur Lombroso—Turin

	Numéro de la série	Proéminence des arcades sourcilières	Anomalies des dents de sagesse et leur développement	Plagiocéphalie	Proéminence de la protubérance occipitale	Echancrure nazale	Fossete occipitale
Assassins	1	Légère.	Vient de sortir.	—	Grande.	Il y a.	Assez légère.
	2	Idem.	—	—	Idem.	—	Très grande.
	3	Forte.	—	Prononcée.	Idem.	Idem.	—
	4	Légère.	—	—	—	Idem.	—
	5	Idem.	—	Idem.	Légère.	—	—
	6	Forte.	—	—	—	Idem.	Assez légère.
	7	Idem.	—	—	—	—	Bien prononcée.
	8	Idem.	—	—	—	Idem.	—
	9	Légère.	—	—	—	Idem.	—
	10	Idem.	Pas sortie.	—	—	—	—
	11	Idem.	—	—	Idem.	—	—
	12	Idem.	—	—	—	—	—
	13	Forte.	—	Idem.	—	—	—
Voleurs	1	Légère.	—	Légère.	—	—	—
	2	—	—	Prononcée.	—	—	—
	3	—	—	Légère.	—	Idem.	Légère.
	4	Forte.	En éruption.	Prononcée.	—	—	Idem.
	5	—	Idem.	—	—	—	—
	6	—	—	—	—	Idem.	—
	7	—	—	—	—	—	—
	8	—	—	—	—	—	Assez prononcée.
	9	—	—	Légère.	—	Idem.	—
	10	—	—	Prononcée.	—	—	—
	11	—	—	—	Idem.	Idem.	Visible.
	12	—	—	—	—	Idem.	—
	13	Forte.	—	—	—	—	—
	14	Légère.	—	—	—	—	—
	15	—	—	—	—	Idem.	—
	16	—	—	—	Idem.	—	—
	17	Forte.	—	—	—	Idem.	Idem.
	18	Idem.	—	—	—	—	—
	19	—	—	—	—	—	—
	20	—	—	Légère.	—	—	—
	21	—	—	—	Idem.	Idem.	Légère.
	22	—	Vient de sortir.	—	—	Idem.	Visible.
	23	—	Idem.	—	—	Idem.	—
	24	—	Idem.	—	—	—	Idem.
	25	—	—	—	Idem.	Idem.	—
Escrocs	1	Forte.	—	Idem.	Idem.	Idem.	Idem.
	2	Idem.	—	—	—	—	—
	3	Légère.	En érup.-mand.	—	—	—	Idem.
	4	—	—	—	—	Idem.	Prononcée.
	5	Forte.	—	—	—	Idem.	Visible.
	6	Légère.	—	—	—	Idem.	—
	7	—	—	—	—	Idem.	Grande.
	8	—	Idem.	—	—	—	Légère.
	9	—	—	Idem.	—	—	—

Après avoir fait ces observations détaillées d'individu à individu, sous la forme de tableau, nous pouvons dresser facilement un autre tableau XXXVI qui suit, tout en mettant de côté les anomalies crâniennes les plus légères.

Tableau XXXVI

	Degrés	Collection Lombroso						Ecole de Médecine de Lisbonne	
		Assassins, 13		Voleurs, 25		Escrocs, 9		Assassins portugais, 6	
		Cas	Rapport à 100	Cas	Rapport à 100	Cas	Rapport à 100	Cas	Rapport à 100
Proéminence des arcades sourcilières....	Forte. ...	5	38.5	2	8.–	2	22.2	–	–
	Légère....	8	61.5	3	12.–	2	22.2	–	–
Anomalies des dents de sagesse.........	–	2	15.4	4	16.–	–	–	–	–
Plagiocéphalie ....,.................	Prononcée	3	23.1	3	12.–	–	–	–	–
	Légère....	–	–	4	16.–	2	22.2	–	–
Proéminence de la protubérence de l'occipital.................................	Grande...	3	23.1	–	–	–	–	–	–
	Légère....	2	15.4	4	16.–	1	11.1	–	–
Echancrure nasale	–	6	46.2	11	44.–	5	55.6	1	16.7
Fossette occipitale..................	Grande...	2	15.4	3	12.–	2	22.2	1	16.7
	Légère....	2	15.4	11	44.–	4	44.4	–	–

A fin que les observations détaillées sur les altérations pathologiques et les anomalies crâniennes avec leurs tableaux correspondants soient complètes, et pour que les studieux fassent leurs confrontations, leurs jugements et leurs inductions, je donne ci-dessous les

NOTES sur quelques anomalies crâniennes dans une série de 1:000 crânes portugais normaux contemporains de toutes les provinces du Royaume, d'après l'étude de 494 crânes d'hommes et de 506 de femmes, d'âges (18 à 70 années), sexes, genre de mort, professions et lieu de naissance connus, quelques uns rapportés à 100, étant la moyenne de l'âge des hommes 41.84, celle des femmes 42.65, sur le point de vue de confrontation du rapport des criminels.

	Hommes		Femmes	
	Numéro des cas	Rapport à 100	Numéro des cas	Rapport à 100
Fossette occipitale.................................	13	2.6	9	1.8
Echancrure nasale (Ottolenghi)........................	22	4.5	5	1.0
Suture métopique....................................	53	11.8	47	9.3
Os épactal..	4	1.0	1	0.2
Os inter-pariétal....................................	5	1.0	2	0.4
Perforations de Pachioni	151	30.6	201	39.7

Grande proéminence des arcades sorcilières—Peu prononcée.

Anomalies des dents de sagesse—Aucune anomalie.

Déclinaison de la capacité du crâne—Très variable, en absolu.

Front fuyant—Aucun cas.

Plageocéphalie—Dans tous les crânes, plus ou moins prononcée.

Proéminence de la protubérance occipitale—Assez prononcé sur une foule de crânes.

Aplatissement de l'occipital—Aucun cas.

Os wormiens—Toutes les dimentions et formes dans presque tous les crânes, mais spécialement à la suture lambdoïde.

Hyperostoses endocrâniennes—Légères dans peu de crânes.

Simplicité des sutures—Plus forte chez les femmes que chez les hommes.

Synostose des sutures—Plus forte chez les hommes que chez les femmes.

QUELQUES REMARQUES ET APERÇU CRITIQUE
SUR LES ALTÉRATIONS ET ANOMALIES ENDOCRANIENNES DES DELINQUANTS

On verra rapidement qu'une des anomalies à laquelle le professeur Lombroso lie une importance capitale, c'est-à-dire *la fossette occipitale médiane,* est à peine de 2.6 pour cent chez les normaux portugais, tandis qu'elle est de 16.7 pour cent chez les délinquants du même pays, quoique l'unique et grande fossette, présentée dans la série des six examinés, appartienne au crâne de Diogo Alves, qui, comme nous l'avons vu, naquit dans la Gallize, province d'Espagne, limitrophe du Portugal. Néanmonis, il convient de dire que la race est la même, avec cette différence que les galliciens sont moins pénétrés et, par conséquent, de race plus pure.

Après cette anomalie, vient une altération pathologique, sinon d'une importance supérieure du moins d'une valeur égale, qui est, *la destruction de la lame interne* de 76.4 pour cent chez les assassins de la collection Lombroso, 80 pour cent chez les voleurs, 66.7 pour cent chez les escrocs de même source, et seulement 11.1 pour cent dans la série de Portugal, bien que aussi cette unique anomalie soit celle d'un individu aussi gallicien, le n° 6.

Je dis que cette altération est de premier ordre, attendu l'organe où elle se manifeste et les points où elle se présente fréquemment — partie interne du crâne —, la destruction s'étendant quelquefois jusqu'à la lame externe, au point de la faire gonfler presque à se rompre.

Vient ensuite une autre altération pathologique de non moindre importance qui survient fréquemment aussi dans la partie endocrânienne, qui est *le bourrelet moyen ou intérieur,* parfois d'un poli et d'une résistance d'ivoire, avec un pourcentage de 21.3 pour·cent chez les assassins de Lombroso, 52 pour cent chez les voleurs et 22.2 pour cent chez les escrocs de la même collection.

Les assassins de la série de Portugal n'ont point présenté ces altérations; mais en compensation, dans *les trous de Pachioni,* ils ont eu 83.3 pour cent, contre seulement 7.7 pour cent chez les assassins de Lombroso.

Les ostéoporoses et *les hyperplasies* sont aussi assez fréquentes chez les assassins et les voleurs de Lombroso, les premières étant de 15.4 pour cent chez les assassins, et les secondes de 7.7 pour cent; chez les voleurs, elles sont moins fréquentes, mais, néanmoins le pourcentage pour les deux est de 8 pour cent. Dans la série portugaise, je n'ai pas trouvé cette altération pathologique.

Les synostoses internes, sans correspondance externe, et *l'asymétrie interne* du crâne ne se rencontrent que chez les voleurs de la collection Lombroso. Enfin *la grande épaisseur des os* est extraordinaire chez les escrocs — 33.3 pour cent —, et petite chez les voleurs — 4 pour cent —, altération que je n'ai pas trouvée non plus dans la série portugaise.

Ce furent sans doute quelques unes de ces importantes altérations pathologiques, et autres anomalies plus ou moins importantes, comme certaines données crâniométriques absolues et combinées, qui firent dire au professeur Bordier, avec toute raison et un sain jugement, le suivant: «On a pu voir que les criminels, et je ne parle ici que des criminels *de profession* (je me suis déjà expliqué sur ce point), étant presque toujours affectés *d'une monstruosité cérébrale,* tantôt cette monstruosité est le résultat d'une évolution antérieure à la naissance, et le mot *atavisme* rend ici ma pensée; tantôt cette monstruosité est le résultat d'une évolution pathologique postérieure à la naissance...

«Il résulte en somme de cette étude que, ainsi que l'a déjà dit Maudslay, le criminel appartient à la *zone moyenne* entre *la sanité* et *l'insanité* d'esprit; j'ajouterai qu'il est plus près de la seconde que de la première.»

Voila aussi pourquoi, par des raisons semblables, «M. Grimaldi croit que les causes sociales ne poussent pas au vice, si elles n'agissent que sur des organismes defectueux dans le développement physique, et sur des constitutions dégénérées par *hérédité.* C'est pour cela que quelquefois se manifestent de vicieuses tendances dans la sphère sexuelle dès les premières années de la vie; il cite des exemples qu'il a pris dans la littérature psychiatrique.» *(Psychiatrie* par C. Lombroso. Paris, 1892, page 144.)

Nous sommes évidemment poussés à penser, d'une manière presque absolue, que les délinquants de la collection Lombroso appartiennent à un groupe de pathologiques et anormaux, pouvant être classés dans l'une ou l'autre de ces deux divisions et même dans les deux à la fois. Les délinquants de Portugal ne sont pas aussi surchargés de ces divisions typiques pathologiques et anomales, mais ils en ont d'autres secondaires, dont les autres sont exempts, et cela, peut-être, à cause des lésions fondamentales qui absorbent par leur intensité la manifestation des moins importantes. Dans ce cas, se trouvent les trous de Pachioni, dont le pourcentage est de 83.3 pour cent chez les délinquants de Portugal, et seulement de 7.7 pour cent chez les assassins de la collection Lombroso, bien que chez les normaux portugais ce pourcentage aille jusqu'à 30.6 pour cent, ce qui prouve que les conséquences de cette altération pathologique ont une caractéristique presque anodine.

D'un autre côté, si dans la collection Lombroso nous trouvons 15.4 pour cent chez les assassins, 4 pour cent chez les voleurs, 11.1 pour cent chez les escrocs et chez les portugais, *sans altérations pathologiques endocrâniennes,* cela n'altère en rien notre premier jugement; parce que ces altérations sont remplacées ou compensées dans leurs effets par des anomalies natives, de conséquences peut-être aussi importantes et fatales, comme, par exemple, la fossette occipitale médiane, d'une régularité presque mathématique dans le pourcentage des délinquants ici comparés, pourcentage très faible chez les normaux, à peine 2.6 pour cent sur une série de quatre cents quatre-vingt-quatorze individus.

Enfin, nous voyons un large cadre d'altérations pathologiques et anomales presque ininterrompues, observées chez les délinquants par des centaines d'observateurs dont chacun lie une importance capitale à ce qu'il a trouvé. Dans *une série presque indéfinie* de telles observations il en est plusieurs qui sont liées uniquement à des types ethniques, comme *la proéminence de la protubérance occipitale,* très commune dans les races dolichocéphaliques (portugais, espagnols, noirs, etc.), qui peuvent suffisamment aider dans l'étude des branches *philogéniques* et ethnographiques; en égalité de circonstances se trouve *l'échancrure nasale,* très fréquente chez les races africaines, malaises, américaines, etc.; *les os wormiens, la complication et la synostose des sutures,* et autres observations annexes, qui sont plus liées au travail spécifique de l'encéphale qu'aux divers degrés de délit; *la capacité crânienne, le développement des maxillaires, les angles crânio-faciaux, la largeur de la ligne bizygomatique*... qui sont peut-être plus d'accord avec la forme du tronc, qu'avec la nature des délits et même avec les races; *la plagéocéphalie,* forte ou atténuée, dont les criminologistes font tant de cas qu'ils la considèrent presque comme un stigmate, est dans la société vivante et dans les exemplaires osseux un fait commun pouvant être affirmé et démontré et qui se manifeste presque chez tous à un degré plus ou moins grand; *les anomalies des dents de sagesse* se rencontrent également très souvent chez les plus honnêtes gens, représentants des sociétés civilisées; *les dents sur deux rangées* (dents de requin) et *les dents chevauchantes* sont aussi très fréquentes, comme les anomalies des dents de sagesse, chez les individus qui se trouvent dans les conditions susmentionnées; *les oreilles en anse, la proéminence des arcades sourcillières, le front fuyant, les lèvres épaisses et retroussées, le prognasthisme dentaire*... et un nombre sans fin de caractéristiques, qu'il serait trop long et inutile d'énumérer, car ce ne sont que des caractéristiques individuelles, ou tout au plus ethniques, mais jamais spéciales aux délinquants par des traits paléo-ontogéniques.

Je suis parfaitement d'accord avec ceux qui pensent qu'accumuler des observations est un des premiers devoirs de l'homme vraiment studieux et ami du progrès humain pour lequel je travaille autant que je le peux; mais il me semble aussi que l'un des principaux devoirs, conseillé par la prudence, est de ne point tirer des conclusions précipitées, ni de formuler *des systèmes* sur de simples indices fortuits, variables dans leurs effets et bien plus encore dans leur uniformité manifestative. Or, c'est ce défaut qui, me semble-t-il, commence à envahir, à la façon d'une épidémie, certains observateurs contemporains, entraînés par les exemples de leurs prédécesseurs qu'ils condamnent sans pitié, sans se rappeler qu'ils en sont les représentants et les continuateurs inconscients, bien que munis de certaines lois positives naturelles, découvertes par d'autres très difficilement qui, par prudence, n'osaient pas aventurer une proposition concluante.

Ainsi donc, *les altérations pathologiques* dans les crânes des délinquants, ainsi que, dans le même organe, les anomalies natives de conséquences fatales, paraissent survenir d'une manière régulière et avec une fréquence peu étudiée jusqu'à présent; mais, ce qui reste à prouver, c'est ceci: — Les altérations pathologiques sont-elles *idiopathiques ?* De plus, ces altérations sont-elles *natives* ou *adventices ?*.. Car les conclusions à tirer dans le premier cas seront bien différentes de celles à tirer dans le second, attendu que celles-ci sont provoquées et passives, tandis que les autres sont fixes et actives.

Quant aux *anomalies,* seront-elles aussi évidemment naturelles, et par conséquent auront-elles une marche active et des conséquences uniformes, suivant leur degré d'importance, chez l'individu où elles se manifestent? Il est certain que nous en trouvons quelques-unes faibles, légères, initiées.

Voila en résumé, deux points dont l'éclaircissement serait de la plus haute importance pour le bien de la science et de l'humanité. Malheureusement, les altérations pathologiques et les anomalies, plus graves, endocrâniennes ne peuvent être observées que *post mortem,* à moins que l'on ne puisse, guidé par le soupçon, observer les individus vivants, dans leurs actes physiologo-psychiques, pour en faire la vérification après leur mort, dans le but d'obtenir quelques éclaircissements certains sur ce sujet.

C'est la méthode que j'ai suivie et que je continue à suivre dans l'étude de l'absence de commissure grise dans les cerveaux humains, méthode qui m'a donné jusqu'à présent les résultats les plus encourageants.

Mon opinion individuelle sur les altérations pathologiques et les anomalies, très importantes par leurs conséquences psychiques, est qu'elles sont pour la plupart adventices et passives dans le segment crânien où elles se manifestent; qu'elles sont réellement produites par exagération ou insuffisance des travaux physiologiques des organes du tronc, où la partie étiologique doit être cherchée, excepté dans le cas d'infirmités purement circonscrites au segment céphalique, bien qu'avec un discernement difficile.

Pour quel motif ne pourrions-nous pas dire que *la destruction de la lame et du corps spongieux endocrâniens* sont des résultants d'une circulation exagérée, sur les points où elle se manifeste, par l'impulsion singulière du cœur, et que la zone, qui est baignée excessivement, est dominée par un autre organe du tronc qui l'oblige nécessairement à exagérer ses fonctions, jusqu'à la pathologie?... Et de même, pourquoi ne penserions-nous pas que *la fossette occipitale médiane* est le résultat passif du développement du *vermis,* développement également passif par excitations spécifiques, chimico-dynamiques, ou physiologo-chimiques, d'un ou de plusieurs organes importants du tronc avec lequel il correspond d'une manière plus directe?

Je ne vois pas le motif qui pourrait nous empêcher de penser ainsi.

Pour terminer ce rapide aperçu critique, je dirai que: tant qu'on n'aura pas étudié les relations qui lient, harmonieusement entre eux, les organes des deux segments, tous les problèmes étiologiques des altérations pathologiques et des anomalies crâniennes des délinquants, ainsi que leurs conséquences psychiques, ne seront que des hypothèses plus ou moins bien formulées, sans caractère de loi positive qui les rende franchement viables dans la sphère de la science réelle.

L'observateur qui aura donné sur ce terrain le premier pas sûr, aura bien mérité de l'humanité.

PARTIE VI

QUESTIONS DE SOCIOLOGIE

CHAPITRE UNIQUE

TRAITS SOCIOLOGIQUES

§ 1°—ESQUISSE SUR L'ORIGINE ET FORMATION DE LA SOCIETE
ET SES CONSEQUENCES — Devoir, morale, punition, recompense, etc.

De même que, après les grandes révolutions cosmiques, la distribution atomique par groupes, formant les univers, les systèmes planétaires, les mondes, etc., doit être variée, de même aussi, après les grandes révolutions géologiques, provoquées par d'innombrables motifs, comme la plus grosse épaisseur de la croûte terrestre, les positions diverses dans l'écliptique pendant le parcours de vingt-et-un en vingt-et-un mille ans, les influences éventuelles de la chaleur solaire, les *diluviums* les *aluviums*, la communication des mers par des canaux naturels ou artificiels, etc., la constitution intime de chacune des individualités des groupes zoologiques et de la flore doit radicalement changer.

Certainement, dans ces modifications colossales de la terre, *l'homme* devait apparaître avec toutes les imperfections inhérentes à une première ébauche, mais *parfaitement caractérisé dans l'espèce*, c'est-à-dire, *sans mélange direct d'une autre espèce inférieure, mais originaire de la noblesse des éléments cosmiques et de la noblesse de leurs combinaisons, impossibles jusqu'alors, parce que ces éléments n'existaient pas encore à l'état libre.*

L'espèce humaine apparaît, vit, croît et se multiplie, *non seulement sur un point du globe, mais sur tous les points où les conditions telluriques le permettent, où la lumière et la chaleur du sol lui sont favorables.*

«Premierement, la Terre mit autour des colines toute sorte d'herbes verdoyantes: les Prairies enrichies de fleurs éclaterent sur toutes les Campagnes: et la Nature permit aux arbres de croistre sans aucun empeschement, de la mesme sorte que la plume, le poil, et la soye, viennent sur les corps des Bestes et des Oyseaux. Ainsi la *Terre nouvelle* porta premierement-les herbes et les arbrisseaux: puis elle crea diverses sortes d'Animaux qui naquirent en plusieurs façons et manieres diverses. Car ny les Animaux ne peuvent estre venus du Ciel, ny les Bestes terrestres ne sont point sorties des Etangs salez. On laisse à bon droit à *la Terre le nom de mere commune* qu'elle a une fois pris, pource que de la Terre, toutes choses sont crées. Il y a aussi maintenant plusieurs Animaux sur la Terre, lesquels sont engendrez de la pluye et de la chaleur du Soleil. Ce qui fait connoistre qu'il est beaucoup moins admirable, si dés le commencement, il y en eut plusieurs qui furent créez plus grands et plus beaux, de *la Terre nouvelle* et du grand Ciel dans sa premiere vigueur. Premierement les Oyseaux de toutes les especes laisserent leurs œufs estant éclos au Printemps, comme les Cigales laissent maintenant en Esté leur petit estuy, pour chercher d'elles-mesmes leur vie et leur nourriture. Alors *la Terre commença de produire les Hommes* pource qu'il y avoit par toutes les Campagnes beaucoup de chaleur et d'humidité, et selon que chaque Region se trouvoit disposée, il se formoit et croissoit de matrices attachées par des racines à la Terre, lesquelles s'entr'ouvrant à mesure que les embrions estoient parvenus à maturité, et ennuyez des eaux qui y estoient contenuës, demandoient à joüyr de l'Air, la Nature ouvroit en ces endroits là les pores de la Terre, et les pressoit à verser un suc semblable à du laict, comme les femmes qui ont enfanté, se remplissent d'une pareille humeur, pource que toute la force de l'aliment se tourne du costé des mammelles. Ainsi la Terre donnoit la nourriture aux Enfants: la chaleur leur servoit de vestement: et l'herbe avec son mol duvet, leur prestoit des licts pour se reposer. La nouveauté du monde n'apportoit point des froidures importunes, ny de chaleurs excessives, ny de souffles impetueux: et toutes choses croissoient et se fortifioient en mesme temps. C'est pourquoy j'ay dit, et je le repete encore, que *la Terre porte à bon droit le nom de Mere,* puis qu'elle a créé le genre humain, et que presque en mesme temps elle a produit les Bestes qui errent parmy les Montagnes, et les Oyseaux de divers plumages. Mais parce que sa fecondité ne devoit pas tousiours durer, *elle sessa d'infanter, comme une femme quand elle n'est plus en âge de porter des enfants:* car il n'y a rien à quoy le temps n'apporte du changement. Un estat des choses doit estre suivi d'un autre: et il n'y en a aucune qui demeure tousiours semblable à elle-mesme. Tout s'en va, la Nature change, et contraint les Creatures de se transformer. Une chose se corrompt et dévient languissante par l'âge débile, tandis qu'une autre s'accroist, et qu'elle sort d'une matiere informe. Ainsi donc l'âge change la nature du Monde: et l'estat où la Terre est à present, est venu d'un autre estat où elle estoit, de sorte quelle ne peut plus ce qu'elle pouvoit: et maintenant elle est capable de porter, ce qu'elle n'estoit point capable de porter auparavant»

(Lucrece. Trad. par l'Abbé M. Marolles. Paris, 1659. L. V, page 230-232).

Chaque couple forme la première ébauche de la famille. La famille constituée forme les premiers linéaments sociaux, limités, plus ou moins rigoureux suivant les formateurs. L'enfant trace le premier article de respect et d'obéissance au fort homogène en constitution, comme celui-ci l'a prêté à la nature, enseignant d'ores et déjà la même pratique. Dans la famille est lancée la première pierre de l'édifice du devoir, de la morale, de la justice, du droit, du châtiment, des récompenses, de tout ce qui, enfin, concourt à suaviser les amertumes des nécessités vitales — le bien — et à repousser son contraste — le mal —. Alors s'établit sur la superficie de la terre le *nomadisme familial.*

Les concurrences croissent avec le temps; la lutte des forts et la fuite les faibles deviennent impossibles, parce qu'elles impliquent la continuité ininterrompue du combat et du martyre. Alors le faible se soumet au fort, lui demandant la vie en échange de sa soumission; et les forts s'isolent entre eux à distances respectables, *pactuant* ou *convenant* de n'attaquer ni de tuer tant que les domaines de chacun, ou les produits vitaux élaborés par chacun, n'auront pas été violés. Ce sont les premiers pas de la justice dans la société. *Le nomadisme social* est établi.

Le nombre des premiers groupes humains augmente, les limites de quelques-uns se touchent; alors le pacte est violé, donnant naissance à des combats et au meurtre; de nouvelles conventions sont proposées et acceptées entre vainqueurs et vaincus, mais ces conventions sont plus détaillées, plus spécifiques, suivant que l'expérience l'a démontré, suivant que la nécessité a exigé l'introduction d'un ou de plusieurs articles, l'élimination de lois inutiles, la révision de paragraphes additionnels, annexes, etc.

Dans cet état, l'humanité a dû se diviser en deux grands ordres, celui des *agglomérants* et celui des *stationnaires.*

Le premier a progressé confondant le fort et le faible; le second est demeuré inaltérable au moral comme au physique.

L'ordre des agglomérants a laissé ses vestiges sur tous les points du globe, accessibles et favorisés par les grands phénoménes géologiques (position sur l'écliptique et divisions hydrographiques), où l'on trouve aujourd'hui des restes de civilisations éteintes relativement modernes — en Amérique, en Asie, en Europe —. L'ordre des stationnaires est resté dans les mêmes conditions géologiques, mais sur d'autres points du globe où les civilisations paraissent rares — en Afrique, dans l'Océanie —; ou alors il apparaît comme succédané de l'ordre des agglomérants, mais sans fusion, sans progrès.

Lorsqu'ils sont localisés sur un point, les agglomérants marchent avec des alternatives, en parfaite harmonie avec les variétés ou les résultantes de la fusion — forts et faibles —, se montrant tantôt lâches, tantôt lucides, tantôt allucinés. Lorsqu'ils commencent à découvrir l'image de la vérité, des bras s'empressent à la couvrir d'un voile épais et les laissent plongés dans le mensonge et dans la chimère. Ces bras, ce sont ceux de la *secte des aberrants* qu'ils ont créée et ennoblie sans penser qu'elle ferait œuvre de tyrannie, d'oppression et de carnage. Ses armes les mieux trempées sont les fictions et l'ignorance; l'existence sans lutte (oisiveté) et la violence morale (esclavage ou captation déguisée sous un semblant de liberté) voilà les tributs qu'elle retire de la victoire.

Quand la secte des engourdis est devenue dominante, elle a enseigné que les principes de la morale, de la justice, du devoir, de la direction des hommes, venaient, non *du pacte de tous les hommes,* ou de *leurs conventions spéciales,* mais *d'entités subjectives* d'autant plus puissantes pour l'imagination que la secte était réellement plus puissante pour les individualités qu'elle dominait et dévoraient astucieusement. La faiblesse qui se manifeste au premier mouvement tendant à repousser des préceptes si misérables, nous fait aujourd'hui supporter les conséquences déplorables de ces tristes égarements.

Le *devoir* donc, la *morale* et la *justice,* ainsi que la *récompense* et les *châtiments* pour ceux qui respectent ou violent les lois, *ont pour origine et pour principe les hommes* considérés en société; ces préceptes, quelques-uns desquels se dédoublent en *nécessités* pour l'homme isolé, au point de vue physiologique, disparaissent si l'homme n'est pas constitué en société. Ainsi: quand il n'y a pas société, ces préceptes n'existent pas, parce qu'ils n'ont ni application, ni éléments pour se manifester; la vie est une conséquence de l'organisme, l'organisme est une conséquence de la nutrition; donc la recherche de celle-ci est une *nécessité* physiologique chez l'homme isolé, nécessité qui se dédouble en *devoir* quand l'homme vit avec ses semblables, attendu que le moyen de satisfaire cette nécessité a des limites et des restrictions. Telle est la différence entre *nécessité* et *devoir,* etc.

Voilà en quelques mots l'origine réelle du devoir, de la justice, de la morale, du droit et de leurs contrastes, enfin du *bien* et du *mal,* considérés relativement à l'humanité contemporaine.

§ 2° — L'EGOISME FAUX ET L'EGOISME LEGITIME

L'intérêt, l'affection insensée, l'aversion aveugle, l'inutilité, la lâcheté, enfin le vice de la dépression des semblables et l'extirpation de leurs éléments évolutifs sont des crimes punissables de mort pour l'homme qui les pratique; tandis que cet homme qui cherche les moyens de se fortifier dans sa lutte pour l'existence, pour résister, progresser et enseigner aux autres le chemin qu'ils doivent suivre, cet homme mérite les honneurs de héros, de grand, de vertueux en opposition avec celui qui de *bon* n'a que l'apparence, parce que, même pour son existence physique, il a besoin de la sève qui doit nourrir ses semblables.

L'homme qui nous semble *bon,* mais qui n'a pas les aliments nécessaires au corps et à l'intelligence et ne cherche pas à se les procurer, n'est aux yeux de tous qu'un idiot, un parasite, un obstacle au progrès humain dont l'élimination artificielle serait une bonne action pour la société, si l'élimination naturelle ne se charge pas de cette purification de l'espèce.

Ce n'est pas dans la bassesse de l'usurier, dans la cruauté du criminel, dans l'imposition misérable du despote, dans l'avilissante obéissance imposée par les représentants de la foi; ce n'est point chez les joueurs, les ivrognes, les impudiques, les perfides, etc., que nous devons aller chercher les règlements qui doivent présider au développement individuel; nous devons les chercher chez ceux dont les actes sanctionnent les prolégomènes de l'émulation progressive et posent les fondements des lois qui doivent gouverner les sociétés civilisées par l'*équité,* c'est-à-dire *par la récompense en raison directe du travail et du mérite de chacun.*

Voilà comment on doit comprendre l'*égoïsme scientifique,* et ne pas le confondre avec l'extirpation, la dilapidation, le vol *systématique* de ce qui appartient à notre semblable, non en vertu d'un droit naturel ou inné, comme disaient nos ancêtres, mais en vertu de l'accomplissement d'un devoir.

Ainsi donc l'acception véritable de l'égoïsme doit être prise dans le sens de *rémunération équitable, en proportion de la force élaborée, au profit de celui qui la déploie, que cette rémunération soit matérielle ou morale.*

De là l'unique manière de démontrer positivement comment l'humanité a pu atteindre le degré de développement où elle est arrivée, tant au point de vue physique, qu'au point de vue moral et intellectuel. S'il n'y avait pas d'archives particulières, pouvant braver les attaques des *contemporains parasites, parias et faux vertueux*, il n'existerait aucun signe des progrès humains dans toutes les branches de la science. Les arts et les sciences, spécialement les sciences réelles, si elles n'étaient pas protégées par l'égoïsme, flotteraient encore dans les nuages des hypothèses, ou seraient livrées à la merci des *aventuriers* sous le masque de *bienfaiteurs*. Si nous déplorons l'état arriéré de nos connaissances, nous ne devons pas oublier qu'il provient de l'oppression, de la ruine et de la mort de ceux qui les représentaient, les développaient et les augmentaient.

§ 3°— L'INITIATIVE INDIVIDUELLE ET SON IMPORTANCE

La révolution française qui a eu pour but de détruire deux géants destructeurs du progrès — *le clergé* qui absorbait plus de la moitié des revenus du peuple et étouffait la conscience de celui-ci; *le despotisme royal* qui foulait aux pieds l'indépendance de caractère et détruisait en même temps l'initiative individuelle —, la révolution française a mérité les applaudissements de tous ceux qui en ont compris et deviné les vues.

En protégeant la liberté de penser, on fait progresser l'initiave partielle, et celle-ci favorise et alimente les grandes conceptions idéales du bien de la collectivité où elles se dirigent.

C'est en soignant les rejetons initiateurs inaugurés par les individualités, que les peuples cueillent les fruits de la grandeur et de la gloire; mais ce n'est pas en les privant d'air, d'espace et de lumière.

La valeur, l'importance et l'application de l'initiative individuelle sont pleinement démontrées par *la république des fourmis*, comme une forme politique *socialiste*, suivant Forel, Huber et autres, et comme une *république fédérative*, suivant Cook.

La fourmi, dans la construction de ses chemins larges et longs, dans ses merveilleuses édifications architectoniques, agit toujours, au commencement, par son initiative propre; ce n'est qu'ensuite que son projet est connu de la collectivité qui, alors, s'empresse à l'aider si son plan est adopté. «Chaque ouvrière, dit Forel, travaille pour son propre compte, en suivant un plan particulier; et souvent, elle n'est aidée par ses compagnes que lorsque celles-ci ont compris et adopté son plan».

Dans l'état actuel, l'homme qui veut aller plus loin que ses compagnons, n'a qu'un chemin à suivre: mettre à exécution son initiative propre, en faisant de cette manière germer les mêmes principes chez ses compatriotes et congénères en physiologie, en psychologie, en constitution, en race, en aspirations, en famille; combattre le mal comme il est compris dans le milieu qui l'enveloppe, prêcher et propager le bien d'une manière égoïste et personnelle — les savants pratiquent et enseignent les sciences; les agriculteurs cultivent et enseignent à cultiver la terre qui fournit les éléments pour la prolongation de la vie organisée; les ouvriers élaborent et enseignent à élaborer les produits de l'art propres aux manifestations de la vie; les hommes des champs, en général, enseignent à leurs enfants l'amour du travail, comme source de progrès pour la société, comme le seul bonheur pendant l'existence.

De cette manière l'initiative individuelle mettra em pratique la forme révolutionnaire la plus gigantesque.

Chacun exécute un acte, et la somme des actes de tous converge vers un même foyer unique — le bien-être social.

Tout ce qui s'éloigne des actes est moins que rien, c'est une ombre.

Donc, des actions et non des mots; qu'il y ait des révolutionnaires, non pour démolir seulement, mais aussi pour édifier; qu'il y ait des révolutionnaires semant, entre eux et pour eux-mêmes, *l'instruction,* ce germe des principes de la félicité chez les *individus aptes* — du libre examen, de l'émancipation des droits et du baume qui cicatrise les blessures de la collectivité humaine — : gouvernement d'accord avec le degré d'instruction, par opinion ou par consentement.

§ 4°—LES MOYENS ABERRANTS ET LEURS FRUITS

Les milieux aberrants dans lesquels flottent quelquefois les phénomènes psychiques, sont d'un aspect si varié qu'il échappe presque à l'attention la plus soutenue, au calcul le plus rigoureux. Le masque qui les couvre cache de telle manière l'aspect primitif qu'ils arrivent souvent à se moquer de l'observateur le plus rusé.

Pour distinguer un phénomène psychique sain d'un phénomène aberrant, il faut un bagage respectable de connaissances et une certaine dose de bon sens qui éclaire, au moins d'une pénombre, les ténèbres opaques de l'obsécation, de la stupidité ou de l'hypocrisie. Mais s'il est difficile de distinguer le réel de l'aberrant, il est plus difficile de distinguer les variétés des aberrations, et plus difficile encore de rapporter ces variations à un tronc commun.

Il y a pourtant un moyen de nous diriger au milieu de ces embarras. Ce moyen sera simple, si nous sommes guidés par les conseils de l'expérience, il sera difficile et même impossible dans le cas contraire.

En règle générale: le phénomène psychique qui se manifeste lié, directement ou indirectement à la terreur et à l'ignorance doit être suspecté d'aberration.

C'est la crainte, aidée par l'inscience, provoquée par les phénomènes géologiques les plus innocents, qui produit le *mystérieux;* la lâcheté et l'oisiveté ont favorisé les premières manifestations de la recherche de *ce qui n'est pas de la métaphysique;* l'hypocrisie et la rapacité dissimulée ont engendré les religions et le despotisme; l'inaccomplissement des devoirs naturels qui ne peuvent et ne doivent être soutenus que par un trépied gigantesque — le travail, l'égoïsme et la justice — a créé les perverses *idéalisations mystiques* et *mythiques;* l'imbécillité, et la stupidité augmentées de la cupidité et de l'amour de la domination ont donné origine aux *sciences occultes;* l'hystérisme et même la folie ont produit *des visions extracosmiques* d'autant plus puissantes qu'elles sont imperceptibles aux fonctions physiques et aux fonctions psychiques; l'imagination burlesque a inventé des communications entre les phénomènes organiques les plus nobles et les phénomènes d'organismes éteints — *le spiritisme* —; enfin, les tartufes et les malins défendent aux gens sensés l'usage des instruments avec lesquels ils pourraient détruire *les laboratoires de malheureux, de simples et d'idiots.*

L'homme ignorant qui n'est point prévenu contre ces maux, ou il ne les distingue pas et par cela même il n'en peut mesurer la puissance malfaisante, ou il est entraîné dans leurs tourbillons. Ce qui est vrai, c'est qu'ils ont eu une origine douteuse, et bien que très vieux, ils ont réussi à vivre jusqu'à ce jour.

De même qu'il ne faut pas de grands efforts pour spécifier et classer ces maux, de même il ne faut pas une grande science pour en démontrer l'existence.

Ils se trouvent plus ou moins répandus chez tous les peuples du monde, servant presque de véhicules aux premiers enseignements de l'existence, quand ils ne sont pas le milieu qui enveloppe l'homme depuis le berceau jusqu'à la sépulture. On conçoit facilement que pour cet homme *la vie soit une illusion !*

Celui qui nait, vit et meurt dans l'illusion, sans jamais s'en apercevoir, a passé une vie doucement stupide, de même que celui qui a toujours été éclairé passe une vie doucement belle; celui pour qui la vie est illusoire, et à qui un autre essaie, mais en vain, d'ouvrir les yeux passe aussi une vie douce et idiote; mais celui qui a vécu dans l'illusion et qui, plus tard, parvient à reconnaître l'erreur où il était, pour celui-là, alors, la vie passée a été un martyre d'autant plus cruel que plus délectable lui paraît *le futur passage organique transitoire.*

Les travaux des modernes ouvriers expérimentalistes et observateurs sont destinés spécialement à ceux qui appartiennent à cette dernière catégorie; les autres n'en ont pas besoin parce qu'ils sont malheureux, ou indignes, ou stupides, ou idiots ou abjects.

Sur *la classification des illusions* il est intéressant de lire le livre de Jame Sully—*Illusions des sens et de l'esprit.* Paris, 1883, chap. II, et spécialement les pages 8 à 10.

§ 5º—L'EXPERIMENTATEUR VERITABLE ET LE PUR MYSTIQUE

L'expérimentaliste vrai dit: — La matière, avec ses qualités inhérentes, est tout. Combinée de diverses manières, elle manifeste des qualités ou des phénomènes différents, d'accord avec ses combinaisons et ses agrégats. On a beau, par l'analyse, par l'investigation loyale et sans prétention, chercher à trouver un seul phénomène qui ne soit pas lié à la matière et à ses conséquences, on n'y parviendra pas.

Les idées les plus abstraites, les faits les plus imperceptibles, ont tous, pour base élémentaire, la matière.

Les grands phénomènes cosmiques se manifestent par l'influence des corps les uns sur les autres. Dans l'acte où s'opèrent ces influences, soit accidentelles, soit constantes, se manifeste le dynamisme.

En nous basant sur ce principe, nous arrivons à cette conclusion que les organes biologiques ne sont en rien étrangers à la matière.

Les manifestations psychiques des organes biologiques les plus nobles ne sont que des conséquences de leur agrégat spécial, dépendant de l'influence directe du tout. Aucune substance étrangère à la matière ne peut les unir ni les vivifier; au contraire, l'intégrité de leurs organes les plus nobles se dédouble en phénomènes de tel ordre qu'il les fait soupçonner d'origine étrangère. Aujourd'hui, aucun physiologiste, si superficiel qu'il soit, ne commettra cette grossière erreur de donner à l'organisme une substance autre que la matière.

Les sens sont les appareils chargés des premières impressions, que les cordons nerveux transmettent et que le cerveau ordonne et archive; la moëlle est le fidèle confident du physique et du psychique. Sans les appareils sensitifs, munis de fils nerveux *par continuité*, de masse encéphalique disposée d'une manière spéciale, de moëlle épinière, il n'y a absolument pas d'idées; sans idées, il n'y a pas de jugement; sans jugement, pas d'imagination ni de raisonnement; sans raisonnement, pas de raison; sans raison, pas de conscience; sans conscience, pas de volition; sans volition, pas d'action; et sans action, pas de vie: donc, la vie et les phénomènes psychiques qui en résultent sont des produits d'éléments matériels agrégés, combinés et disposés sous des formes déterminées.

Le *mystique vrai* dit:—Hors de tout ce qui nous affecte, il y a une *chose supérieure* qui a créé tout, qui lui a donné forme, mouvement et vie. Cette *chose*, c'est le contraire de la matière —elle est intangible, *imperceptible, incompréhensible*—. Elle a créé le cosmos, l'a divisé en firmaments, en systèmes, en mondes; sur l'un de ces mondes, le nôtre, il a formé l'homme, et lui a donné la vie, par *réflexion* de son *essense,* qu'on a appelée *áme* ou *esprit,* qui est *une,* indivisible ou *immatérielle.* A la toute-puissance *immatérielle* on a donné le nom de *Dieu,* qui habite des régions inconnues, appelées *ciel.*

Les âmes qui sont la vie et les manifestations psychiques des organismes les plus avancés, lorsque ceux-ci meurent, retournent vers *Dieu* et vont habiter le ciel et les régions éthérées; mais les âmes ne vont au ciel que si elles se sont bien comportées quand elles étaient unies au corps; si elles se sont mal comportées (ce qui paraît incroyable, attendu leur origine si pure), elles sont précipitées dans *l'enfer,* qui est un autre genre de *région éthérée,* contrastant avec celle *du ciel,* qui est une prison *à châtiments;* il y a bien un troisième lieu, *le purgatoire,* qui sert de prison temporaire, mais il n'est destiné qu'aux âmes dont les fautes peuvent être rachetées par des expiations douloureuses.

Il y a d'autres *mystiques* qui donnent un plus grand essor au mouvement des âmes. A la suite d'un *roman historique* de quelque valeur, qui éventa la question des mondes habités, quelques mystiques ont accordé à leurs âmes la résidence dans différents corps de notre système planétaire, même dans le foyer ardent de la photosphère solaire.

Dans ce dernier cas, je confesse que, si l'âme était matérielle ou quelque chose d'approchant, je protesterais de toutes mes forces contre
une *si ardente idée* de localisation.

Pour le naturaliste vrai, bien qu'il ne soit encore qu'à la première
page du grand livre de la nature, le métaphysicien, les pouvoirs extracosmiques, les religions et leurs annexes sont en parfaite incompati-
bilité.

De nos jours, un naturaliste religieux est un paon paré des plumes
d'autrui. Il peut être, dans ce cas, un bon archiviste de faits, un excellent machinisme pour suggérer des *provocations expérimentales* à
l'investigateur déchargé du poids écrasant des pouvoirs absolus religieux; c'est un stimulant pour réveiller l'appéti; c'est la preuve directe de cette proposition antithétique *d'un mal nécessaire et utile*.

Depuis que les hommes se sont habitués à aller chercher, pour
chaque phénomène, la loi qui le détermine, le mysticisme, les mira-
cles, les saints, etc., ont disparu.

C'est le devoir de la science, dans les temps à venir, de trouver
la synthèse des lois qui gouvernent les corps.

Cette synthèse ne sera pas un objet d'adoration comme le croit et
le conseille H. Spencer, semblable à l'adoration de A. Comte pour
l'humanité; mais elle devra être considérée comme le seul modèle de
toutes les vérités, sans inspirer la terreur, sans ordonner la soumission.
H. Spencer à trouvé l'idée de la loi synthétique dans les suggestions
du physiologiste Harvey dont les doctrines ont été conservées, répan-
dues par Wolf, et formulées récemment par Hamilton, von Baer, Ra-
thke, Bichoff.   (V. Huxley. *Place de l'homme dans la nature.* Paris, 1868, page. 174.)

§ 6º—LE MOI PUREMENT SCIENTIFIQUE

Il y a cinquante ans qu'une révolution s'opère dans les facultés in-
tellectives humaines, relativement à la rénovation de doctrines. La philosophie s'est émancipée de la tutelle de la théologie, en assujétissant
la science; et la science, appuyée sur la philosophie, implante partout
de nouveaux éléments, surtout dans la psychologie, en donnant au *moi*
une nouvelle origine et un nouveau pouvoir.

On peut dire que la psychologie future a ses bases assises sur les
éléments nouveaux fournis par la science moderne. Les cellules nerveuses sont ses principes constituants en général. Aujourd'hui, qui dit

vie, dit tourbillon d'atômes matériels, traversant les trames organiques, substituant constamment par d'autres les éléments qu'ils déplacent, et allant occuper la place de ceux qui sont éliminés; la mort est donc la paralysation de cette compensation invariable et ininterrompue.

Par conséquent, le *moi* du chef de l'école éclectique, le *moi* de Victor Cousin, est devenu non seulement vide de sens, mais encore ridicule devant la *télégraphie* nerveuse des êtres organisés les plus parfaits. Cette découverte est due à la microscopie, et l'existence des phénomènes est manifestée, augmentée, renforcée par l'expérimentation physiologique, ayant pour auxiliaires la chimie et la mécanique.

L'objection vieille et grossière que le *moi* doit disparaître avec la modification des cellules qui le constituent ne tient plus debout aujourd'hui, et n'est plus acceptée comme un argument sérieux et contradictoire aux démonstrations de la science moderne. La connaissance du *moi* personnel se modifie en raison directe du temps de son existence, de la même manière que les cellules cérébrales nerveuses se modifient dans leur constitution intime, molécule par molécule, en variant de résultantes mais jamais de produits fonctionnels. C'est ce qui arrive, par exemple, dans les cellules cérébrales des enfants, dont la masse cérébrale grossit, dans la première année, de *un centimètre cube par jour,* ce qui donne à l'enfant de la variété dans les déterminations et des ondulations de caractère, sans toutefois modifier l'unification et l'harmonie vitales.

Le *moi,* considéré sous ce point de vue, ayant des lois fixes et irrévocables qui le dominent, acquiert une noblesse supérieure, sans aucun doute, à la misérable idée qu'on se faisait de lui. De cette manière, le *moi* peut se développer plus qu'il ne pouvait le faire dans la sphère étroite où on l'enfermait depuis la naissance jusqu'à la mort. Ainsi, de même que la physique, la chimie, la mécanique, la physiologie, etc., ont des lois fixes et immuables qui les gouvernent, de même aussi le développement du *moi,* représenté par l'intelligence, obéit aux mêmes lois sans révocation possible. Selon le mathématicien astronome Laplace, une intelligence qui connaîtrait les lois diverses qui régissent les sciences, pourrait prédire tous les phénomènes qui règlent l'existence et son entourage. Suivant le physiologiste Bois Reymond, les grands événements historiques, astronomiques, scientifiques enfin, pourraient être prédits par une intelligence qui manierait automatiquement les lois de toutes les sciences; cette intelligence, disait d'Alembert, déterminerait les lois du cosmos.

En présence, donc, de l'inexorabilité des lois scientifiques qui dominent depuis les masses colossales jusqu'à l'atôme indivisible et *polarisé*, la création du *hasard*, du *libre arbitre*, de *la providence*, du *fatalisme*, etc., ne prouvent que l'ignorance classique dés principes fondamentaux de la vérité dont se parent ceux qui ont formulé de pareilles idées. Quelques-uns des arguments de Rousseau disparaissent aussi, surtout quand il dit que l'inégalité chez l'homme est presque nulle et qu'il est naturellement bon, comme le croit Turgot.

§ 7º—IL N'Y A PAS DE MORALE OU IL N'Y A PAS DE SOCIETE

La morale à nous n'est, ni plus ni moins, qu'une convention pour la société. Donc, la morale ne pouvait exister à l'âge de la pierre —chez le *troglodyte belge*, chez l'Australien, le Buchiman, etc. —, parce que non seulement ils n'étaient pas constitués en société, mais le mandat impérieux de leurs nécessités opérait sur leur intellect avec une telle violence qu'ils étaient mûs comme des automates, sans aucune compréhension des devoirs envers autrui, ce qui est la pierre angulaire de la morale. Leurs nécessités vitales —nutrition, sensation, intellect, faim, désirs libidineux, etc. — les portaient naturellement à la férocité, au vol, à la polygamie, à la polyandrie, ou plutôt à la promiscuité des sexes la plus typique, la plus bestiale.

Encore aujourd'hui, on trouve de ces types dans la Terre de Feu, chez les Australiens, les Tasmaniens, les Buchimans de l'Afrique australe, les Dokos de l'Abyssynie, les Andamites, les Veddas de Ceylan, les Orangs-Benna de Malaca et de Sumatra, les Peaux rouges de l'Amérique du Nord, les Puharrels et les Pauaries de l'Inde, les Cafres, les Nouveaux-Calédoniens, les Esquimaux, etc., et bien d'autres.

(Vide Fitzroy, Morton, Eyre, Buckle, Lubbock, Lichtenstein, Cook, Richardson, Burton, Pruner Bey, Williams, Wilkes, de Rochas, Bougainville, A. Bertillon, Capello e Ivens, et bien d'autres.)

Nous voyons encore des représentants de l'âge du bronze, répandus sur toute la terre, mais présentant une légère ébauche de société, de mœurs et de protection mutuelle, spécialement dans l'Asie septentrionale et dans l'Afrique méridionale. Nous en trouvons des types vivants chez les Tonguses, les Buriates, les Kirghiz, les Baskirs, les Ostiaks, les Tartares, les Hottentots, les Cafres, etc.

(Vide Kolbe, capitaine Speke, etc.)

Ensuite vient la période transitoire pour la civilisation, dont les représentants se peuvent rencontrer sur tous les points où vivent les individus sus-mentionnés, et qui ont été parcourus et visités par des voyageurs civilisés.

§ 8°—LES SAVANTS DISTINGUES ET LES DIRIGEANTS DE LA SOCIETE

Les synthèses scientifiques, ou les lois des sciences expérimentales, ou enfin la *philosophie réelle,* sont pour les fonctions cérébrales de l'individu avancé, et pour la société civilisée, ce que la lumière est pour la vie des plantes et des animaux en général. La plante, *la fille de la lumière,* ne peut se nourrir sans elle, car, sans la lumière, elle ne peut absorber l'acide carbonique et exhaler l'oxigène; sans la lumière, l'animal ne peut ni accélérer ses fonctions de respiration pulmonaire, ni exhaler l'acide carbonique, ni absorber, en échange, l'oxigène. Donc, les plantes et les animaux dépérissent, s'étiolent et meurent sans la projection sur eux, plus ou moins directe, des rayons solaires.

(Moleschott, Büchner, Cl. Bernard, etc.)

Nous pouvons dire que les élaborations encéphaliques, les plus nobles, ont pour centre vivificateur de *leur système* la résultante de l'expérience soit naturelle, soit provoquée; la somme des individualités encéphaliques combinées, formant *la société,* a pour centre impulso-évolutif la philosophie. C'est une chaîne composée d'anneaux comme ceux des systèmes planétaires: c'est notre soleil vivifiant et entraînant fatalement dans son orbite plus de deux cents globes terrestres, sans compter ceux que nous ne connaissons pas; et ce même soleil, avec tout son cortège, est à son tour vivifié et attiré par un autre soleil supérieur, dont le point d'existence est encore hypothétique, là bas, du côté de la constellation d'Hercule, où il court vertigineusement.

Il faut donc que ceux qui sont chargés de régler et entretenir le foyer de lumière qui doit éclairer les groupes sociaux, aient de l'activité, du bon sens et de la probité; sinon, la source de lumière — philosophie — s'éteindra, ou les ondulations lumineuses mal dirigées produiront la cécité.

Ceux qui sont chargés de ce travail, sont les représentants des institutions dirigeantes; mais, si nous le remarquons bien, ils manquent à tous leurs devoirs.

En effet: qui est-ce qui dirige aujourd'hui un grand nombre de nations? Ce sont des individus qui n'ont jamais su ce qu'est le travail, je

e dis pas même le travail intelligent qui pût satisfaire à leurs vanités
t à leurs vices, mais le travail ordinaire qui leur procurât les moyens
le vivre.

Tels sont *les monarques,* un grand nombre de *ministres,* quelques
hefs de l'église et presque tous *ses représentants;* quelques *juges,* plu-
ieurs représentants *de la justice,* quelques *généraux,* beaucoup *d'officiers*
t tous *les soldats* tant qu'ils sont au service; enfin, tous les directeurs
iés par la grâce énygmatique d'un *pouvoir extra-cosmique,* et les pré-
epteurs imposés par une *divinité* intangible et imperceptible. Ils repré-
entent deux puissances, se soutenant mutuellement, ordonnant des
rincipes astreints au même cercle, mais en sens contraire: les monar-
ues et leurs agents imposent à leurs administrés le paiement d'un tri-
ut déterminé, que ceux-ci ont acquis par un travail honnête, et qu'ils
xtorquent presque toujours sous le nom de *impôts;* les chefs de l'église
t leurs pieux complices, soutenus par des ordonnances royales, oppri-
ment la liberté de penser, et prèchent le néant de la science, de la vé-
ité et de la justice, en en transfigurant la physionomie naturelle.

Les impôts, dit-on, servent au bien-être et aux besoins généraux
le la nation (et c'est ainsi qu'il en devrait être réellement), mais, ma-
heureusement pour les nations, les impôts sont destinés à entretenir
lans l'oisiveté les représentants de certains peuples et leurs *mannequins*
iologiques qui répartissent ce qui leur plait, et quand cela leur plait,
ntre divers établissements de parasites, à titre de sécurité nationale,
euvres pies, et surtout à titre de bienfaisance et de charité! Celui qui
l'appellera pas cela un crime de lèse-nationalité est dans une grande
rreur.

§ 9°—NOTRE JUSTICE EST SUBJECTIVE

La justice des hommes ne peut se dérober à l'influence originaire
le l'entité subjective de la divinité.

La justice reposant, donc, nécessairement sur un piedestal subje-
:tif, ses résultantes, dans la pratique, devaient être subjectives. Et il en
levait être ainsi, car la justice, loin d'être une création *a priori,* est une
iécessité *a posteriori,* dès que les hommes se sont constitués en groupes,
:omme une idée qui préside à la distribution des récompenses et des
:hâtiments suivant les mérites de chacun. Ce qui provoque tous les
bsurdes de la morale et de la justice, c'est la création subjective de la
livinité. Lorsque Malebranche et Saint-Augustin disent qu'il y a des
iombrés conçus par l'intelligence pure, ils oublient que ces nombres

n'ont jamais été suscités que par les sens; comme preuve, on a les australiens qui disent certains nombres sans ordre ni *système*.

(Letourneau. *Réponse à Mr. Avet,* page 341 et 342).

Le code de Manu, Zenda-Avesta, n'admet d'aucune manière des idées morales innées. Zoroastre, dans Avesta, critique toutes les idées morales en vigueur aujourd'hui: une chienne, pour lui, vaut plus que mille femmes! La *bible,* dictée par le propre Jehovah blâme constamment les principes de morale usités entre nous: dans l'Exode et le Deutéronome, par exemple, nous voyons exalter l'esclavage, animer le crime, ordonner la cruauté, conseiller l'indolence et la misère. Pour meilleure élucidation, on n'a qu'à consulter Hovelacque, *Revue de linguistique; Avesta Vandidad,* traduction de C. de Arlez; et encore, Letourneau, *Science* et *Matérialisme,* page 237, 285, 340, 343, 351, 359, 374 et 401.

§ 10°—LA FAUSSE ET LA VERITABLE PHILANTHROPIE

La philanthropie, de la manière dont elle est comprise et manifestée chez les peuples, et spécialement chez les peuples latins —France, Italie, Espagne, Portugal, Brésil, etc.—, prouve leur état arriéré et est un des principaux obstacles à leur perfectionnement et à leur évolution. Si l'humanité a besoin d'êtres robustes et travailleurs pour mériter les éloges de la postérité, à cause du bien-être de ses membres, il est clair que, pour obtenir ce but élevé, elle ne doit pas priver les gens aptes des principes d'alimentation physique et de développement intellectuel, pour les livrer *pieusement* et *miséricordieusement* à ceux qui ne sont pour elle qu'une lourde chaîne, comme les phthisiques, les cancéreux, les idiots, les rachitiques, les scrofuleux, les estropiés, et autres produits inutiles. Ces malheureux, ne produisant rien, enlèvent aux autres les aliments et les produits de leurs travaux, et leur laissent en échange une race, infecte comme eux, mais qui sait implorer la charité publique, c'est-à-dire, le germe de l'indolence, du servilisme, de la misère, du dégoût, de l'horreur social.

Donc, la philanthropie sans viser le progrès ou l'évolution de l'humanité est un des cancers de la société.

(Vide Platon, Bageot, Darwin, Spenser, John Fiske, Letourneau, Büchner, A. Lefèvre, etc.)

Les philosophes modernes, positivistes, réalistes ou matérialistes, après avoir montré les inconvénients généraux de la philanthropie en particulier, et comment on doit s'en servir présentement chez les peuples civilisés, ne peuvent évidemment pas conseiller et défendre le cannibalisme, l'anthropophagie, l'infanticide, la cruauté envers les malades et les vieillards, parents ou non, le vol mutuel ordonné par la force et par la faim, enfin le manque de magnanimité envers le prochain, vices qui se trouvent chez plusieurs représentants des races classées par les civilisés comme sauvages.

On prouve irréfutablement que la philanthropie usuelle est en opposition avec les lois biologiques invariables. On prouve que la philanthropie, pratiquée comme elle l'est chez les peuples les plus avancés, ou qui croient l'être, est toujours destructrice de *l'équité,* la loi la plus utile de l'une des sources de l'évolution humaine.

On prouve finalement que la philanthropie véritable, au lieu d'être une émancipation des nécessités les plus urgentes de certains êtres organisés, plus parfaits et aptes, se transforme en une aberration qui arrête le progrès de la manière dont elle est réglée et administrée.

Ce n'est point, certainement, en conseillant l'implantation chez les peuples civilisés de la morale *néo-calédonienne,* c'est-à-dire, le libertinage, l'infanticide, l'abandon des malades, l'assassinat des vieillards, etc.; mais c'est en conseillant l'harmonie des actes avec nos nécessités sociales, avec notre milieu, avec notre impérieuse évolution. D'une autre manière, c'est chercher le recul ou l'anéantissement par ineptie, sinon par indignité.

La véritable philanthropie doit s'exercer entre nous en classant les aspirations et les devoirs réciproques du couple, d'accord avec la puissance intellective de chacun des associés; en donnant tous ses soins à la *jeunesse apte* depuis la naissance jusqu'à la puberté, en dirigeant chacun vers la profession qui lui convient le mieux; en cherchant à *marcher toujours d'accord avec les lois invariables de la nature,* en les favorisant et même en les provoquant au profit de la purification de la race et de l'espèce; en employant toute la sollicitude possible dans l'amélioration *du malade capable d'une évolution franche et ininterrompue,* soit lorsqu'il est envahi par la maladie dans l'exercice salutaire de cette fonction, soit qu'il se repose de ses fatigues après avoir rendu de sérieux services à la cause du progrès; en respectant, en protégeant les organismes en décadence, vieux, usés, après avoir bravement supporté la pénible campagne du travail et avoir coopéré, de toutes ses forces, au soutien et au progrès des devoirs, du droit, de la justice et de la morale en vigueur dans le milieu où il vit; en cherchant à éloigner l'oppression, la tyrannie, l'esclavage, non seulement du corps mais de la conscience, des aptitudes, de la liberté de penser, etc.

Comme le dit très bien Letourneau, c'est évidemment dans la nécessité de vivre, de durer, de se perpétuer qu'est modelée la règle des coutumes. Par conséquent, tout ce qui ne concourt pas à fortifier ces principes doit être *poursuivi et éliminé*, suivant les préceptes de la nature dans la sélection naturelle.

La cruauté de la nature donne comme résultante la source éternelle de la vie et aplanit le chemin pour son perfectionnement. Ceux qui ne suivent pas ces préceptes, dépérissent, s'étiolent, stationnent, ou meurent dans l'imbécillité.

Ce que dit Lanessan dans sa *Lutte pour l'existence et l'association pour la lutte*, page 29, est une vérité incontestable: «Tout concourt à empêcher la formation de familles dont les membres, détruits les uns par les autres, disparaissent fatalement en entraînant la ruine de l'espèce».

Plus la loi de la sélection naturelle sera exécutée avec hardiesse et violence, plus les résultats seront brillants et utiles.

«Le chêne, dit Lanessan page 3, empêche de croître les jeunes arbres qui poussent à ses pieds; le bœuf mange la plante, le tigre mange le bœuf, l'homme mange l'un et détruit l'autre, et les hommes, s'égorgent ou s'exploitent les uns les autres.» Pourquoi?.. Pour vivre.

Si donc, tout ce qui existe, du plus petit au plus grand, combat naturellement ou inconsciemment pour vivre et se perfectionner aux dépens de ce qui lui est inférieur, il est naturel que l'homme, isolé ou en société, cherche, artificiellement et consciencieusement à suivre les mêmes lois.

Une des qualités qui distingue les êtres plus parfaits des êtres inférieurs, c'est la concession de la vie et même du respect aux invalides qui, individuellement ou collectivement, ont coopéré à l'aggrandissement du noyau auquel ils appartiennent. C'est, par exemple, le savant, l'octogénaire pauvre, qui, durant leur existence, ont soutenu par la parole et par l'exemple une lutte non interrompue contre toutes les séductions engourdissantes, contre l'oisiveté, la dilapidation, l'hypocrisie, la cruauté, le sensualisme lascif, etc., en leur opposant avec tenacité le travail honorable, la probité, la vérité, la tempérance, enfim toutes les qualités salutaires qui forment la morale, le progrès et l'intelligence! Leur passé et leurs écrits font leur gloire, et pour nous ils sont un anneau de la chaîne de notre félicité; leurs enfants sont leur immortalité,

t sont pour nous le symbole scientifique de la *probabilité* évolutive
— sélection, orientation, adaptation, exemple et milieu —; leur pauvreté
st leur blason, et c'est pour nous l'attestation la plus précieuse de leurs
mérites, concédés par l'académie de la vertu... Ce vieillard a bien
mérité de l'humanité. Ce vieillard, image de la philanthropie, n'a pas
eulement droit aux éléments qui favorisent sa longévité, mais il a droit
ncore aux démonstrations impérissables pour que la postérité le res-
ecte, le bénisse et immortalise!

La femme, dans un âge identique, avec les mêmes qualités, bien
que moins intelligente à cause du faible volume de sa masse encéphalique (?), qui, pendant sa longue vie, s'est conduite suivant les sains prin-
ipes de la *sensibilité*, du *travail*, de *l'obéissance*, de la *modestie*, et qui
ransmet ces mêmes principes à ses enfants, cette femme mérite de tous
a compensation philanthropique équitable, en relation au produit éla-
oré par le sexe fort.

Si l'octogénaire a travaillé durant sa vie assez seulement pour sa
ubsistance, sans être à charge aux autres, sans pratiquer un acte con-
raire à la civilisation, tout en fournissant à la société des enfants ro-
ustes et aptes, cet octogénaire, bien qu'il n'ait produit en faveur de
humanité aucun fruit intellectif ou moral, a au moins accompli les
levoirs de la vie végétative, il a accompli la loi compensatrice — il n'a
ien donné, mais il n'a rien tiré —; il est digne de jouir des bénéfices
le la philanthropie, eu égard aux bénéfices que ses enfants peuvent
ournir; mais s'il n'a pas d'enfants, l'acte philanthropique de sa subsis-
ance commence déjà à être une usurpation à ceux qui le méritent et
n ont besoin.

Si l'octogénaire, robuste, n'a jamais travaillé de sa vie, s'il a tou-
ours été à charge à l'humanité, s'il n'a jamais pratiqué un acte utile
. tous ou à lui-même, si, au contraire, il a été nuisible au *bien* social,
'est un crime de lui fournir des moyens de subsistance, un crime aussi
rand que de les fournir au criminel, à l'homme incapable de se sou-
enir par le produit de son travail — au malade incurable, à l'estropié,
u monstre, à l'aberré, etc.

Si l'octogénaire enfin a toujours vécu dans le crime, appliquant
oujours ses grandes aptitudes à son profit et jamais au bien d'autrui;
i, pendant cette longue période de vices, il a pu échapper aux regards
le la justice et aux bras de la loi; s'il n'a jamais été qu'un égoïste cruel,
n humanophobe typique, livré d'une manière bestiale à la satiété
nonstrueuse de ses nécessités, n'ayant qu'un but — vivre — par tous

les moyens possibles, et pour lui seul : soutenir le corps et prolonger l'existence d'un pareil homme est non seulement un délit mais un absurde qui saute aux yeux de l'homme le moins pourvu de bon sens.

C'est sous l'influence de ces principes, que, sans distinguer préalablement ceux qui doivent habiter les asiles, les hôpitaux, ou les pénitenciers et les prisons, on pratique une extorsion, une violence inqualifiable exercée contre la fortune des groupes sociaux civilisés.

L'idée qu'un asile fournit *présentement* au cerveau développé est aussi coupable que celle d'un pénitencier, d'un hôpital, vu la manière dont ces établissements sont dirigés et administrés.

Les mêmes vices se trouvent chez l'un comme chez l'autre.

Il suffira de citer quelques exemples pour démontrer ce que j'avance, vu que cela peut paraître un horrible basphème à ceux qui ne discernent que superficiellement :

Supposons une créature humaine civilisée, d'une forte constitution et d'une belle santé, ayant des aptitudes et des moyens pour subvenir à tous ses besoins, par le travail ; cependant cette créature se délecte dans l'oisiveté et passe sa vie dans la plus détestable paresse. Un tel individu peut être riche ou pauvre, noble ou plébéïen, illustre ou ignorant, rien ne le justifie de la pratique d'un des actes les plus reprouvés, rien n'empêche de le considérer comme un misérable, comme un criminel.

1° L'homme oisif est un *misérable*. Car, habitué à la paresse, il n'est que le ferment du vice et de la pourriture éthique. Contraire à tous les principes, réels ou positifs, de la civilisation — travail et respect des lois sociales —, il n'est qu'un instrument déguisé des principes opposés à l'évolution de l'être le plus parfait. Aussi misérable et abject est celui qui nie l'usage de la parole, comme celui qui enseigne que son importance est de peu de valeur pour la vie, que la nécessité est un mythe, que l'honorabilité et le travail sont des absurdes, que son semblable est un esclave !

2° L'homme oisif est *un voleur*. Non seulement il ne coopère pas à sa subsistance, mais encore il vole celle qui appartient à ceux qui la cherchent et la méritent par leur travail et par l'accomplissement du devoir.

Il est évident que celui qui, périodiquement, va voler chez autrui la subsistance n'est pas moins voleur que celui qui, le pouvant, n'apporte pas sa part de produits à *l'humanité laborieuse* invalide. C'est une espèce de preuve négative, par l'absurde, mais qui n'en a pas moins sa valeur démonstrative. Aux yeux de l'humanité, celui qui refuse de pratiquer une action méritoire est tout aussi bien voleur que celui qui l'annulle ou la détruit chez celui qui voulait la pratiquer.

Un homme laborieux à bout de forces trompe sa faim avec un pain; un homme oisif le lui vole et soutient son oisiveté, c'est-à-dire, qu'il vit en tuant. De cette manière ce dernier commet un double crime — vol des aliments à celui qui les mérite, vol à la société de ceux qu'il devait lui fournir.

3° L'homme oisif est un *assassin*. En effet, en s'alimentant, il dépense pour lui l'alimentation d'un de ses semblables. Il est clair que celui qui ne travaille pas, soit à la terre, soit à un métier, meurt d'inanition; ou, s'il se soutient, c'est par un vol qu'il pratique aux dépens de celui qui travaille. Donc, l'homme oisif absorbe journellement des produits alimentaires qui soutiendraient celui qui travaille. Or il est démontré qu'un homme ne peut vivre quinze jours de suite sans aliments; donc, l'oisif assassine tous les quinze jours un homme laborieux, en le privant des aliments qui lui sont nécessaires pour vivre et qui lui appartiennent en toute légalité.

4° L'homme oisif est *un des plus grands obstacles au progrès de l'humanité*. Car, pendant son existence, il n'a rien fait pour coopérer à son existence, lui laissant au contraire une race abjecte qui sera peut-être douée de la même constitution et aura la même manière de vivre.

On sait que le misérable ne croit avoir accompli son répugnant devoir que lorsqu'il voit les autres aussi misérables que lui; de même, l'homme oisif finit presque toujours par causer violemment la ruine de ceux qui l'entourent, et surtout de ceux qui lui ont rendu service; ses aptitudes aberrées ont une puissance désorganisatrice en raison directe du contre-sens. Sans amour pour la patrie, pour la famille, pour son semblable, pour la justice, pour la loi, pour le devoir, il s'élide dans ses propres aspirations vicieuses — vivre aux dépens d'autrui —, et finit vulgairement, à bout de trahisons et d'hypocrisies, par *solliciter positivement* une aumône, alors qu'il est devenu vieux, malade, fou, criminel, répugnant, hideux... que sais-je?... car il n'y a pas d'expression assez basse pour le définir. Et alors, l'humanité donne une bien triste idée d'elle même en élevant la bannière *de la miséricorde, de la charité, de la compassion, de la pitié*... Et les gouvernements, et la société fournissent une subsistance assurée à leurs plus grands ennemis, les recueillant dans un hôpital, ou dans un asile, ou dans un pénitencier!

Cette manière de faire est non seulement absurde, mais des plus stupides.

. . . .

A côté d'un *temple* vide et fastueux, gémit le prolétaire laborieux, couché sur un misérable grabat, sans pain pour se nourrir, sans lumière pour y voir, sans vêtements pour se couvrir... A côté d'un *hôpital* luxueux, l'honnête homme a peur de tomber malade, parce que tous les lits de l'hôpital sont occupés par des fainéants et des va-nu-pieds... A côté d'un *asile,* l'orphelin apte dépérit, le malheureux estropié par le travail se consomme parce que les *parasites* et les *êtres inutiles* emplissent l'asile... A côté d'un *pénitencier* somptueux, végète l'honnête homme indigent, affamé, malheureux, qui jette un regard d'envie sur les criminels qui habitent cet édifice somptueux, qui vivent avec toutes les commodités et le confort, contraste frappant avec ceux qui les alimentent ou auxquels ils ont volé ce qu'ils avaient de plus cher...

Ce rapprochement n'est-il pas horrible?...

§ 11° — NECESSITE DE DEPLACEMENT DE VIEUX COMMANDEMENTS

Le perfectionnement des êtres ne provient que de la supériorité des uns sur la médiocrité des autres, ceux-ci s'éteignant, ceux-là se fortifiant; jamais les révolutions violentes, et instantanées, ou les lois émanées d'organisations politiques autocratiques, n'ont eu une influence réelle sur les destinées progressives des organismes les plus complexes.

Sur les points généraux, il convient d'étouffer les intérêts circonscrits à un peuple ou à une race, pour les étendre à la masse sans aucune réserve, exception ou partialité.

Les lois scientifiques sont aussi inexorables que les lois naturelles dont elles sont le reflet, ou plutôt, l'image parfaite.

Voilà pourquoi nous devons nous débarrasser de certains principes réglementaires qui nous viennent de nos aïeux, principes que sont pour nous des maux parce qu'ils sont incompatibles avec les milieux où nous vivons. Il nous faut accomplir cette réforme pour mériter de la postérité le titre de *civilisés* que nous nous arrogeons sans raison.

Les hommes qui s'entêtent contre des principes caducs et évidemment nuisibles, comme les cagots en général, les philanthropiques sans visée scientifique, les politiques systématiques, les éthiques en dehors du milieu et de la race, les scientifiques spéculatifs, etc., ressemblent à ces enfants qui cherchent à débrouiller un écheveau de fil très embrouillé. Ils ont beau travailler à rendre au fil sa continuité, ils ne font que l'embrouiller davantage.

Il est de toute nécessité que les créatures humaines, imbues de ces vices, qui par malheur sont appelées à diriger les autres, perdent cette manie ou cette folie de gouverner et de persister à être les précepteurs de la société; et cela dans le but philanthropique de sauver, en temps opportun, de leurs bévues, le peuple innocent dont ils arrêtent la marche et qu'ils plongent à chaque instant, inconsciemment, dans un labyrinthe insondable.

Je crois qu'un pareil résultat figurerait dans les annales de l'humanité comme un acte de la plus haute philanthropie, science, coutume, politique et *religion*.

§ 12º — L'ABOLITION DE LA PEINE DE MORT
EST UN ACTE ANTI-PHILANTHROPIQUE

Il y a dans la conception de notre justice, en général, des erreurs déplorables.

Attendu que j'ai entrepris ce sujet, je vais essayer de prouver que *l'abolition de la peine de mort* pour celui que a commis ou fait commettre un *homicide prémédité*, lâche et *prouvé*, est non moins répugnante et anti-philanthropique que la persécution par l'exil et la réclusion contre celui qui a supprimé son semblable, qui a violé le plus noble des devoirs de la société.

Oter la vie à celui qui a tué l'homme probe, qui a déshonoré l'homme honnête, qui a méprisé la vertu, détruit le progrès social, etc., loin d'être un crime, est au contraire un acte méritoire, car on a privé l'espèce d'un concurrent qui, vivant, était funeste par ses actes et qui, mort, l'est encore par sa race qu'il a élevée à son image.

Le criminel est un élément social incompatible avec la vie, soit que l'on prouve par des recherches anthroposophiques que son cerveau fonctionne régulièrement et physiologiquement, soit que l'on démontre qu'il obéit aux impulsions transmises par un état pathologique, symptomatiquement malade. (V. dr. Bordier—*Etude... d'assassin*. Paris, 1882).

Dans les deux cas, la culpabilité est la même, bien qu'elle soit active dans l'un et passive dans l'autre, mais les conséquences sont identiques.

Le tigre qui obéit aux lois naturelles et physiologiques de la férocité, dévastant et dévorant tout ce qui peut le nourrir, est comme le chien enragé qui cherche à mordre et à envenimer mortellement, poussé à cela, d'une manière aberrante, par un symptôme pathologique. Nous cherchons à tuer, le plus vite possible, ces deux animaux nuisibles, quand ils ont été ou qu'ils peuvent être funestes à quelqu'un des membres de notre espèce, sans nous préoccuper des qualités ou des causes qui ont provoqué des actes nuisibles à l'individu et à la société. L'individu, attaqué par un de ces animaux, fait son devoir en le tuant, et *fixe* typiquement la vérité de la *lutte pour la vie* (Darwin); la société ou le groupe d'individus qui cherche à éliminer ces animaux pour sauver la vie de quelqu'un, fortifie l'idée de *l'association pour la lutte* (J. L. de Lanessan).

Dans le premier cas, c'est *l'initiative individuelle* ébauchant les prolégomènes des bases du devoir; dans le second cas, c'est une des *manifestations pratiques conventionnelles,* c'est *la justice.*

L'homme qui ôte la vie à celui qui va en tuer plusieurs accomplit le même devoir que ceux qui ôtent la vie à celui qui n'en tue qu'un seul. C'est la vérité de cette proposition d'un caractère presque générique: *un pour tous et tous pour un.*

Donc, un criminel qui prémédite, avec des fonctions physiologiques apparemment parfaites, et fatalement funestes aux individus de la même espèce, mérite aussi bien la mort que le criminel qui est mû par un symptôme pathologique; le voleur-assassin de profession tue de la même manière que le fou furieux en liberté; les effets sont les mêmes, bien que les causes efficientes soient diverses, mais sans fond social scientifique et utile. La justice doit être le régulateur équitable, le pendule compensateur dans le déséquilibre des humains en masse, variant d'aspect suivant l'illustration, les mœurs, les coutumes, les lois des composants des cercles où elle doit agir —la justice du Hottentôt semble différente de la justice française, bien qu'elle vise au même but et qu'elle ait les mêmes résultats relatifs. —. L'étude et la diffusion des sciences naturelles et philosophiques sont les uniques éléments qui peuvent généraliser le type et les aspirations de la véritable justice. Rien autre ne peut réussir.

Lorsque la science et ses bienfaits seront connus et goûtés par tous, alors on pourra dire comme Maxime Lecomte: — «La peine de mort est appelée à disparaître comme ont disparu l'esclavage, la torture, et la peine du Talion qui n'en est qu'un article perdu dans nos législations modernes. La postérité la condamnera sans appel et la regardera comme un reste de l'ancienne barbarie».

Celui qui n'observe pas *les articles imposés par le contrat ou la convention faite entre les hommes* — obligation de travailler pour se nourrir; obligation de respecter la vie et les biens de son semblable, acquis par un travail honorable; obligation de respecter *les legs justes* du mourant à ses enfants, etc. —, celui-là n'a et ne peut avoir aucun *droit* qui oblige les autres à le respecter; au contraire, en n'observant pas les articles stipulés au contrat, il a attaqué les droits des autres, et violé la base conventionnelle qu'il avait acceptée. Donc, il a cessé de faire partie de la société, en s'y rendant incompatible; mais s'il *persiste* à vouloir en faire partie, s'il *persiste* à blesser les droits d'autrui, les associés ont toute autorité pour l'expulser de leur sein, de quelque manière que ce soit, en le rejetant bien loin pour qu'il ne soit un fardeau ni directement ni indirectement.

Dans ces cas se trouve l'assassinat *prémédité* et *prouvé:* l'assassin a violé la convention en tuant son semblable, en enlevant à la société un de ses membres utiles; la justice doit donc le considérer sans droits et suspendre ses garanties; la loi, cette particule de la justice, doit l'éliminer de la société comme un être funeste aux destinées qu'elle s'est tracées.

L'objection, que l'on a cru de quelque importance, *nul n'a le droit d'ôter la vie à son semblable,* tombe devant la réponse d'Alphonse Karr: *messieurs les assassins, commencez les premiers.*

Tant que les assassins continueront à assassiner, la justice restera investie du pouvoir du rétablissement de l'équilibre vital un instant ébranlé et non créé par les lois.

On a dit avec raison: —L'Etat forme un corps politique qui, comme le corps humain, est exposé à de grandes infirmités; le juge peut se comparer à un medécin. Si celui-ci n'applique pas les remèdes convenables, souvent violents, comme le fer et le feu, pour guérir ou amputer quelques membres déjà pourris et corrompus, certainement il fera périr le corps tout entier par une compassion intempestive et mal comprise... Quand on dit aux juges de n'avoir aucune compassion dans leurs sentences, cela ne veut pas dire que leur cœur doit être inaccessible à la pitié, mais qu'ils doivent se montrer sans faiblesse pour les criminels... L'amour, la crainte, l'ambition sont les écueils contre lesquels la justice vient se briser ordinairement, et c'est contre ces écueils que le juge doit se montrer intrépide et mépriser les périls.

En abolissant la peine de mort, vous la remplacerez par la réclusion. Mais alors la justice se montre vindicative, et la société doit punir, mais non se venger.

Allez voir ces immondes cachots d'Angleterre et d'Espagne; jetez les yeux sur les misérables qui y sont enfermés, couverts de plaies gangréneuses, dévorés par la vermine, montrant la sanie fétide de leurs ulcères qui répugnerait même aux animaux qui se nourrissent de pourritures; vous verrez, variant d'aspect, la physionomie de ces malheureux poursuivis par la vengeance de la justice: ici, c'est la figure d'un martyr, là celle d'un imbécile et d'un idiot, plus loin le type de l'épouvante et de la stupeur... enfin un tableau d'horreur et de misère!...

Ces exemples sont typiques; dans les autres pays qui adoptent de pareils principes dans la distribution des peines aux délinquants, vous trouverez invariablement les mêmes tableaux.

Le but de la justice est le châtiment et non la vengeance; ce n'est point la persécution haineuse et prolongée, mais la prompte punition en rapport avec la faute; ce n'est point le martyre, mais le châtiment qui purifie le délit. Le but de la justice n'est point de pervertir des facultés, mais d'en écarter les aberrations; de fabriquer des fous, mais de les ramener au bon sens; c'est d'épurer au lieu de corrompre, d'édifier au lieu de détruire, de donner la vie au lieu de tuer lentement!

Les cachots et les galères que la justice de certains peuples emploie pour punir le crime prémédité, en commutation de la peine de mort, sont une des plus grandes iniquités que pratique l'espèce humaine. La mort implique *en partie* l'oubli, et satisfait dans ce cas les exigences de l'équité. Le martyre, avec haine préméditée, diverse et continuelle au délinquant, émousse les sentiments de la justice et provoque, en présence des *persécutés,* des idées contraires à celles du bon sens: la vue du criminel, pourrissant sur la paille d'un cachot, fait oublier l'image de l'honnête homme qu'il a assassiné, dont il a causé le malheur, l'innocent auquel il a tout enlevé, la femme qu'il a lancée dans l'ignominie, la famille qu'il a déshonorée, la société où il a porté le trouble et la désharmonie... pour ne laisser voir qu'une compassion aberrante pour le criminel qui ne mérite qu'aversion, et une aversion pour la justice qui ne mérite que respect!

De cette manière, la justice obtient des résultats opposés à ceux qu'elle cherche et qu'elle a pour objet.

Si nous voyions, par contre, le criminel qui a tué père, mère, enfants ou frères, habiter un luxueux appartement, entouré de tout ce qui constitue le bien-être, servi par une multitude de laquais et de gardes empressés à satisfaire ses moindre caprices... n'y aurait-il pas de quoi s'indigner et maudire la justice qui paraitrait ainsi récompenser le délinquant? et, dans un autre ordre d'idées, entretenir chez les autres des désirs criminels pour mériter la même récompense?...

Que de noirs sentiments concourent pour former chez les humains la manière applicative des peines aux délinquants!

Tantôt en provoquant la haine contre la plus belle des créations humaines — la justice —; tantôt en invitant les malheureux à devenir criminels pour jouir de privilèges qui leur étaient refusés quand ils étaient honnêtes et laborieux...

Quel misérable contraste!

Il est absurde d'argumenter avec l'insuffisance de la justice pour élucider la vérité et trouver la preuve réelle du crime, ce qui peut amener la mort de plusieurs innocents. Quand le crime *n'est pas prouvé,* la peine de mort doit être remplacée par un travail obligatoire sur un point distant des centres civilisés; il faut favoriser les aptitudes de l'initiative privée de chaque condamné, l'instruire et, dans le pays où il se trouve, l'écarter des mauvaises mœurs. S'il est certain que la justice manque de moyens pour découvrir le crime, qu'on comble cette lacune en choisissant ses représentants parmi les hommes les plus capables de faire des investigations positives et utiles, et non parmi des invalides, au moral comme au physique, qui sont impuissants ou bouffis d'orgueil. Il faut surtout *rémunérer largement,* avec générosité, même avec prodigalité *ces distributeurs des lois,* élus parmis les plus sages et les plus instruits, afin qu'ils exercent et distribuent la justice avec indépendance et impartialité et qu'ils ne soient pas obligés de déshonorer le poste honorable qu'ils occupent par d'abjectes spéculations mercenaires.

Dire qu'avec la peine de mort les crimes augmentent est encore un absurde. La vérité est que, tant que dure la peine de mort, la société se débarrasse peu à peu des criminels qui la troublent; mais quand la peine de mort est suspendue, on voit éclore de tous côtés les rejetons de ceux qui ont été exécutés, et ces rejetons croissent, vivent et se multiplient en peu de temps, puisqu'ils ne sont pas supprimés. Et lorsque la peine de mort est de nouveau mise en pratique on se trouve alors en présence de deux sources de criminels: l'une régulière ou normale, l'autre provenant de l'oubli complet dans lequel on a laissé les fauteurs du crime.

En d'autres circonstances, je répondrai à une douzaine d'objections bien moins importantes, mais j'y répondrai d'une manière moins laconique.

Ce n'est point seulement celui qui tue, qui assassine directement, ou fait assassiner avec violence et préméditation l'innocent, qui mérite la peine de mort. Il la mérite aussi celui qui, par des violences indirectes, morales ou physiques, obtient le même résultat. Dans ce cas, se trouvent les calomniateurs, les perfides et les criminels hypocrites. Aussi coupable est le père qui, poussé par une cruauté préméditée et inqualifiable, roue de coups son jeune enfant innocent, comme la mère barbare qui, pour se voir libre d'une enfant qui l'ennuie, l'expose à toutes les intempéries et à une pneumonie mortelle; aussi coupable est l'époux qui, par force, par de mauvais exemples et des violences morales, corrompt le cœur irrésolu d'une épouse honnête et devouée, comme la femme qui conduit sournoisement son mari à la mort en ne pas lui prodiguant ses soins pendant une maladie, ou en l'exposant à des commotions morales qui peuvent le tuer; le fils qui fait mourir de chagrin son père et sa mère, est un monstre tout comme celui qui les assassine à coups de poignard pour hériter de leur fortune; le calomniateur qui jette le trouble et la mort dans un ménage honnête est aussi criminel que le voleur qui tue pour voler; aussi misérable est celui qui impose et ordonne le crime, comme celui qui l'éxécute; etc.

Il résulte de là que l'usage pratique de la peine de mort ne présuppose pas l'idée de la peine du Talion, mais l'idée de la repartition du châtiment en *rapport* avec le crime du délinquant.

(Extrait de mon livre *Varios Ensinamentos*. Lisbonne, 1883 — *passim*.)

§ 13 — L'ATAVISME CHEZ LES DELINQUANTS
SPECIALEMENT COMME ETIOLOGIE DU CRIME, EST IMPROBABLE ET PRESQUE INADMISSIBLE

Le but principal de *l'être humain parfait* est de rechercher la satisfaction de ses besoins individuels, sans s'opposer à ce que ses congénères en collectivité fassent la même chose. Quiconque viole ce précepte naturel est un *être humain imparfait,* et pour cela doit être considéré comme nuisible et expulsé de la collectivité par tous les moyens possibles.

C'est sous ce point de vue que doit être considéré le délinquant, dont la définition trouve là son origine. Il est clair que son degré de culpabilité doit être en raison directe de l'attaque contre ses congénères et de ses conséquences, depuis la *violation de l'organisme* jusqu'à la violation des moindres *accords sociologiques;* et avec le degré de culpabilité varient naturellement les divers degrés du châtiment.

Or, depuis que l'humanité existe, je pense qu'il y a toujours eu des organisations parfaites et des organisations imparfaites, non seulement dans l'espèce humaine comme aussi dans toutes les espèces zoologiques, attendu que la nature a choisi le moule typique de chacun, sans doser *uniformément,* pour chaque individu, les éléments constitutifs, leurs accommodations intimes, et leur travail fonctionnel spécifique à chacune de ses parties. Donc, les premiers êtres humains devaient révéler une différentiation individuelle, d'être à être, par la manifestation d'actes délictueux depuis la première ébauche sociale.

Les délits des premiers âges devaient naturellement être d'accord avec les conventions rudimentaires que les associés faisaient entre eux, excepté les attaques contre l'organisme qui paraissent avoir eu de tout temps la même importance que de nos jours. Avec le temps, les sociétés déchirèrent leurs vieux contrats pour les remplacer par d'autres, ou éliminèrent certaines clauses, ajoutant ou retranchant ce qui leur paraissait nécessaire ou superflu. D'un autre côté, les qualités et les formes des délits se modifièrent aussi, sans que les agents et les patients eussent en rien modifié leur organisation primitive. Ainsi vécut l'humanité, depuis les temps les plus reculés jusqu'à nous, modifiant sans cesse les contrats sociaux primitifs que nous trouvons toujours accompagnés de délits relatifs et peut-être dans la même proportion que les premiers, attendu que l'anatomie ou l'organisation des agents et des patients ne s'est modifiée en rien fondamentalement, comme le prouvent les exemplaires osseux rencontrés, soit historiques, soit préhistoriques, soit fossiles.

Or, les attaques contre les individus et contre les contrats sociaux ont dû, dès le principe, appeler l'attention des hommes parfaits qui en ont recherché la cause; mais jusqu'à présent, malgré leur activité et leurs diligences, ils n'ont rien pu faire de stable ni de durable.

Comme certaines sociétés, les unes enrichies par la nature du sol, les autres appauvries par sa stérilité, conservent des contrats sociaux différents de ceux adoptés par des sociétés civilisées, les membres de celles-ci en concluent que les autres sociétés conservent de pareils contrats, qu'ils appellent *primitifs,* parce que leurs composants viennent d'une origine directe aussi ancienne qu'elles. Ils vont encore plus loin: ils disent que l'homme primitif devait avoir une organisation différente de celle de l'homme actuel et que, pour cela, les représentants modernes des *sociétés barbares* sont constitués autrement que les civilisés. Donc, lorsque parmi les civilisés il apparait des individus qui pratiquent des actes délictueux, plusieurs criminologistes circonspects, sans autre examen, rapprochent le délinquant et le délit des sociétés barbares, en taxant le délinquant de *produit atavique* qui peut parcourir même la trajectoire réversive jusqu'au plus infime animal, s'appuyant ainsi sur la théorie du transformisme.

Avec sincérité et franchise nous trouvons des plus extraordinaires cette étiologie du délit et cette origine du délinquant, qui contiennent ce terrible paradoxe de baser les sociétés civilisées sur des criminels, attendu que ceux-ci ont passé par le même chemin que celles-là. On ne peut pas dire que cette manière de voir est absurde, puisqu'elle est partagée par un grand nombre d'hommes distingués; mais tant que des preuves positives ne viendront point appuyer cette opinion, il est au moins permis à ceux qui ne pensent pas ainsi de la traiter d'extraordinaire.

Aucun explorateur, que je sache, aucun voyageur n'a-dit que *tous* les Africains du centre et du littoral, que *tous* les Indigènes de l'Amérique, que *tous* les naturels de l'océanie étaient des criminels; au contraire, je remarque que tous les explorateurs et les voyageurs recueillent une longue liste de ces individus doués d'une extrême docilité, de dévouement, d'aptitudes, de gratitude et même d'héroïsme.

Ignorants des connaissances que nous avons recueillies dans toutes les branches du savoir humain, frappés de la force que ces connaissances developpent en nous, atterrés par notre audace et notre autocéphalisme, les représentants des sociétés barbares nous paraissent hébétés, stupefiés en notre présence, sans forces, sans action, sans autonomie, de vrais brutes enfin. Mais laissez-les se ranimer, vivez avec eux, enseignez-les et bientôt vous en trouverez parmi eux beaucoup qui ont les plus franches aptitudes civiques, artistiques, morales et intellectuelles. Je connais un grand nombre d'indigènes du Brésil et de noirs africains qui sont plus intelligents que la plupart des individus vulgaires des pays civilisés.

En mettant de coté les actes astreints aux convention associatives des peuples incultes, leurs membres conservent la même proportionnalité dans les organismes bien ou mal constitués pour la pratique des actes délictueux, que dans les sociétés civilisées. Si quelques vices prennent chez eux le caractère épidémique, dans les sociétés civilisées nous en trouvons qui leur servent de véritables *pendants*.

Les barbares ou les indigènes se défendent lorsqu'ils sont attaqués; ils tourmentent ceux qui se moquent d'eux; ils châtient ceux qui les exploitent, et tuent ceux qui les poursuivent... Eh bien! n'est-ce pas l'usage des gens civilisés?.. Quelle différence existe-t-il donc dans les fonctions intellectuelles et dans l'organisation sociale intime?.. Ils ont, il est vrai, des usages, des coutumes et des conventions sociales différentes; mais ce ne sont que des créations humaines qui peuvent disparaitre d'un siècle à l'autre, comme cela arrive dans les sociétés civilisées.

Par conséquent, sans vouloir m'occuper davantage de cette question, je dirai que les membres des sociétés incultes modernes sont *puissamment* doués de la même constitution anatomique, physiologique, psychique que les civilisés. Cette proposition peut paraitre paradoxale, mais elle est vraie aux yeux de tout observateur non systématique.

Ni le cerveau lisse d'un Hottentot, ni le prognathisme d'une race, ni le *long armed* d'autres, ni l'inscience et la qualité des pactes sociaux spécifiques de tous peuvent détruire cette idée; parce que, parmi les sociétés civilisées, nous trouvons des phénomènes identiques sans que *tous* ceux qui les possèdent révèlent constamment pour ce motif les qualités qui distinguent les délinquants.

D'un autre côté, les délinquants civilisés ne présentent *aucune différence apparente* de ceux non criminels qui appartiennent à leur société, tant par le type que par les tracés géométriques et même par la physionomie et les aptitudes; ils doivent cependant s'en écarter forcément dans les éléments dosimétriques et histo-chimiques en marche par la physiologie, et peut-être aussi dans l'anatomie; mais ces différences ont échappé jusqu'à ce jour à nos moyens d'investigation les plus délicats et doivent produire comme résultante un psychique de conséquences anomales comparées au type commun ou normal de la société à laquelle appartiennent ces délinquants.

Pour conclure: il n'y a aucun motif qui justifie la proposition soutenue avenglément par quelques anthropologistes, que le criminel civilisé est un *produit d'atavisme ancestral*.

Je sais bien que cette proposition doit provoquer un certain étonnement, car elle s'écarte de l'idée presque générale des criminologistes les plus circonspects. D'aucuns diront même que ma proposition manque d'autorité, attendu que je la présente sans une critique détaillée des propositions contraires, publiées dans des livres sérieux et défendues par leurs propres auteurs et de vive voix dans les congrès réunis spécialement dans ce but; on ajoutera même que je parais méconnaitre les derniers et brillants développements de la science moderne, ainsi que les doctrines exposées dans les nombreux livres publiés récemment et qui traitent exclusivement cette question.

C'est une erreur. Non seulement j'ai lu avec toute attention les écrits des travailleurs les plus serieux, mais j'en connais personnellement quelques uns qui m'honorent de leur amitié, et que j'estime et respecte pour leurs mérites élevés. Si je ne cite pas ici leurs noms et leurs travaux, en critiquant certaines de leurs idées que je ne partage pas, c'est que je me suis imposé l'obligation d'éliminer autant que possible toute citation, rapport et élucidation, n'ayant d'autre but que de présenter dans cet opuscule *un faisceau d'idées nouvelles et originales,* quelques unes d'elles sans démonstration. C'est ce que je ferai plus tard si elles méritent l'honneur d'une critique, *avec vérification préalable,* des gens qui ont compétence et autorité pour la faire; quant à ceux qui ne réuniraient pas ces deux qualités, je ne leur préterai aucune attention et je ne répondrai même pas à leurs produits fantaisistes ou de pur *dilettantisme.*

Ainsi donc, cet opuscule est le produit d'observations et d'un long travail sans prétentions; il contient des idées et non des mots. Aussi n'a-t-il pas un caractère didactique ni des liaisons qui lui donnent un caractère homogène, bien que les parties reunies puissent former un tout.

Après cette déclaration qui me semblait nécessaire, je demande à mes lecteurs la permission de terminer par le mot

FIN.

Cet opuscule a été composé, revu et imprimé avec assez de rapidité pour arriver à temps au lieu de sa destination. Pour cela, il y a eu des omissions et des erreurs, dont je rappelerai quelques unes.

OMISSION

Page 3—Traduction du portugais par le Dr. HENRI DE COURTOIS

ERRATA

Page	Ligne	Au lieu de:	Lisez:
11	34	céphalogues	céphaliques
47	28	noirs, 133.33	voleurs, 350.20
47	28	123.88;	349.35;
47	29	123.24... voleurs	337.–... noirs
47	30	122.32.	333.45.
54	8	cranioscop	cránioscope
61	36	approximation de	approximation, de
113	1	Parte III	Partie III
153	9	à l'étendre tous	l'étendre à tous
172	6	§ 3°—	§ 3°-A—
175	16	sens leur	sens—leur
176	10	il recontre	il rencontre

TABLE DES MATIERES

PARTIE III

ANTHROPOLOGIE

CHAPITRE I

CHAPITRE II

CHAPITRE III

Observations anthropologiques

PARTIE IV

CHAPITRE I

Anthroposophie

PARTIE V

PATHOLOGIE, PHYSIOLOGIE, PSYCHOLOGIE

CHAPITRE I

Etiologie organique et fonctionelle du crime

CHAPITRE II

Causes natives et adventices du crime

CHAPITRE III

Reflexions sur la communicabilité du tronc et de la tête

PARTIE VI

QUESTIONS DE SOCIOLOGIE

CHAPITRE UNIQUE

Traits sociologiques

Imprimé en France
FROC031555110320
23679FR00018B/108

9 782013 080730